Amsél
DIE ERFINDUNG MEINES VATERS

verlag die brotsuppe

Amsél

DIE ERFINDUNG MEINES VATERS

Roman

verlag die brotsuppe

Vorwort

Einige Protagonistinnen und Protagonisten in diesem Buch sind frei erfunden. Einige aber basieren auf Personen, die wirklich gelebt haben. Allerdings sind Letztere von der Autorin weitgehend verfremdet, es wurde ihnen viel angedichtet, viel weggelassen. Historische Tatsachen fliessen also mit Vorgestelltem und Ausgedachtem zusammen, deshalb handelt es sich hierbei um einen Roman und nicht um eine Biographie.

Personen

Traugott Z. (1935 bis 1997): Physiker und Vater von Anita, Betty und Corina

Anita: Ich-Erzählerin, Tochter von Traugott Z.

Leonz Z. (1899 bis 1975): Vater von Traugott Z., Gret und Ursina, Grossvater von Anita, Betty und Corina

Sophie (1863 bis 1946) und Karl (Carl) Maria Z. (1859 bis 1923): Eltern von Leonz Z., Grosseltern von Traugott, Gret und Ursina

Agnes (1905 bis 1939): erste Frau von Leonz Z. und leibliche Mutter von Traugott, Gret und Ursina

Josy: zweite Frau von Leonz Z., Schwester von Agnes und Stiefmutter von Traugott, Gret und Ursina

Erika K.: dritte Frau von Leonz. Z.

Walter B. (1927 bis 1949): Cousin von Traugott, Gret und Ursina. Einer von zwei Söhnen der Adler Wirtin Matilda, Schwester von Agnes und Josy.

Michael: Sohn der Ich-Erzählerin

»Die Einheit der Persönlichkeit, der Lebensstil, ist nicht auf der objektiven Wirklichkeit aufgebaut, sondern subjektiver Anschauung. Eine Anschauung von einer Tatsache ist niemals mit der Tatsache selbst gleichzusetzen.« Alfred Adler

»Narrative Fiktion ist die verhüllte Biographie des Menschen, der quasi-domestizierten Bestie, die sich durch Fiktion erschafft.« Roland Fischer, 1987

»Neti, neti. Nicht dieses, nicht jenes.« Brahman. Upanishaden

»Für uns gläubige Physiker ist der Unterschied zwischen Vergangenheit, Gegenwart und Zukunft nur eine Illusion, wenn auch eine hartnäckige.« Albert Einstein

»Niemals wechselt oder ändert Gott Sein Gesetz in ein anderes.« Aus dem Abendgebet für Schabbat, Adon Olam

»Ich sehe uns der taoistischen Ansicht näher, nach der wir in ein Universum eingebettet sind, das uns nicht fremd ist und dessen Ausgang uns nicht klar ist. Ich lasse also die Frage nach dem Sinn offen.« Ilya Progogine

Moosgrüne Täler liegen tief unten im Schatten der Felswände. Türkisfarbene Adern, die der Tiefe des vom Regen gewaschenen Gesteins im Gotthard-Massiv entspringen, laufen dort zu Bächen und Flüssen zusammen, um weit fort von ihrem Ursprung ins Meer zu fliessen. »Steile Welt«, hat Heinrich Danioth seine Heimat genannt, wo im Herbst der Himmel wie graue Wattebausche schwer auf die Dächer der Talbewohner drückt und auch auf ihr Gemüt. Man sagt ihnen nach, sie seien wortkarg, stur und rebellisch. Wie könnte man auch anders sein in dieser Landschaft des ewigen Widerstands? Angst und Schrecken verbreitet sie immer wieder. Gerade dann, wenn die Gletscherseen in der Sonne am schönsten glitzern, und die Alpbauern an den Hängen das duftende Gras heuen; wenn Bergsteiger Blumensträusse aus Edelweiss und Enzian pflücken, und der Türkenbund, nur ein bisschen unterhalb, zwischen den Steinen als pink leuchtende Versuchung in den Abgrund winkt. Was die Menschen in dieser Landschaft fürchten lässt, sind die Lawinen, die Bergstürze, Hirten und Vieh, die talwärts fallen wie Geröll aus Fleisch und Blut; die Flüsse, die bei Unwetter übers Ufer treten, die Felder überschwemmen und nicht selten ein Kind oder eine Kuh mit sich fortreissen, als wären sie ein Kieselstein; der Föhn, der trotz seiner Wärme Migräne und gefährliche Halluzinationen verursacht; der Wind aus der

Sahara, der den Menschen pastellfarbenen Sand auf die wettergegerbte Haut streut und die Winternächte, die den Atem zu Eis erstarren lassen; all dies lässt die Menschen in dieser Landschaft in Ehrfurcht, Bescheidenheit und Trotz ihren Alltag verrichten, stets auf der Hut, dass nicht Teufel, Hexe oder Kobold in der Gestalt eines schreienden Kalbs oder einer lieblichen Stimme zu jähem Verschwinden führen. Eben schlägt die Hacke noch fröhlich die Scholle, eben jodelt und jauchzt eine noch ein Lied und schon ist sie verstummt, ausgelöscht und begraben, von einer Laune der Landschaft verschluckt.

Deshalb haben die Menschen aus dieser Landschaft gelernt, die Stimmen der Verführung und Entführung zu bannen. Auf die Berggipfel stellen sie Kreuze, die unbeugsam in der Sonne gleissen, denn der Heiland wird Erbarmen zeigen. Am Wegrand bieten Kapellen einen Moment der Einkehr, duften nach Myrrhe und Weihrauch, während der tröstliche rote Schein des Ewigen Lichts über dem Altar für alle verstorbenen Seelen brennt.

Mit Trichtern rufen Älpler Gebete über die Auen, bitten um Schutz und Segen der Heiligen Mutter Maria, appellieren an die Vorbilder und Fürbitter, die das Land Uri und seine Bewohner mit Legenden, Martyrien und wundersamen Taten genau so tief prägten wie die Alpenfaltung den Stein.

Ob Karl Borromäus, der Erzbischof von Mailand, der im 15. Jahrhundert in Uri den Glauben an die Heilige Katholische Kirche beschwor, ob Drachentöter und Patron des Rittertums Sankt Georg, Bruder Klaus oder Katharina die Reine, sie alle sind da, wenn es stürmt und rüttelt, wenn die Lawinen niederdonnern, das Feuer im Südwind wütet oder das Vieh an einer Seuche krepiert. Als Echo hallen die Stimmen der Betenden von den Bergwänden zurück, als würden sie sich selbst antworten, als würde der Notruf zum Lautspiegel, zum himmlischen Du, das die Menschen in der Not mehr brauchen als Wasser und Brot. Zäune umgeben ihre Weiden und Häuser, solche mit

Schrägdach, damit die Masse der Schneedecke sie im Winter nicht unter sich begräbt. Doch Achtung, das Gartentörchen darf nie lange offenstehen, sonst könnte Es ohne Vorwarnung eintreten und alles im Handumdrehen verwüsten. Die Frauen tragen deshalb schon seit keltischen Zeiten goldene Ringe im Ohr und am Handgelenk, der Ring soll das Unglück davon abhalten, mit Verderben in ihre Häuser und Herzen einzudringen. Genauso bilden auch Vater, Mutter, Grosseltern, Kinder und Verwandte einen Ring, der, ist er ungebrochen, das Unheil fernhält. Bricht der Ring jedoch, so bricht Dunkelheit, Schmerz und mit ihnen eine Kälte und Leere herein, die auf Dauer kein Mensch ertragen kann, ohne verrückt zu werden.

Zürich, 1. Januar, 1997

»Vater ist tot«, die Stimme meiner Schwester klang aufgelöst. So habe ich es in Erinnerung, obwohl sie vermutlich eher gesagt hat: »De Papi isch gschtorbe.« Wir nannten ihn Papi, so wie die meisten Schweizer Kinder ihren Vater nennen. Doch wenn ich an ihn dachte oder von ihm sprach, war er für mich *mein Vater* oder vielmehr nur *Vater* ohne *mein*. Papi klingt nah und warm. Während Vater etwas Fernes, ja etwas Fremdes hat. Genau dieses Ferne und Fremde, das stets zwischen uns gelegen hatte, war im Begriff gewesen, sich zu verringern. Schäbige vier Wochen vor seinem Tod hatte er mich angerufen und mich ins Hotel Savoy am Paradeplatz zum Essen eingeladen. Was machen die Kinder? Die Arbeit? Das Studium? – Was war so plötzlich in ihn gefahren? Will plötzlich wissen, wie es mir geht? Sonderbar.

Seit unsere Eltern geschieden waren, das war zum Zeitpunkt seines Todes zwanzig Jahre her, hatten wir noch weniger Kontakt zu ihm. Einmal im Jahr, an Weihnachten, kochte er für uns in Hinterendingen an der Flur, einem Dorf auf dem Land, wo er sich am Waldrand eine Dachwohnung gekauft hatte, Ente mit Orangenfüllung und glasierten Kastanien. Manchmal tauchte er an einem Familientreffen auf, gelegentlich lud er uns zu einem seiner Vorträge ein, falls sie in Zürich stattfanden. Sobald er anwesend war, referierte er über seine Forschung. Er dozierte, und alle hörten zu oder taten zumindest so, denn verstanden hat ihn vermutlich niemand. Nur geahnt haben wir, wovon er sprach: vom Unbeschreiblichen, von den Dingen oder besser Undingen, die sich uns entziehen, und die gerade deshalb so anziehend sind. Er war ein guter Redner und eine elegante Erscheinung. Unsere Freundinnen und deren Mütter schwärmten für ihn. Ich glaube, nicht wenige waren verliebt in ihn. Auch meine Schwestern bewunderten ihn. Seine Wechselwirkungskosmologie war Schlüssel und Entschlüsselung zugleich.

Ich blieb skeptisch. Nicht selten dachte ich: Er hat sie nicht alle. Auf welchem Planeten lebt dieser Mensch eigentlich? Jedenfalls nicht hier, wo ich bin, weder in meiner Sprache noch in meinen Bildern. Deshalb machte ich mir ständig Sorgen um ihn, so wie man sich Sorgen um ein schwieriges Kind macht, das einfach nicht begreifen will, wie der Laden da draussen läuft. Er befasste sich mit dem Universum – dem Universum! –, was mir grössenwahnsinnig erschien, verwegen, ja geradezu gefährlich. Und er wurde von Leuten vergöttert, die aus obskuren Kreisen stammten. Dauernd befürchtete ich, diese Spiritisten, Geistheiler und Traumtänzer könnten ihn noch ganz um den Verstand bringen.

Doch dazu sollte es nicht kommen. An einem winterweissen Sonntagmorgen, am 1. Januar 1997, um 13.37 Uhr, nach einer rauschenden Silvesternacht im Grand Hotel Palace, versagte im Bahnhof St. Moritz, inmitten einer Horde Skitouristen sein Herz.

»Und seine Freundin Gloria? Tante Gret, der Onkel? Waren sie dabei?«, brachte ich hervor.

»Nein, er war allein, die anderen fuhren mit dem Auto zurück. Angeblich wollte er unbedingt den Zug nehmen.«

Dieser Tod schleuderte mich aus meinem Alltag. Mein Herz hetzte auf hundertachtzig, so heftig, dass sich alles um mich herum zu drehen begann und ich fürchtete, gleich selbst den Geist aufzugeben. Ich schleppte mich ins Badezimmer und öffnete die Hausapotheke. Die Schachtel Benzos, die ich einst verschrieben bekommen hatte, als ich während meiner ersten Ehe an Panikattacken litt, war noch da. Das Datum längst abgelaufen. Ich drückte eine Pille durch die Folie und würgte sie hinunter.

Vater war tot. Ich konnte es nicht fassen. Dabei hätte ich nächste Woche mein zweites Treffen mit ihm gehabt. Er wollte mir jeden Monat zweihundert Franken geben für eine Putzfrau, damit ich mich neben Mann, Kindern und Haushalt mehr dem Studium widmen konnte. Eine nette Geste. Nun wurde also nichts daraus. Das Putzen blieb weiterhin an mir hängen. Schade, ich hatte mich schon darauf gefreut. Die Benzos beruhigten mein Herz; Dumpfheit breitete sich in mir aus. Er war tot. Ich brauchte mir keine Sorgen mehr zu machen, ob er schlaflos durch seine Hirnwindungen irrte und sich immer mehr von der Realität entfernte. Nein, jetzt war er definitiv weg, versorgt, untergebracht. Alles war gut. Ein Gnadentod. Die Dumpfheit wich einem Gefühl von Bodenlosigkeit. Ich weinte. In den folgenden Monaten traf mich immer wieder ein heisser Strahl von Angst beim gewohnheitsmässigen Gedanken, es könnte ihm etwas Ungutes zugestossen sein, woraufhin ich erleichtert aufatmete: Es war vorbei. Vater war tot.

Zürich, 6. Januar 1997

Im Krematorium wurde Traugott Z. aufgebahrt. Er lag im offenen Sarg, in einem Durchgangsraum vor dem Feuer. Weihnachtssterne blühten in Töpfen ohne Tageslicht, und eine flackernde Kerze stand verloren in der Kühle. Sein Gesicht war wie aus Seife, darüber komisch geföhntes Haar. Quer über der Stirn die Furche des Schädelbruchs. Ob man sein Gehirn rausgenommen hatte?

»Das ist nicht unser Papi. Das ist er nicht«, Betty schluchzte auf.

Wir legten unsere Weggaben in den Sarg: Champagnertruffes der Confiserie Herold, seine Lieblingsschokolade, eine Flasche Châteauneuf-du-Pape 1996, eine Fotografie seiner zwei Mütter und seines Vaters. Ich einen Brief. Ich hatte den Brief in der Nacht auf den 2. Januar wie in Trance geschrieben. Heute weiss ich nicht mehr, was drin stand. Hatte ich mich bedankt? Ihm eine gute Reise gewünscht? Oder war ich wütend über seinen abrupten Abgang gewesen? Woran ich mich erinnere, ist nur, dass ich einen Moment lang meine Hand auf seine Hände gelegt hatte. Sie waren befremdlicher als gefrorenes Fleisch aus der Tiefkühltruhe. Von jenseitiger Kälte, die, wie wir alle wissen und lieber verdrängen, uns hinabzieht, hineinzieht. Wohin? Und wo hinein? Und was bleibt? Ewig gleiche Fragen. Sie drängen sich auf. Immer und immer wieder.

Michael schaute seinen veränderten Grossvater an, dann uns: »Seine Seele hat den Körper verlassen, das seh ich. Klar, dass wir ihn nicht mehr erkennen.« Klar, der Schmetterling ist aus dem Kokon geschlüpft. Aber wo ist er jetzt, dieser Schmetterling? Und wo die Raupe? Und wer, wie soll ich fragen, hat die Verwandlung bewirkt?

Wie kam Michael auf diese Erklärung? Wer hatte ihm das beigebracht? Nicht wir Eltern. Wir wollten unsere Kinder ohne Dogmen und Legenden gross bekommen. Sie sollten nicht ihr

Leben lang gegen Gehirnwäschen ankämpfen müssen. Wir wollten ihnen die Freiheit lassen, selbst herauszufinden, was da ist oder nicht ist. Wir boten ihnen mit besten Absichten ein Buch an mit lauter leeren Seiten. So glaubten wir.

Nach der Kremation holten wir Vaters Asche ab. Der Mann bei der Urnen-Ausgabe fragte lakonisch: »Wollen Sie ihn mit Schachtel oder ohne?«

»Ohne.«

Die Urne war beschriftet mit *Traugott Z. – 1935 bis 1997.*

Im Auto stellte ich das Gefäss zu meinen Füssen auf den Fussabtreter.

»Hoi, Papi«, schluchzte Betty.

»Sali, Papi«, flüsterte Corina.

»Der Urner in der Urne kann nichts mehr hören«, sagte ich.

»Du bist unmöglich«, erwiderte Betty.

»Streitet nicht«, sagte Corina.

Stumm fuhren wir los. Der Himmel still verhangen. Die Stadt leer, die Schule begann erst in ein paar Tagen. Viele waren noch auf den Skipisten in den Bergen.

Mein Blick ging zur Urne. Hier war er also, unser Vater, *in vollendeter Abwesenheit.* Wir brachten ihn zurück an den Ort, wo er herkam, nach Flüelen im Kanton Uri, ans Ufer des smaragdgrünen Vierwaldstättersees, den die Berge in seine Arme stemmen. Vater gehörte ins Familiengrab seiner Eltern. Er sollte heimkehren dürfen. Heim. Unausgesprochen wussten wir, was ihm zeitlebens gefehlt hatte.

März 2020

Dreiundzwanzig Jahre nach Traugotts Tod. Eine Pandemie bringt die Welt zum Erliegen, fast keine Flugzeuge mehr am Himmel und die Menschen in allen Erdteilen tragen eine Maske. Mitten in einem biologischen Krieg beginne ich im Staatsarchiv Uri den wissenschaftlichen Nachlass von Traugott Z., meinem Vater, zu archivieren. Ich hatte mich um den Job beworben, ohne Erfahrung und ohne Vorkenntnisse, nachdem ich erfahren hatte, dass keine der bisherigen Archivarinnen und Archivaren dazu in der Lage gewesen waren. Zwanzig Jahre hat sein Werk im Gestell eines gekühlten Lagers auf Bearbeitung gewartet. Nein, natürlich nicht. Ein Werk wartet nicht. Ich nehme an, dass er, Traugott Z., es sich gewünscht hätte, dass sein Werk zugänglich würde. Doch wirklich sicher bin ich nicht. Von Anfang an ist meine Suche von Zweifeln begleitet. Wie weit steht mir das Recht zu, seine Vision auszustellen wie eine nackte Seele? Schliesslich ist sein Werk nicht up to date, und er hat keine Stimme mehr, sich zu erklären oder zu rechtfertigen. Vielleicht würde er sein Modell heute verwerfen. Wer weiss? Hinzu kommt, dass ich von Physik und Kosmologie so viel verstehe wie ein ungeborenes Kind. Da warst du noch ein Pünktchen am Himmel, sagen wir zu einem Kind, wenn wir von etwas erzählen, das vor seiner Geburt stattgefunden hat.

Zweimal in der Woche fahre ich von da an morgens um sieben von Zürich nach Zug, wo ich auf dem Bahnhof nach Flüelen umsteigen muss. Bei klarem Himmel kann ich auf der Zugfahrt dem Zürichsee entlang den Sonnenaufgang beobachten, wie er über dem silberblauen See in Gelbtönen aufflammt. Es gibt nicht viele Passagiere, da die meisten wegen der Pandemie im Home Office arbeiten. Die wenigen, die im Waggon sitzen, schauen auf ihr Smartphone und nicht auf den Sonnenaufgang, der eigentlich eher ein Weltuntergang ist. Vielleicht sind Sonnenuntergänge deshalb beliebter: Die Erde dreht sich dabei nach oben. Alles Lebendige zieht eine unerklärliche Sehnsucht nach oben, etwas in uns möchte aufsteigen. Hinauf zum Licht, zur Leichtigkeit, hinauf zum himmlischen Geheimnis.

Bald nach dem Zugersee tauchen die Mythen auf, sie ragen oberhalb Schwyz in den Himmel wie zwei Steinsegel. Vor 250 Millionen Jahren wurden sie aus dem Boden des Urmeers Thetis bis hierher geschoben, derweil Pangäa auseinanderbrach und sich Kontinente und Alpen bildeten. Sie sind 250 Millionen Jahre alt, doch sie stehen noch immer da. Nichts haut sie um, nichts erschüttert sie. Nicht die vielen Waghalsigen, die sie bezwingen wollten und abstürzten, nicht die Kriege und Gefechte zu ihrem Fuss, nicht die Heiden mit ihren Göttern, nicht die katholischen Kirchen in den Dörfern rundherum, nicht Wind und Niederschlag, nicht die Bibel, nicht die Wissenschaft, die im Kollegium Schwyz gelehrt wird, nicht die Zeit.

»Gestern sind erneut zwei Bergsteiger an den Mythen abgestürzt. Einer starb, doch der zweite landete im Wipfel einer Tanne und überlebte«, der Bub des Chefs der Berghilfe erzählte uns solche Geschichten, wenn er morgens in die Schule kam. Ich stellte mir vor, wie der Überlebende sich am schwankenden Baumwipfel festklammert, Angst, er könnte unter seinem Gewicht brechen und ihn doch noch in den Tod reissen. Vielleicht hatte er beim Aufprall gerade das Nest einer Bergdohle zerstört, die krächzend das Weite suchte. Die Hände des Abgestürzten oder vielmehr Aufgefangenen schürften sich beim behutsamen Abstieg von der Tanne blutig, aber er spürt es nicht, sein Überlebensdrang löschte sein Schmerzempfinden. Auf dem steilen Waldboden unter ihm lag sein Freund, vielleicht sein Sohn, wie ein Sack voll zertrümmerter Knochen. Hat es sich gelohnt, dort oben gewesen zu sein?

2. Mai 1945

Zwei Tage nachdem der deutsch-österreichische Tyrann die Welt endlich von sich befreit hatte und auf den Bergauen, wo jetzt der Schnee schmolz, Krokus, Enzian und Frühlingsanemone aus der kalten Erde ans Licht stiessen, begann Traugott Z. als Gymnasiast im Kollegium Maria Hilf in Schwyz am Fuss der Mythen in der naturwissenschaftlichen ersten Klasse C1 seine akademische Laufbahn. Noch ahnte der zehnjährige Junge nicht, wie weit ihn dieser Weg bringen würde. Weit weg von der Heimat, vielleicht auch weit weg von ihm selbst oder von demjenigen, den er unter anderen Umständen hätte werden können. Herr Amrhein, der Primarlehrer in Flüelen, hat seinem Vater dazu geraten, den Buben ins Internat zu geben:

»Nach jeder Einführung schlägt er das Rechenbuch zu und motzt, er langweile sich zu Tode, und die anderen tun es ihm nach. Mit dem Unterschied, dass er den Stoff verstanden hat, während der Rest der Klasse noch gar nichts kapiert. Leonz, dein Bub ist in unserer Dorfschule unterfordert.«

Die Familie sass normalerweise nur am Weihnachtsabend zusammen am Tisch in der Stube. Unter dem Jahr gab es dafür keine Zeit. Die Erwachsenen, oft auch die Kinder, mussten im Restaurant bei den Gästen sein.

Nach dem Tod von Agnes hatte der Vater die Tante Josy, die Schwester von Agnes, geheiratet. Es war praktisch und naheliegend, Tante Josy war schon vierzig und ihre Aussichten auf eine eigene Familie gering. Sie war eigenwillig, stolz und ziemlich dominant, was die Männer im Tal mehr fürchteten, als in den Kriegsdienst zu ziehen. Überdies war sie die einzige Blutsverwandte, die seit der Erkrankung von Agnes zu den drei Kindern geschaut und deshalb eine Beziehung zu ihnen entwickelt hatte. Vor allem zu Traugottli, dem Dreikäsehoch, der seine Mutter bald vergass und Tante Josy Mutti nannte. Im Gegensatz zu Gret, die schon zehn war, als ihre Mutter starb; Gret weigerte sich hartnäckig, Tante Josy an deren Stelle anzuerkennen, obwohl der Vater es ihr befahl. Gefühle standen nicht zur Debatte. Trotzdem flammten sie gelegentlich auf, so wie an diesem Abend, als das Familienoberhaupt an dem ausserordentlichen Familientisch mitteilte, dass Traugott nach den Frühlingsferien ins Internat nach Schwyz geschickt würde.

»Du willst den Jungen weggeben nach allem, was er durchgemacht hat?«, erwiderte Tante Josy empört, während sie dem Buben die Hand drückte, »er ist noch ein Kind, Leonz.«

»Ich will nicht fort, ich will zu Hause bleiben. Im Frühjahr wollen wir mit der Pfadi auf den Ropheien hinauf«, schluchzte Traugott und umschlang Tante Josy, die er Mutti nannte, »da darf ich nicht fehlen.«

»Der Herr Lehrer und ich haben es entschieden. Für den Ropheien bist du noch zu jung und zum Heulen zu alt«, Vater klopfte seine Pfeife aus und stopfte mit seinen dicken Fingern frischen Tabak hinein. Nach dem Mittagessen wird er sich in den Ohrensessel begeben, die Beine breit stellen und die Stube vollqualmen. Die Standuhr schlug zwölf. Marili brachte eine grosse Schüssel mit Lauch-Risotto und einer Schützenwurst für ihn auf den Tisch. Ein Festessen. Zum ersten Mal seit Kriegsende war die Rationierung gelockert worden, man durfte wieder von allem frei einkaufen. Der Vater schnitt für Traugott ein grösseres Stück von seiner Wurst ab und legte es ihm auf den Teller: »Von jetzt an bist du ein Grosser. Möchtest du Senf dazu?«

Traugott verneinte; tränenverschleiert stocherte er im Teller herum.

»Ich will auch ins Internat«, sagte Gret und warf ihre blonden Zöpfe nach hinten, ihre blauen Augen blitzten auf, »ich bin älter als Traugott. Warum darf er vor mir gehen?« Gret wollte weg von zu Hause, das seit dem Tod ihrer Mutter kein richtiges Zuhause mehr war. Sie schien die Einzige zu sein, die das Bild der aufgebahrten Mutter hier in der Stube, genau hier, wo der

Esstisch stand, nicht aus dem Kopf brachte. Auch den Duft der Topfpflanzen brachte sie nicht aus der Nase. Sie wird nie mehr Topfpflanzen vertragen. Sie wird nie mehr einen toten Menschen anschauen können. Sie wollte nur weg von hier, irgendwohin, wo alles anders war.

»Du bist ein Mädchen«, sagte der Vater, »du gehst bald ins Welschland, um Französisch zu lernen.« Einen Moment lang lag sein Blick auf seiner ältesten Tochter. Stolz war er auf sie, sie war eine Schönheit und von sanfter Überlegenheit, gewiss das edelste Geschöpf im Reusstal. Sie wird einmal einen reichen Mann heiraten.

»Und ich?«, fragte Ursina. Sie ist das mittlere Kind, was wie ein Omen war, sich ohne Widerstand dem Wunsch des Vaters zu beugen.

»Du bleibst bei uns«, sagte Vater, »du hilfst in der Wirtschaft.«

Sie sprachen das Tischgebet und assen schweigend. Die Wände waren leblose Zeugen, auch das Ölbild von Heinrich Danioth, das den Urnersee im Sturm darstellte. Das Fenster standen offen, man hörte das Pfeifen der vorbeieilenden Eisenbahn, von Arth Goldau ohne Halt bis Göschenen.

»Ich will nicht fort«, weinte Traugott. Tante Josy drückte stumm seinen Arm.

»Keine Widerrede«, sprach der Vater und erhob sich.

So oder so ähnlich könnte es gewesen sein.

Herbst, 2020

Das Staatsarchiv liegt im Städtchen Altdorf, unten im Reusstal, auf einem grünen Fleck, zwischen Gitschen und Hüenderegg, auf dem Weg zum Gotthard. Bergwände umstellen das Dorf, man könnte meinen, dahinter gäbe es keine andere Welt. Wohin mein Blick auch wandert, stets endet er an einem mit Tannengrün bedeckten Felsen. Nur wenn ich ihn hinaufgleiten lasse, hoch zu den Gipfeln, die von Wolken umringt unter der Kappe des ewigen Schnees liegen, sehe ich ein Stück vom Himmel, in dem sich der Kondensstreifen eines der seltenen Flugzeuge zu einem Kringel verweht, allmählich auflöst. Als Kind flössten mir die Berge Angst ein. Wie erleichtert war ich, wenn wir nach Ausflügen auf die Eggberge oder ins Isenthal, nach den Talfahrten über die schwindelerregenden Serpentinen, auf denen ich mich jedesmal übergeben musste, endlich ins Mittelland, in die Ebene zurückfanden, und die Steinriesen als blaue Schatten weit hinter uns zurückblieben. Doch jetzt, nach jahrzehntelanger Abwesenheit, kommen mir die Berge seltsam vertraut vor, als käme ich aus der Fremde nach Hause, als wäre diese Landschaft ein Teil meiner selbst, den ich ganz vergessen hatte. Als sich neben der Achsenstrasse der Urnersee in seinem lorbeergrünen Glanz auftut und das Schiller-Denkmal auf der gegenüberliegenden Seite in der Morgensonne aufblitzt, erinnere ich mich an das Mädchen, das einst auf dem Hintersitz von Vaters Occasionswagen gesessen und zwischen dem Seelisberg und dem Oberbauenstock bis zum Gitschen bang aus dem Fenster schaute.

»Seht ihr die Alpenfaltung? Die Wellen im Gestein? Wie harmonisch sie sind. Während Millionen von Jahren hat sich die afrikanische Platte über die europäische geschoben und diese Strukturen geschaffen. Fossilien findet man hier und die prächtigsten Kristalle.« Unsere Augen trafen auf Millionen Jahre. Auf versteinerte Zeit.

»Und hier stürzte neulich wieder eine ganze Familie im Auto in den See, seht nur das verbogene Geländer.«

Ich stellte mir vor, wie unser Auto im See versinkt, wie das kalte grüne Wasser ins Innere dringt.

»Um Himmels Willen, schau auf die Strasse!«, schrie Mutter auf dem Beifahrersitz.

Die Achsenstrasse führte von Brunnen durch orange flackernde Tunnel mit rauen Wänden am Tell-Sprung dem

Urnersee entlang. Immer wieder kam es vor, dass Autos von herunterstürzenden Gesteinsbrocken erschlagen und in den See geschleudert wurden. Später wurde die Strasse mit Beton überdacht, der Verkehr einigermassen in Sicherheit gebracht. Doch die Angst blieb im Kind stecken. Die Angst vor der Macht der Berge, vor ihrem unbegreiflichen Alter, ihrer Härte und ihrer Gleichgültigkeit. Die Angst vor kaltem dunkelgrünen Wasser.

In Flüelen, wo die Reuss ununterbrochen Kies und Schutt ins Hafenbecken des Urnersees schiebt, steige ich in den Bus nach Altdorf um. Ich komme nie mit jemandem ins Gespräch, nur einmal tausche ich ein paar Worte mit einer jungen Chinesin, die als Lehrerin nach Uri kommt. Doch beim nächsten Mal, als ich ihr zunicken will, beachtet sie mich nicht mehr. Nur die Hiesigen kennen sich, zumeist ältere Leute, die sich im unverkennbaren Urnerdialekt unterhalten. Einige Frühaufsteher im Wander-Outfit, mit Stock und Rucksack steigen bei der Station Eggberge aus. Auf einem Screen, der hinter dem Busfahrer von der Decke hängt, wird Allgemeinwissen vermittelt: Kennen Sie den höchsten Berg im Kanton Uri? – Es ist der Dammastock, 3630 Meter über Meer. Seine Spitze ist Teil des Wintergebirges, an das sich der Dammagletscher schmiegt wie ein Orakel.

»Man muss auf sie hinaufsteigen«, sagt die Archivarin, die mir meinen Arbeitsplatz zeigt, »sonst dreht man hier unten durch. Denn wenn du erst mal oben bist, dann ist das ein Gefühl von solcher Pracht, dass du nicht mehr runter willst, dass du immer wieder dort hinaufmusst, koste es, was es wolle.«

Sie zeigt mir die Schachteln, die in einem gekühlten Lager neben zahlreichen anderen Schriften, Büchern, Bildern, Fotografien, Kirchenstatuen und Relikten aller Art stehen, die die Geschichte des Landes Uri dokumentieren. Wir sind im Kellergeschoss. Neonröhren verströmen kühles Licht. Was ist eigentlich, wenn die Reuss einmal das Dorf überschwemmt? Könnte es geschehen, dass diese Zeugen zerstört werden? Die Geschichten in Matsch und Schlick begraben werden? Das Archiv sei eine Festung, meint dagegen die Archivarin. Zusammen bringen wir die ersten Schachteln in ein Büro im zweiten Stock, wo man mir einen Tisch und einen Computer zur Verfügung stellt. Sie lässt mich allein, wegen Corona darf jeweils nur eine Person in einem Büro arbeiten. In meinem Rücken thront der Bristen wie eine blaue Pyramide, vor dem linken Fenster erhebt sich der Brunnistock unter Eis und Schnee. Schneeflocken wirbeln durch die Luft. Ich öffne eine Schachtel und erkenne auf dem obersten Blatt seine Handschrift. Wohnt sein Geist in seiner Schrift wie der Geist in Aladins Lampe? Ich frage mich: Vater, darf ich das? Darf ich dein Lebenswerk ans Licht holen? Willst du das oder willst du es lieber nicht? Warum spreche ich ihn in der Du-Form an? Hört er mich noch?

Über fast dreissig Jahre hinweg sind alle Aufzeichnungen datiert und nummeriert. Und trotzdem herrscht ein Riesendurcheinander, die Jahreszahlen liegen drunter und drüber. Ebenso die Artikel, Forschungsnotizen, Briefe, Vorträge und allerhand Sekundärliteratur. Ein Papieruniversum von Gedanken, Ideen und Theorien über Physik und Psyche droht, mich unter sich zu begraben. Ich ziehe einen beliebigen Ordner heraus und blase den Staub weg. Es handelt sich um Tagebucheinträge von Traugott Z. Ich blättere durch die Seiten. Er beschreibt Träume, Begegnungen und allerhand Selbstbeobachtungen. Immer wieder vergleicht er seine körperliche Befindlichkeit mit mentalen Zuständen und Ereignissen in der Umgebung. Auch Berechnungen sind dabei. Ein für mich undurchschaubarer Dschungel an Gedanken. Verschiedene Frauennamen kommen ebenfalls vor. Ich kann mich nicht erinnern, ihn je mit einer Frau gesehen zu haben. Ausser mit seiner Exfrau natürlich, meiner Mutter. Und am Ende seines Lebens mit der schönen Gloria aus Madrid, die ihn glücklich gemacht hat. Doch das Glück verstörte ihn, wie sich am Schluss herausstellte. Zwischenzeitlich schien er sich in verschiedene junge

Frauen verguckt zu haben. Schwärmereien. Verglichen mit dem echten Glück sind Schwärmereien ungefährlich. Sie sind wie ein Blumenfeld, über dem Insekten summen. In einem seiner Notizhefte lese ich zufällig folgenden Eintrag:

Am Montag, 25. Februar 1991, um 12.50 Uhr betritt Bea die Garderobe. Mehr als drei Jahre sind vergangen, seit sie nach Helsinki gegangen ist. Ich erkenne sie nur mühsam: »Bist du's? Oder bist du's nicht?« – »Ich bin's!«, Ich spüre sofort die ganze Aura von Bea. Physisch gut, psychisch eher rekonvaleszent. Sie habe sich entschlossen, mich zu sehen, sagt sie. (Warum?) Anschliessend sitzen wir vor der Halle in der Sonne. Nach acht Minuten taucht ein Fotograf auf. »Nein, nein, ich will noch nicht. In zehn Minuten.« Wir lachen verliebt. Ich will sie unbedingt heilen. 30 Minuten erstes Treffen, 1800 Sekunden, ich zähle sie einzeln. Anschliessend kann ich nichts Vernünftiges schaffen. Anscheinend beginnt der Heilungsprozess sofort. Den ganzen Tag spüre ich ein Rumoren im Bauch, fühle mich abgespannt, etwas, das ich nicht kenne. Obwohl durch das Treffen mit Bea beglückt, fühle ich den Energieverlust deutlich. Es sind 7 Stunden vergangen, also in Aurazeit 6.827 Stunden, d.h. die gesamte Schlaferholungsphase. Daraus folgt: Während unseres Treffens muss die Bea-Partie, die am meisten litt (Magengeschwür, vgl. Verätzung im Traum) in Schlaftrance gefallen sein. Diese endet um 19 Uhr. Die Reparationsenergie wurde demnach aus meiner Bauchregion abgezogen, deshalb meine Erschlaffung. Anderntags fühle ich mich wieder gut und sehr glücklich. Habe das Gefühl, geholfen zu haben. Die Energieabwanderung geht noch ein paar Tage weiter, was sich in einer Art Depression äussert. Ich überwinde sie aber leicht. Wir hatten verabredet, dass wir uns einen lustigen Nachmittag leisten wollen.
Am 6. März, um 12 Uhr, sehen wir uns zum zweiten Mal. Bea sitzt mit einem anderen Mädchen in der Garderobe. Es

ist 8.958 d später, genau die Aura-Zeit, ideal 8.823 d. Ich spüre, dass Bea bei mir sein möchte, obwohl sie sagt: »Möchtest du nicht ins Training?!« Ich erwidere nichts. Sie sagt, ihre Freundin sei esoterisch interessiert. Ich sei kein Esoteriker, sage ich. Sie weiss. Wir könnten uns mal zu dritt treffen, meint sie. Wie gut Bea aussieht. Sie ist wieder schön wie mit zwanzig, ganz verjüngt, hat sogar ein bisschen Rouge aufgetragen. Ich bin entzückt. Wir verbringen zwei Stunden im Klubcafé. Bea wirkt jetzt reif, fraulich, total munter. Wieder sagt sie: »Ich könnte dir den ganzen Nachmittag zuhören.« Es ist klar: Das Heilwunder ist total. Ich muss mich zusammennehmen, in mir meldet sich eine gewaltige Liebe. Doch sie spricht plötzlich vom Lärm des nahen Verkehrs. Das muss sich ändern.

Zürich, 1976

Dr. Huwyler. Genau, jetzt fällt mir sein Name wieder ein. Herr Dr. Huwyler, Geschichtslehrer am Gymnasium. Er stand vor der Wandtafel und erklärte uns die griechischen Säulen, deren Abbildungen der Hellraumprojektor auf eine Leinwand projizierte: Die dorische Säule stelle die Männlichkeit dar, während die spätere ionische und korinthische Säulenform das Weibliche miteinschliessen würde. Herr Dr. Huwyler war ein eher kleiner Mann von unscheinbarem Äusseren. Auf mich wirkte er alt, obwohl er damals bestimmt zehn Jahre jünger war als ich jetzt. Geschichte interessierte mich nicht besonders. Alle diese Kriege, die Eroberungen und Niederlagen, die Massenmorde und Köpfungen, die die Geschichte der Menschheit mit Blut und Leiden pflastern, fand ich immer erbärmlich. Was darin wechselt, sind nur Ortschaften, Daten und Namen. Wer besiegt wen. Als ob die Natur nicht schon grausam genug mit uns wäre. Wir schaffen es nicht, uns über sie zu erheben. Wir sind noch immer Affenmenschen, vom Tribalismus gesteuert – früher war das vielleicht erfolgreich, doch im dritten Jahrtausend ist Stammesdenken zum Atavismus geworden. Irgendwann erlaubte ich mir im Plenum eine Bemerkung in der Art. »Wenn alle so wären wie Sie, wäre die Welt ein besserer Ort«, erwiderte Herr Dr. Huwyler vor der ganzen Klasse. Machte er sich lustig über mich? Alle schauten mich verwundert an. Eines Tages gingen wir mit der Klasse in die Stadt, um die Bauten der Zürcher Kirchen zu studieren. Es war die letzte Stunde vor den Sommerferien. In Gedanken waren wir Schülerinnen und Schüler schon an den Stränden in Italien oder Frankreich.

»Hier sehen Sie ein wunderbares Beispiel von Scheinarchitektur«, Herr Dr. Huwyler zeigte auf die Fenster der Kirche St. Peter, die von kunstvoll gehauenem Stein umrahmt schienen, während er in Wirklichkeit nur gemalt war. Scheinarchitektur. Dieser Begriff weckte mein Interesse, denn er klang, als ob er etwas Wichtiges abdecken würde. »Illusionsmalerei«, sagte der Geschichtslehrer und lächelte mir sonderbar zu.

Es war heiss. Ich trug einen schwarzen Jupe und eine schwarze Bluse mit schwarzen Lacksandalen. Schwarz stimmte mit meinem Lebensgefühl überein, schwarz hielt mich zusammen, während bunte Blusen und Röcke mir vorkamen wie eine Verkleidung. Zwei Jahrzehnte später kam schwarze Kleidung in Mode und plötzlich trug alle Welt schwarz. Ich weiss nicht, ob das auch dem Lebensgefühl der Menschen entsprach oder ob sie vielmehr dem Diktat der Mode folgten, das vorwiegend schwarze Kleider produzierte, sodass man gar nichts anderes mehr kaufen konnte.

Herr Dr. Huwyler sprach von barocken Kirchen, in denen Illusionsmalereien meisterhaft zur Darstellung kämen. Die Kuppel wirke höher, die Fluchtpunkte lägen vermeintlich im Unendlichen. Er redete leidenschaftlich, während er neben mir herschritt. Er war ein paar Zentimeter kleiner als ich, aber mein Respekt für ihn war gross.

»Hätten Sie nach der Stunde Lust auf einen kleinen Spaziergang am See?«, fragte er unvermittelt.

Ich? Es war schmeichelhaft, dass er ausgerechnet mich dazu einlud. Warum eigentlich nicht? Möglicherweise verriet er mir noch mehr barocke Geheimnisse. Das war hinsichtlich künftiger Noten vielleicht ganz nützlich. Zugegeben, ich hatte schon immer eine Schwäche für meine Lehrer gehabt. Sie verkörperten Wissen und Macht, Fürsorglichkeit und Schutz. Obwohl Herr Dr. Huwyler mir eher wie ein Väterchen vorkam, so war er doch eine Autorität auf seinem Gebiet und sein Interesse an mir, die ich von Geschichte keine Ahnung hatte, musste mit einer Zusage gewürdigt werden.

So flanierten wir vom Bellevue Richtung Zürihorn. Auf dem glitzernden See schaukelten Schwäne und Enten. Ein paar Jugendliche in Ferienstimmung lärmten in Paddelbooten vorbei. In der Ferne tutete ein Schiff.

»Sie haben eine besondere Aura«, sagte Herr Dr. Huwyler, »das fiel mir schon im Klassenzimmer auf. Sie stechen aus allen anderen hervor.«

Ich verstand nicht, wovon er sprach, aber seine Worte hoben mein Selbstwertgefühl.

»Es ist wie mit der Scheinarchitektur: Sie geben sich in Ihrem schwarzen Kleid geheimnisvoll verschlossen, doch ich erkenne etwas in Ihnen, das Sie verbrennt. Es strahlt über Sie hinaus.«

Unvermittelt begann er von seinen Erfahrungen mit Geistern zu erzählen: »Sie treiben oft ihr Spiel mit mir. Nein, nein, denken Sie nicht, ich sei verrückt. Diese Kräfte sind real, nur nehmen sie nicht alle wahr. Sie aber, Sie haben das Zeug dazu, das sehe ich. Ich stehe seit längerem mit Ihrer Aura in Verbindung. Haben Sie den Kontakt unserer Seelen nicht bemerkt?«

Eine Weile gingen wir schweigend weiter. Eigentlich hätte ich mich gern verabschiedet, der Mann wurde mir unheimlich. Doch er war nun mal Herr Dr. Huwyler, mein Geschichtslehrer, und er meinte es bestimmt gut mit mir.

»Setzen wir uns doch ein paar Minuten auf den Stein dort am Ufer. Die Aussicht auf das Wasser ist herrlich«, er hüpfte erstaunlich gelenkig ein paar Stufen zu einem kleinen Kiesplatz hinunter und nahm auf einer Steinbank hinter einem Busch hoher Binsen Platz. Zögerlich, aber gehorsam ging ich ihm nach und setzte mich neben ihn. Haben wir schweigend auf den See geschaut? Hat er weitergeredet? Ich erinnere mich nicht mehr, was davor geschah. Die Luft war warm und schwer. Auf einmal lag seine eine Hand auf meiner Brust, während die andere sich unter meinen Rock schob und seine Zunge gierig zwischen meine Lippen stiess.

Wenn Dinge geschehen, die man so ganz und gar nicht erwartet hat, die alle Annahmen, alle Selbstverständlichkeiten von einem Moment auf den anderen über den Haufen werfen und die vermeintliche Realität in ihr Gegenteil verkehren, dann braucht die Psyche eine kleine Ewigkeit, um zu begreifen, was geschieht. Während sich Herr Dr. Huwyler über meinen Körper hermachte und sein geiles Schnaufen das Plätschern der Wellen übertönte, wiederholte eine Stimme in meinem Kopf immerzu: Das gibt's doch nicht. Das kann doch nicht sein. Wie bei einem Kratzer auf der Schellackplatte repetierte die Stimme die Verleugnungen, während die Zeit in Zeitlupe vom Rand meiner entschwindenden Kindheit tropfte. Mein Wille und meine Muskeln waren wie gelähmt. Wie eine Puppe lag ich dem Mann zum Gebrauch vor. Das kann doch nicht sein. Ich war ausser mir. Als er mich nach hinten auf die Böschung drückte und seine Hose öffnete, setzte sich endlich etwas in mir in Bewegung. Die Enttäuschung verwandelte sich in Ekel und der Ekel verwandelte sich in Wut. Es geschah wie von selbst. Dieselbe Kraft, die mich eben noch niedermachte, änderte plötzlich die Richtung. Ich zog meine Beine an und stiess Herrn Dr. Huwyler mit den Füssen zurück, so hart und erbarmungslos, dass er seitlich auf seinen Hintern und auf die Steine fiel. Er fluchte laut: »Ambubaia!« Ich sprang auf, strich meine Kleidung glatt und presste heraus: »Adieu, Herr Dr. Huwyler.« Eine Hundertstelsekunde lang tat er mir leid, wie er da mit offenem Hosenschlitz vor mir auf dem Kies hockte und verwirrt und wütend zu Boden blickte. Doch während ich auf der Seepromenade zur Tramstation zurücklief, spürte ich ein Zittern und Frösteln am ganzen Körper. Trotz der Sommerwärme klapperte ich mit den Zähnen. Meine Knie waren wie Pudding und ich musste aufpassen, dass ich nicht einknickte. »Der alte Sack! Dieser verfluchte alte geile Drecksack!«

Als ich zu Hause ankam, sassen Vater, Mutter und meine Schwestern schon beim Abendessen.

»Wo kommst du denn her?«, fragte die Mutter. Die Stimmung war geladen, meine Mutter war unzufrieden mit allem.

Ich murmelte etwas und verschwand ins Badezimmer. Dort schnitt ich die schwarzen Kleider mit einer Schere in hundert kleine Stücke. Danach wusch ich mich in der Dusche von Kopf bis Fuss mit Seife und schrubbte mir dabei fast die Haut ab. Die zerschnittenen Stoffteile steckte ich in eine Plastiktüte und stellte sie auf den Balkon. Morgen würde ich sie in einem öffentlichen Abfalleimer entsorgen oder noch besser im Wald verbrennen. Ich entschuldigte mich bei der Familie und gab vor, schon gegessen zu haben. Als ich im Bett lag und einschlafen wollte, hörte ich im Kopf die süssliche Stimme meines Geschichtslehrers: »Mein Geist ist bei Ihnen, spüren Sie mich?« Wie ein Übelkeit erregender Schatten füllte seine Energie mein Zimmer. Als würden seine Hände aus allen Richtungen auf mich zugreifen. Ich rannte auf die Toilette und übergab mich. Danach fühlte ich mich eine Spur besser. Als ich mich im Spiegel sah, schaute mir eine Fremde entgegen. Ich würde mich noch an mein neues Gesicht gewöhnen müssen. In der folgenden Nacht machte ich kein Auge zu.

Obwohl ich meinen Eltern am nächsten Morgen verkündete, dass ich nach den Sommerferien nicht mehr in diese Schule zurückkehren würde, was sie, ohne gross nachzufragen, akzeptierten, dauerte es Monate, wenn nicht Jahre, bis mir eine neue Haut gewachsen und die schlüpfrige Stimme des alten

Mannes in meinem Kopf verstummt waren. Dauerte es so lange, weil ich niemandem davon erzählte?

1969

Leonz, unser Grossvater in Flüelen hatte uns ein Puppenhaus gezimmert mit vielen kleinen Möbeln darin. Das Non-plus-Ultra war eine winzige Deckenlampe, die man mittels einer Batterie zum Leuchten bringen konnte. Wir verbrachten Stunden beim Spiel, das sich in seinem Plot immer ähnelte: Die Familie musste sich gegen böse Eindringlinge wehren, meist gegen eine Hexe oder einen Drachen. Wir spielten auch den *Wolf und die sieben Geisslein*, das *Rotkäppchen* oder *Hänsel und Gretel*. Doch am liebsten spielten wir *Alice im Wunderland*, denn daraus las unser Vater abends vor dem Einschlafen vor. Es war ein Buch mit rotem Einband und alter Schrift auf hauchdünnem Papier. Die schwarzen Zeichnungen darin waren ein bisschen Furcht einflössend. Wie überhaupt Alices Abenteuer uns in ihrer Fremdartigkeit auf faszinierende Art verstörte.

Eines Tages waren wir zu Besuch bei unserer Tante und ihren Töchtern, die einige Jahre älter waren als wir. Unsere Cousinen trugen nun Plateauschuhe, Rifle-Jeans und wilde Haarmähnen. Sie sprachen über *Spiel mir das Lied vom Tod* und *Odyssee im Weltraum,* legten Platten auf von Led Zeppelin, Deep Purple und David Bowie und behandelten uns plötzlich wie kleine Kinder. Grosszügig schenkten sie uns ihre Schachtel mit den Barbies und Kens, nicht nur die Puppen auch einen Haufen Kleider, winzige Schuhe und Accessoires. »Ihr könnt alles haben, diese Phase liegt hinter uns.« Betty, Corina und ich waren hingerissen. An den kommenden Wochenenden standen wir Schwestern, während unsere Eltern noch schliefen, in aller Frühe auf, um wie in Trance mit den Barbies zu spielen.

Mit Filzstift malten wir rote Nippel auf die harten Plastikbrüste und Schamhaare zwischen die langen Puppenbeine.

Ken zeichneten wir Brusthaare und einen Punkt auf sein angedeutetes Geschlecht. Wir liessen sie in durchsichtigen Negligés und pinken Stilettos auftreten und sich küssen. Oft spielten wir selbstvergessen mit heiligem Ernst, doch ab und zu begannen wir vor lauter Verlegenheit zu kichern, woraufhin die Barbies schliesslich mit Gepruste in hohem Bogen in eine Ecke flogen. Um von den Eltern nicht ertappt zu werden, legten wir die Puppen stets in eine Schachtel und versteckten diese unter dem Bett.

Doch eines Sonntagmorgens, mitten in unserem Spiel, stand plötzlich unser Vater im Türrahmen.

»Was macht ihr denn da?« Er trat näher und beäugte die Barbies kritisch: »Was sind das für Puppen? Woher habt ihr die?«

Sein Tonfall liess uns verstummen, ängstlich schauten wir zu ihm hoch. Er zog den Barbies die Kleider aus und entdeckte die erotischen Zeichnungen auf ihren Körpern.

»Gebt sie her, alle!«, seine Stimme klang streng.

Gehorsam, aber mit trotzigem Gesicht, schoben wir ihm die Schachtel zu. Er griff die langhaarigen Blondinen und Brünetten heraus, es waren vier Stück, marschierte mit ihnen in die Küche und steckte sie kopfvoran in den Mülleimer. »Mit so etwas wird in meinem Haus nicht gespielt! Ende.«

Das war das erste Mal, das ich ihn hasste. Es sollte nicht das letzte Mal sein.

Juli 1949

Nach drei Monaten im Internat durfte Traugott Z. für die Sommerferien nach Hause. Es schien ihm eine Ewigkeit her. Als der Zug in Flüelen hielt, wartete Gret auf dem Perron auf ihn. Wie schön sie war in dem hellblauen Sommerkleid und dem kornblonden Haar, das sie im lauen Wind mit der Hand aus der Stirn strich. Sie stand vor der Postkarten-Kulisse des Urnersees, auf dem mit lautem Tuten ein Dampfschiff in den Hafen einlief. Aus einer Juke Box erklang Ländlermusik. Traugott schaute seine ältere Schwester an und wunderte sich. Seit Monaten hatte er ausser der alten, buckligen Köchin Stina in der Internatsküche kein weibliches Wesen mehr gesehen. Das Internat war allein dem männlichen Geschlecht vorbehalten, Knaben und Geistlichen, die alles Weibliche, ausser der Statue der Heiligen Mutter Maria, aus ihrem Lebensraum verbannt hatten. Einmal im Monat hätte Traugott seine Eltern anrufen dürfen, doch da es im Restaurant immer viel zu tun gab, klappte es nur ein Mal. Es wurde nicht viel geredet.

»Machst du auch gute Noten?«, fragte Vater.

»Ja, in Mathe und Physik einen Sechser, in Chemie 5,5.«

»Gut, weiter so. Ich reiche dir jetzt Mutti.«

»Vati hat Rex weggeben, nur dass du's weisst«, sagte Josy.

»Oh, nein! Warum?«

»Ich muss weiter, erzähle es dir ein andermal«, sagte Josy, »der Zeissig Karl feiert seinen Sieg beim Schwingen, die Wirtschaft ist voll.«

»Bis dann.«

»Bis dann, bhüet di Gott, Bub.«

Jetzt legte Gret den Arm um ihren kleinen Bruder, der nun einen Kopf grösser war als sie: »Komm, es gibt eine Überraschung!«

»Ein neuer Rex?«, fragte Traugott ahnungsvoll.

Rex hiessen Vaters Schäferhunde. Starb ein Tier, wurde es durch ein neues, junges ersetzt. Ein Haus ohne Hund sei wie ein Schütze ohne Flinte, sagte Vater. Der Einfachheit halber wurden sie alle Rex genannt. Doch der letzte Rex war etwas Besonderes gewesen. Dreimal hatte er in der Restaurantküche die Koteletts, die für die Gäste bestimmt gewesen waren, gestohlen und aufgefressen. Und obwohl Vater mit ihm geschimpft und ihn für eine Weile in den Zwinger gesperrt hatte, konnte dieser Rex der Versuchung nicht widerstehen und schnappte sich, als die Küche einen Moment lang leer stand, das teure Fleisch abermals aus der Papierverpackung des Metzgers. Es gab Streit und Geschrei, wer die Schuld daran trüge, doch das brachte das Fleisch nicht zurück. Also entschied sich Vater schliesslich, diesen Hund wegzugeben, er kam ihn zu teuer zu stehen. Erschiessen wollte er ihn nicht, das brachte er nicht übers Herz. Eines Tages nahm er den Hund an die Leine und fuhr mit ihm im Zug nach Basel, wo er ihn einem Bekannten vom Schweizer Schützenverein überliess. Als er wieder nach Flüelen zurückkam, verkündete er Familie und Personal, dass er noch eine Weile zuwarten wolle mit einem neuen Rex. Es fiel ihm sichtlich schwer, diesen Hund fortgegeben zu haben, das Tier hatte seinem Meister eine Art Anteilnahme gezeigt, wie er sie von keinem Menschen kannte. Dieser Rex hatte ihn getröstet, wenn Schmerz und Trauer über den Verlust von Agnes ihn manchmal wie dunkle Wellen überrollten. Obwohl er seine Gefühle keinem zeigte und auch niemand sie wahrnahm, dem Hund konnte er nichts vormachen. Rex schlich sich zu ihm, legte den Kopf in Leonz' Schoss und schaute ihn aus grossen braunen Augen an, als würde Agnes Seele aus ihnen sprechen. Zudem hatte er Haus und Wirtschaft stets gut bewacht und angegeben, wenn sich ein Verdächtiger davor herumtrieb. Betrat ein unfreundlicher Gast die Wirtschaft, knurrte er, kam einer mit hellem Gemüt, wedelte er mit dem Schwanz. Man konnte sich auf den Hund verlassen, er hatte ein sicheres Gespür.

»Der alte Rex!«, erwiderte Gret und lachte.

Als sie die Tür zum Restaurant aufstiessen, stand der Hund vor ihnen und wedelte freudig mit dem Schwanz. Am Stammtisch sass Vater und strahlte übers ganze Gesicht.

»Jetzt kommt auch noch mein Stammhalter zurück!«, rief er und drückte den Kopf des Jungen glücklich an seine Brust.

Doch Rex sah mitgenommen aus, abgemagert bis auf die Knochen. Ein Ohr war eingerissen und blutig, sein Pelz war stumpf und starrte vor Dreck. Als er Traugott sah, bellte er, es klang wie ein Jauchzen.

»Rex!«, rief Traugott verwundert aus, »was ist geschehen?«

Wenige Tage nachdem Vater den Hund in Basel zurückgelassen hatte, war er von dort abgehauen. Der Bekannte hatte vergessen, die Tür zu verschliessen, er konnte nicht ahnen, dass Rex wusste, wie Klinken zu öffnen waren. Vater hatte einen Anruf bekommen, dass der Hund verschwunden sei und dass die Bezahlung rückgängig gemacht werden müsse. Das Geld spielte jetzt keine Rolle mehr. Vaters Kummer war gross gewesen, das schlechte Gewissen hatte ihm schlaflose Nächte bereitet. Er hätte diesen klugen Hund niemals fortgeben dürfen, nicht wegen ein paar gefressener Koteletten. Wie überrascht und tief betroffen war er deshalb gewesen, als das Tier nach Wochen wieder vor der Rose stand, halb verhungert und komplett verwildert. Von Basel bis nach Flüelen hatte es den Weg zurück zu seinem Herrn gefunden. Wie das möglich war, war allen ein Rätsel.

Nur Vater dachte vor dem Einschlafen, dass Agnes irgendwie im Spiel sei. Sie hatte ihm ein Zeichen gegeben. Er versuchte, den aufsteigenden Schmerz zu ignorieren, drehte Josy den Rücken zu und legte sich auf seine taube Wange, einem Brandzeichen des Kriegs, das er sich in einer Winternacht auf dem eisigen Boden der Turnhalle in Erstfeld zugezogen hatte. Sein Gesichtsnerv war ihm in jener Dienstnacht eingefroren, er spürte seine rechte Wange nicht mehr. Doch die Heimkehr von Rex verursachte grossen Aufruhr in seinem Herzen. Dieses Organ war noch intakt. Josy sollte nichts davon bemerken, er wollte sie nicht kränken, obwohl sie noch nie geklagt hatte. Still und schicksalsergeben füllte sie die Lücke aus, die ihre Schwester hinterlassen hatte, so gut sie konnte. Sie hatten sich miteinander arrangiert. Josy war eine tüchtige Frau mit viel Temperament; sie schmiss die Wirtschaft viel besser als die träumerische Agnes, die den Armen immer viel zu viel geschenkt hatte. Die

Kasse stimmte. Auch den Kindern war sie eine gute Stiefmutter, obwohl es ihr die beiden Töchter nicht gerade leicht machten. Zwei Jahre nach Agnes Tod waren sie sich auch als Mann und Frau nähergekommen. Es klappte nicht schlecht. Doch die Fotografie von Agnes, die auf der Kommode stand, erinnerte sie stets daran, dass sie eigentlich zu dritt waren. Manchmal kam er sich vor wie ein Orientale, der mit zwei Frauen lebte und beide unterschiedlich, aber gerecht befriedigen musste. Zu Agnes hielt er eine geheime, unvergängliche Liebe aufrecht, während seine Beziehung zu Josy eine pragmatische war. Josy war seine körperliche Frau, während Agnes seine seelische Frau blieb. Agnes liess ihn nicht los, sie meldete sich in vielen Situationen zurück, als wollte sie ihn prüfen: »Liebst du mich noch?« Ja, tief in seinem Herz, liebte er Agnes mehr als alles, doch das zu fühlen, war nicht auszuhalten. Er zog es vor, dieses Gefühl in seinem Innersten zu verschliessen. Tagsüber die Arbeit als Elektriker, abends seine Rolle als Wirt in der Rose, die Kinder, Josy und seine Aktivitäten beim Urner Landgericht, den Schützenveteranen und der Rütlisektion Uri, der Freiwilligen Feuerwehr Flüelen, dem kantonalen Feuerwehrverband und der Instruktorenvereinigung Uri sowie dem Schweizerischen Feuerwehrverband und der Schweizerischen Feuerwehr-Instruktorenvereinigung, dem Kirchenrat, der Fidelitas, dem Musikverein Flüelen dem Verkehrsverein und und nicht zuletzt das Schwingen im Flüeler Schwingklub halfen ihm dabei.

Vater stöhnte unwillkürlich. Josy tätschelte sanft seine Hand. Die Kirchenglocke schlug Mitternacht. »Von jetzt an soll Rex genug Fleisch bekommen«, murmelte er. »Der Krieg ist schliesslich vorbei und der Tourismus zieht wieder an.«

September 2020

Der Tourismus liegt brach. Die meisten Hotels und Restaurants sind geschlossen. Diesmal wütet ein Virus gegen alle. Und niemand kann den Feind erschiessen. Waffen und Geschütze stehen in den Depots der Welt wie lächerlicher Unrat. Die Menschheit wird von einer Art Winterschlaf betäubt, der auch die kommenden Jahreszeiten andauern wird. Ein in sich gekehrtes Brüten greift um sich. Doch nicht alle schicken sich darein. Einige Tausende in allen Ländern sind wütend, sie wollen die Fragilität des Menschen nicht wahrhaben, nicht akzeptieren oder nicht wertschätzen. Alles gelogen, alles erfunden, damit sie uns manipulieren können. Um uns zur Impfung zu zwingen beziehungsweise durch sie auszurotten! Die Menschheit ist der Erde eine Plage geworden. Jetzt wollen sie uns reduzieren. Wer sie sind, ist ungewiss. Einige meinen es zu wissen. Natürlich die Reichen und Gebildeten und wieder einmal die Juden. Nicht mit uns! Täglich werden wir mit zornigen SMS zum Widerstand aufgefordert: »Lasst euch nicht impfen!« Während jene am anderen Ende des Spektrums, die Ängstlichen, ihre Maske nach jedem Gebrauch mit dem Bügeleisen keimfrei bügeln und ihr Haus aus Angst vor dem Krankheitserreger kaum noch verlassen.

Im Archiv finde ich in einer der Schachteln folgenden Brief, datiert vom 10. Oktober 1985:

Sehr geehrter Herr Dr. Z. Ich möchte Sie fragen, was Sie von diesem Virus halten, das seit einiger Zeit in den Medien diskutiert wird. Es heisst HIV und macht angeblich homosexuelle Männer so krank, dass sie daran sterben. Jetzt will man uns weismachen, die Gefahr betreffe uns alle. Ich bin aber nicht so! Es gibt schon Stimmen, die Tests erzwingen wollen. Bist du positiv oder negativ? Diese zynische Frage kursiert plötzlich überall. Hysterie ist ausgebrochen. Dabei hat niemand in meinem Umfeld jemals einen AIDS-Kranken gesehen. Wie erklären Sie als Physiker eigentlich den Zusammenhang zwischen Seele und körperlicher Krankheit? Sie schreiben ja von der All-Wechselwirkung des Psychefelds. Kann man sich mit rein psychischen Kräften vor Krankheiten schützen?

Im gleichen Umschlag liegt noch ein anderer Brief aus 1987:

Verehrter Herr Dr. Z. Als Naturheiler müssen wir uns nun dem HIV stellen, ein obskurer Virus, der angeblich in Afrika von einem Affen auf einen Menschen übertragen worden sei (die Details wollen wir uns lieber nicht vorstellen) und die Krankheit AIDS auslöse. Vermutlich eine geniale Erfindung der Pharmaindustrie, um mit neuen »Wunderpillen« den Umsatz zu steigern. Dass sich der Staat in unser Sexualleben einmischt, gefällt mir gar nicht. Wir sind doch den totalitären Strukturen noch nicht so lange entronnen. Jetzt fängt das schon wieder an. Was ist Ihre Meinung dazu? Ihr ergebener Hubert Schmid, Naturheiler und Dr. med., Frankfurt a.M.

Ganz perplex über den Inhalt dieser Briefe an meinen Vater lege ich die vergilbten Blätter auf den Schreibtisch. Soll man solche Briefe archivieren?

Ich habe einen grossen Papierkorb neben den Schreibtisch gestellt. Was gilt es zu bewahren? Was endet im Müll? Ich lege die beiden Blätter zur Seite. Vielleicht finde ich noch die Antwort und kann dann überlegen, ob das Ganze einen Erinnerungswert für die Allgemeinheit darstellt oder nicht.

12. April 1990

Die Meisten trugen schwarz. Einige kamen in Rot. Letztere nannten sich Sanyasins, hatten einen indischen Namen angenommen und erklärten sich als Anhänger des Pop-Gurus Baghwan. Baghwan, Bild eines Vaters für eine vaterlose Gesellschaft. Auch Daniela war ohne Vater aufgewachsen. Jetzt standen wir an ihrem Grab. Es lagen noch Flecken von Schnee auf den Beeten, hier und dort drückten Schneeglöckchen durch. Frische Gräber waren mit einem Holzkreuz bezeichnet: Daniela K., 1960 bis 1990. In zwei Windlichtern flackerten Kerzen. Danielas Mutter, eine kleine Person mit spröde gewordener Dauerwelle und fahler Haut, unterhielt sich mit den Freunden ihrer verstorbenen Tochter. Sie zeigte keine Gefühle, ihr Gesicht glich einer Panzertür. In der Friedhofskapelle hatten wir eine weltliche Abdankung organisiert mit Musik von Jimmy Hendrix, The Doors, Janis Joplin. Cry Baby! Daniela, High Way Star. Mit Vollgas ins Nirgendwo wie Efim, Nikki, Sabine, Tommy und Regula, die ein paar Reihen hintendran lagen und bereits durch einen Grabstein vertreten wurden. In den kahlen Bäumen hatte sich eine Familie von Krähen niedergelassen: Krah krah. Weiter oben zog ein Raubvogel seine Runden. Es hatte bei allen gleich angefangen. Zuerst Leichtsinn und Liebeskummer, dann die Heroinhölle, dann HIV, dann AIDS, dann Schluss. Wenige Tage vor ihrem Tod hatte ich Daniela noch im Krankenhaus besucht. Sie hatte sich wieder einmal selbst eingeliefert, diesmal weil ihr Bauch angeschwollen war: Leberversagen, Wasser im Bauch, das man ihr mit einem Schlauch abzapfte. »Ich bin wie eine Katze«, sagte sie zynisch, »ich habe sieben Leben, doch dieses ist vermutlich mein letztes.« Ich sehe sie noch in dem weissen Nachthemd, das hinten einen Schlitz hatte. Sie erhob sich, um ein Foto aus dem Schrank zu holen, dabei entblösste sie ihren schönen geschwungenen Po. Ihre Fesseln und Armbeugen waren von Narben übersät. »Meine grosse

Liebe«, sie drückte mir ein Foto von Ezra in die Hand, »hintendrauf steht seine Adresse.« Auf dem Bild erkannte ich einen attraktiven jungen Mann mit langem Haar im Hippie Look, der Daniela lachend im Arm hält. »Die Sucht habe ich von meinem leiblichen Vater geerbt, er war Alkoholiker. Nur einmal habe ich ihn getroffen, wir hatten uns aber nichts zu sagen.« Als ich mich verabschiedete, weil das Ärzte-Team ins Zimmer trat, hielt sie mir das Foto hin: »Bitte nimm es mit und sag ihm, ich hätte ihn nie vergessen.« Zwei Tage später war Daniela tot. Ihre Mutter hatte bei ihr auf dem Bettrand gesessen, als sie ihre letzten Atemzüge tat. Der Höllentrip war zu Ende. War sie erleichtert?

Nach Danielas Beerdigung schrieb ich Ezra einen Brief: Lieber Ezra, Daniela ist heute auf dem Friedhof Hönggerberg zur letzten Ruhe gebettet worden. Sie hat bis zuletzt von dir gesprochen. Du warst die Liebe ihres Lebens.

30. August 1939

Zwei Wochen nach Agnes Tod wurde Leonz Z. als einer von 430.000 Wehrmännern zur Verteidigung der Schweiz aufgeboten. Es waren heisse Tage, die Luft flimmerte, Schwalben nisteten in den Ställen und schwirrten wie schwarze Konfetti über den Himmel. Das Land hatte sich eigentlich aufs Heuen eingestellt. Die Bauern waren empört: Wer sollte jetzt die Arbeit übernehmen? Etwa Frauen und Kinder? Zur Hölle mit dem Wirrkopf und seinen Anhängern, denen man diese unnötige Misere zu verdanken hatte. Als ob man es nicht schon so schwer genug hätte. Anstatt mit Touristen füllten sich Schulhäuser, Hotels und Wirtschaften mit Militär. Anstelle der Reisenden kamen Soldaten und Offiziere mit Lastwagen voller Geschütz, Kampfmaterial und Hunderten von Pferden. In der Folge wurden viele Frauen und Jugendliche in die Munitionsfabrik Altdorf ans Fliessband eingezogen, andere rackerten sich für ein paar Batzen in der »Gummi« ab, wo Dätwyler ein Recycling-System für Gummi, der rar wurde, entwickelt hatte. Bundesrat Etter und der neu gewählte General Guisan riefen zum vereinten Widerstand gegen die deutsche Bedrohung auf. Sie nannten es *geistige* Landesverteidigung. Das Urnerland, Hüter des Rütli und der Tradition, erhielt dabei die Schlüsselrolle als unbezwingbare Festung gegen die Deutschen im Norden und gegen die mit ihnen verbündeten Italiener südlich des Gotthard-Massivs.

Am Tag, bevor er einrücken musste, sass Leonz in der Rose auf der Eckbank am Stammtisch. Es war ein Sonntagmorgen, die Familie bereit zum Kirchgang. Sein blondes Haar war am Hinterkopf frisch rasiert, seine blauen Augen blickten ernst. Hinter ihm auf dem Holzsims stand die Fotografie von Agnes mit hochgestecktem blonden Haar, wie sie lächelnd Baby Traugott im Arm hält, während die beiden Mädchen sich seitlich an ihren langen Rock klammern.

Gret, Ursina und der bald vierjährige Traugott trugen ihr Sonntagsgewand. Verunsichert schauten sie ihren Vater an.

»Ein Unglück kommt selten allein«, seufzte Vater, »ich bin ins Gebirgsfüsilier-Bataillon 109 eingeteilt, allerdings als Telefönler, wenigstens das.«

Ursina verbarg ihr Gesicht in ihren Armen auf dem Tisch und begann zu schluchzen. Gret legte den Arm um ihre Schwester, auch ihre Augen füllten sich mit Tränen. Seit dem Tod ihrer Mutter brauchte es kaum ein Wort und die Trauer überwältigte sie von Neuem. Traugott verstand noch nicht recht, worum es ging, doch wie alle Kinder nahm er die Stimmung wahr; ängstlich blickte er vom Vater zu den weinenden Schwestern.

»Musst du sterben?«, fragte er und zog die Augenbrauen zusammen.

»Nein, Bub, als Telefönler gehöre ich zur Übermittlungstruppe und muss Telefonleitungen bauen, damit das Kommando sofort über die Lage informiert werden kann.« Er hob den Kleinen auf seinen Schoss, »Vati kann euch dann immer anrufen. Ich werde nicht sterben, versprochen.« Seine Stimme klang entschlossen. Die Kinder rückten an ihn heran. »Keine Angst, Kinder, Mutti ist jetzt unser Schutzengel, sie passt vom Himmel aus auf uns auf. Uns wird nichts geschehen, so Gott will. Dieser Krieg ist bald vorbei. So ein Verrückter kann sich nicht lange halten.«

»Da wäre ich mir nicht zu sicher«, sagte Josy, die in ihrem dunklen Sonntagskleid vor der Theke stand und mit einem Tuch Gläser trocknete.

Leonz blitzte sie ärgerlich an. Er mochte es nicht, wenn sie ihn vor den Kindern in Frage stellte. »Kommt, wir wollen Mutti vor der Messe noch einen Besuch abstatten, danach muss ich mich parat machen.« Er unterdrückte einen Seufzer. Vor den Kindern wollte er sich zusammenreissen, ihnen nicht zeigen, wie schwer es ihm auf der Brust lag.

Der Sommer glühte in seiner Pracht. Die Berge leuchteten und der Urnersee glitzerte in Silbergrün. Vater nahm Traugott an die Hand. Zusammen gingen sie durch die Dorfstrasse. Einige Nachbarinnen senkten grüssend den Kopf, als sie dem schwarz gekleideten Vater mit seinen Kindern und deren Tante begegneten. Wenn ein Unglück eine Familie im Dorf traf, zeigten alle Anteilnahme in Form von Gesten, Geschenken und allerlei Hilfsangeboten. Der Witwer sollte sich nicht allein fühlen, man trug sein schweres Schicksal gemeinsam. Dass jetzt auch noch Krieg ausbrach, und die Väter ihre Familien verlassen mussten, um sich der Landesverteidigung anzuschliessen, löste in allen Zorn und Ohnmachtsgefühle aus. Nicht nur gegen die Deutschen mit ihrem teuflischen Führer, nein, auch gegen Gottvater höchstpersönlich, gegen den Schöpfer der Welt. »Und wenn ich am jüngsten Tag vor ihm stehe, dann werde ich mit der Faust auf den Tisch hauen, dass Himmel und Hölle beben werden: ›So geht das nicht‹, werde ich ihm ins Antlitz schreien, ›so nicht! Deine Schöpfung ist voller Niedertracht, es fehlt an Barmherzigkeit!«", so wird Leonzens alte Mutter, Sophie Z., während ihrer letzten Tage im Altersheim schimpfen. Sie hat Grund dazu, wie noch zu erzählen sein wird. Und auch wenn die Leute die alte Sophie für ein bisschen verrückt erklären werden, um sie nicht der Blasphemie bezichtigen zu müssen, insgeheim werden sie doch mit ihr fühlen. Denn es tut gut, wenn eine ausspricht, was heimlich allen in der Seele brennt.

Zusammen stiegen Leonz, seine Kinder und Tante Josy den steilen Weg zur Kirche hinauf, Vater musste den Jungen tragen, dessen Kinderbeine nicht mehr wollten. Der Schweiss quoll unter dem Hutrand hervor auf seine Stirn. Rex, der ihnen gefolgt war, trottete hechelnd hinterher mit gesenktem Kopf, als teilte er das Dunkle mit ihnen, das Dunkle in ihren Herzen, das der strahlendste Tag nicht zu erhellen vermochte. Ein lauer Wind strich über das Gras am Hang. Die Wiesen standen voller Blumen, über denen Insekten summten; abgesehen vom Pfeifen eines Zugs in der Ferne, das einzige Geräusch. Sssssss. Oben angekommen, tat sich ihnen der Blick über den Urnersee auf, der sie schmerzlich blendete. Am Himmel segelten ein paar verlorene Schäfchenwolken, als ob nichts wäre. Auf dem frischen Grab lagen verwelkende Blumenkränze, auch die Rosen und Lilien in den Vasen liessen ihre Blätter fallen, obwohl der Sigrist sie täglich goss. »Agnes Z.-M. 1905 bis 1939« war auf dem provisorischen Holzkreuz zu lesen. Vati ging zu einer Schale mit Weihwasser zwischen den Gräbern, tauchte einen Fichtenzweig hinein und sprühte das gesegnete Wasser auf das Grab. Ohne ein Wort zu verlieren, taten es ihm Josy, Gret und Ursina nach. Nur Traugott rannte zwischen den Gräbern herum und schrie lauthals: »Muuttiii, Muuttiii!«, während Rex hinter ihm her war, um auf ihn aufzupassen. Sie liessen den Kleinen gewähren, während sie vor dem Grab mit gefalteten Händen Franz Schuberts Ave Maria sangen:

Ave Maria
Jungfrau mild
Erhöre deiner Kinder Flehen
Im Tal der Tränen sei uns Schild
Lass mein Gebet zu dir hinwehen
Wir schlafen sicher bis zum Morgen
Dein Sternenmantel deckt uns zu
Oh Jungfrau, siehe unsere Sorgen
Oh schenke unseren Herzen Ruh
Ave Maria
Ave Maria
Reine Magd
Wir wollen gläubig dir vertrauen
Du süsse Jungfrau unverzagt
Voll Hoffnung zu dir aufwärts schauen
Und still uns Gottes Willen beugen
Da uns dein heiliger Trost anweht
Oh Jungfrau wolle hold dich neigen
Dem Kind, das bittend zu dir fleht

Der Kirchhof füllte sich mit Leuten; viele von ihnen traten zur Trauerfamilie ans Grab und sangen leise mit. Die Kirchenglocken begannen zu läuten, und die Flüeler betraten ihr Gotteshaus, nicht ohne sich mit Weihwasser zu bekreuzigen und einen Knicks zu machen, bevor sie sich auf den Holzbänken niederliessen. Die Orgel spielte das Requiem *aeternam dona eis domine.* Vikar Baumann mit den dicken Brillengläsern trug über der Tunika die violette Stola, die er sonst nur an Beerdigungen trug.

Dezember 2020

In der Zeitung schreibt ein Wissenschaftler, dass die Pandemie bis ins Jahr 2023 andauern werde. Doch schon nach einem Jahr habe ich die Nase voll von den Restriktionen. Alles, was den Menschen sonst guttut, ist auf einmal lebensgefährlich geworden. Professor Heinz Herzka, der Zürcher Kinderpsychiater, hat gesagt: »Früher hat man Menschen den Göttern geopfert, heute opfert man Menschen dem Verkehr. Keinem käme in den Sinn, den Verkehr aufzuhalten, weil so viele darin umkommen.« Heute verstehe ich besser, weshalb wir Verkehrstote still in Kauf nehmen. Aufoktroyierter Stillstand ist wie lebendig begraben zu sein, ist gegen unsere Natur.

Traugott Z. reiste zwar manchmal zu wissenschaftlichen Konferenzen und Symposien, doch in erster Linie war er ein *Mind-Traveller*. Die meiste Zeit verbrachte er auf einem Stuhl entweder am Schreibtisch oder in der Stube in seinem blauen Sessel, die Beine horizontal auf einem Hocker gelagert. In der Hand hielt er einen Block Papier voller »Hieroglyphen«, einen Bleistift und nebenan, auf dem Boden, stapelten sich Bücher, deren Inhalt für mich rätselhaft war. Anhand dieser Tabellen, den seitenlangen Berechnungen aus Zahlen und Ziffern und Graphen mit absteigenden oder aufsteigenden Linien entwickelte ich zwar eine Ahnung, wo sein Geist sich visuell aufhielt, doch war mir klar, dass ich ihn dort niemals treffen oder erreichen konnte, da mir diese Zeichen weniger als nichts bedeuteten. Ich vermochte nichts aus ihnen abzuleiten oder sie mit irgendetwas zu füllen, das für mich Sinn ergeben hätte. Vater lebte woanders, obwohl er mitten unter uns war. Es gab wenig Möglichkeiten, miteinander in Kontakt zu kommen. Wenn er etwas benötigte, zum Beispiel den Radiergummi, der in seiner Mappe lag, dann rief er laut: »Anita, Bettina, Corina!« (es war seine Idee gewesen, unsere Namen in der Folge des Alphabets auszusuchen, vermutlich konnte er sich so die Reihenfolge unserer Geburten besser merken). Diejenige, die gerade in der Nähe stand, fühlte sich angesprochen und brachte ihm den gewünschten Gegenstand. Nie schaute er auf, um zu sehen, welche von uns da war. So wie er kaum je auf die Idee kam, nach uns zu fragen, geschweige sich mit uns abzugeben. Wir Kinder gehörten in die Mutter-Abteilung. Nur wenn wir unsere Mutter auf die Palme brachten, weil wir das Kinderzimmer nicht aufräumten oder nach dem Bad die feuchten Frottiertücher auf dem Boden liegen liessen, dann schrie sie so genervt herum, dass er sich in seiner Arbeit gestört fühlte, aufstand und einer von uns, meistens mir, vermutlich weil ich die Älteste war, eine Ohrfeige verpasste, damit möglichst rasch wieder Ruhe einkehrte. Traugott Z. war höchst lärmempfindlich. Wenn der Lärm aus dem Hals seiner Frau kam, dann kannte er gar nichts. Je älter wir Schwestern wurden, desto häufiger schrie unsere Mutter herum; desto mehr vergrub sich unser Vater in seine Zeichenwelt. Bis Mutter uns eines Tages, ich war gerade fünfzehn geworden, in wenigen Worten mitteilte, sie habe einen Mann getroffen, der sie wahrnähme und sie werde zu ihm ziehen.

Ich bin abgedriftet. Auf meinem Schreibtisch im Staatsarchiv liegen Dossiers mit bibliothekarischen Beschriftungen, nach Entstehungsjahr und Art des Inhalts sortiert. Ein mit der Schreibmaschine getippter Brief liegt in meiner Hand. Er stammt aus dem Jahr 1979 und ist an das Bezirksgericht Zürich gerichtet. Darin schreibt Traugott Z., dass er einen Aufschub der unerwarteten Kündigung seiner Wohnung beantrage:

Die Kündigung trifft mich in mehrfacher Hinsicht als Härtefall: (1) Meine Frau hat mich an Weihnachten verlassen, unter anderem wegen der misslichen Wohnlage, auf die ich aus Arbeitsplatzgründen angewiesen zu sein glaubte, und ist mit unserer jüngsten Tochter Corina in eine andere Stadt zu einem anderen Mann gezogen. Dies bürdet mir jetzt die ganze Haushaltung auf. (2) Bettina, die mittlere Tochter ist noch in der Sekundarschule, die sie in Ruhe zu Ende bringen soll. Danach zieht sie zu meiner Frau. (3) Meine älteste Tochter Anita (16 J.) absolviert in der Stadt eine Lehre und kommt zum Mittagessen nach Hause. Diese Gelegenheit möchte ich ihr so lange wie möglich erhalten können.

Er fügt dann noch an, dass ihm in den nächsten Wochen ausgedehnte Vortragszyklen in Asien und Amerika bevorstünden und er keine Zeit habe, jetzt eine neue Wohnung zu suchen, zumal es in Gehdistanz zu seinem Arbeitsplatz wenig Alternativen gäbe.

Härtefall. Traugott Z. ein Härtefall. Ein Fall von sozialer Belastung und Ungerechtigkeit, der eine Ausnahmeregelung verdient. In diesem Brief erfahre ich, dass ich offenbar während meiner Lehre über Mittag nach Hause ging. Warum kann ich mich nicht daran erinnern? Warum fehlt mir jegliches Bild davon? Was habe ich damals über Mittag zu Hause gemacht? Hat jemand für mich gekocht? Habe ich mir selbst etwas zubereitet? Wo waren meine Schwestern? Angeblich wollte Vater mir diese Gelegenheit erhalten. Warum?

Juli 1977

Hochsommer. Heisser Wind raschelte durch die Blutbuche vor meinem Fenster. Der Baum hatte sich schwarzrot verfärbt. Erhaben ragte er in den Himmel. Der Duft von geschnittenem Gras, vermischt mit Motorenöl vom Rasenmäher, lag in der Luft. Von einem Garten in der Nachbarschaft war der Lärm von Kindern zu hören, die in einem Swimmingpool planschten.

»Du musst noch Milch holen«, sagte die Mutter, bevor sie mit ihren Koffern, Tüten und Schachteln im neuen Sommerdress zu ihrem neuen Mann ins Auto stieg: »Ich rufe dich an, sobald ich eingerichtet bin. Du kommst uns dann besuchen.«

Sie warf mir eine Kusshand zu, während ihr neuer Mann den Soldatengruss machte, als ob er einen Befehl auszuführen hätte. Dann rollten sie davon.

Vaters Rückkehr war erst auf den Abend angesagt. Seit einer Woche befand er sich beruflich im Ausland. Vermutlich hatten sie das so geplant. In seiner Abwesenheit konnte Mutter ungestört packen, und die beiden Männer mussten sich nicht begegnen. Am Tag zuvor hatte ein Transporter Mutters wertvolle Gegenstände abgeholt: Ein antikes Spinnrad, eine Standuhr aus dem 19. Jahrhundert, die ersteigerten Bilder (sie liebte es, auf Auktionen zu gehen), einen halbblinden venezianischen Spiegel und Grosstante Judiths Stühle mit den bestickten Gobelinbezügen, Kisten mit brokatenen Sofakissen, Baccarat Kristallgläser, Silberbesteck und das Wedgwood Porzellan im Stil des englischen Klassizismus, das jeweils an Feiertagen und beim Besuch von Professoren und ihren Gattinnen zum Einsatz gekommen war, die übrige Zeit wurde es in der Dunkelheit des Palisanderbuffets in Sicherheit gehalten.

Nachdem ich die Haustür hinter ihr ins Schloss gedrückt hatte, blieb ich einen Moment lang im Eingang stehen und liess ihren Abgang auf mich wirken. Dann holte ich in meinem Zimmer, das als einziges unverändert war, meine Pocketkamera und begann, von allem Fotos zu machen. Die Wohnung war nicht mehr dieselbe. Der Esstisch wirkte ohne die Stühle verwaist, als stünde er zum Verkauf. Überhaupt hatte das Wohnzimmer das Museale und Heimelige verloren. Ohne den Schnickschnack und die Bilder erinnerte es jetzt an ein Wartezimmer, in dem niemand wartet. Auch der Spiegelschrank im Badezimmer war praktisch leer. Ausser meiner Zahnbürste lagen nur noch eine halbleere Tube Zahnpasta, eine Schachtel Aspirin und ein paar Parfümmüsterchen, die nach Alkohol rochen, darin. Wenigstens gab es jetzt Platz, um mein eigenes Zeug einzuräumen. Die weichen Badetücher, die sie neulich vom Ausverkauf heimgebracht hatte, waren ebenfalls weg, doch die alten rauen hingen noch da. Am seltsamsten muteten mich jedoch die beiden Kleiderschränke meiner Eltern an. Sie standen im Schlafzimmer nebeneinander, zwei gleiche Schränke aus Nussbaumholz. Im einen hingen Vaters Anzüge und Hemden, in den Fächern lagen seine Socken, Pullis und Unterwäsche, alles nach Art der perfekten Hausfrau fein säuberlich gebügelt und gestapelt. Im anderen gähnte mich Leere an. Mutters Garderobe, die ich mit meiner Freundin manchmal heimlich anprobiert hatte, war verschwunden. Nur am Boden war eine Schuhschachtel zurückgeblieben; ich zog sie hervor und hob den Deckel. Doch es lag nichts darin ausser einer einsamen Welle Seidenpapier. In der Ecke eines Regals entdeckte ich schliesslich noch einen zusammengefalteten Zettel, den sie offenbar übersehen hatte. Es handelte sich um ein Liebesgedicht. In winziger Naturwissenschaftlerschrift stand darauf: »Oh, du, meine Frau, mein Weihnachtsstern, mein Anker im Rauschen des Universums, was wäre ich ohne dich? In Liebe, Traugott, 1968.« Nun denn, sie war kein Weihnachtsstern und er kein Dichter, dachte ich und steckte den Zettel vorsichtig in meine Jeanstasche. Besser, wenn Vater ihn hier nicht vorfand. Ich machte von den nebeneinanderstehenden offenen Schränken ein Foto und zog weiter ins Kinderzimmer von Betty und Corina. Auf den ersten Blick schien hier alles beim Alten, ausser, dass es zu aufgeräumt war. Betty hatten sie vorübergehend bei Tante Gret untergebracht, sie würde in ein paar Tagen bis zum Ende des Schuljahrs nochmals hierher zurückkommen. Danach würde man weiterschauen. Die Lieblingsstofftiere meiner Schwestern fehlten, doch die Spielzeugkisten waren noch voll. Ein Teil ihrer Kleider war auch noch vorhanden, ebenso ihre Zahnbürsten und Finken. »Damit sie etwas haben, wenn sie euch besuchen kommen«, hatte Mutter erklärt, »euer Vater ist ja unfähig, sich um solche Dinge zu kümmern.«

Trotzdem, auch das Kinderzimmer war nicht mehr dasselbe.

Ich zog von Zimmer zu Zimmer und machte Fotos, als befände ich mich auf der Reise durch ein unbekanntes Land, wo einem auch ganz Gewöhnliches wert scheint, abgelichtet zu werden. Ziellos öffnete ich in der Abstellkammer den Putzschrank. Das Rohr des Staubsaugers kippte mir entgegen und dahinter kam der Teppichklopfer zum Vorschein, eine Rute aus Rattan. Mit dem Ding in der hocherhobenen Hand war Mutter manchmal hinter mir hergelaufen, ich davon, übers Sofa, unter dem Tisch hindurch, bis ich es geschafft hatte, mich in meinem Zimmer einzuschliessen. Da blieb ich dann, bis Vater an die Tür klopfte und sagte, ich könne wieder rauskommen, sie hätte sich beruhigt.

Jetzt nahm ich den Teppichklopfer in die Hand und strich über die glatte Oberfläche der geflochtenen Rohre. Eigentlich hübsch das Ding, dachte ich und hängte ihn an einen leeren Bildernagel an die Wand. Daraufhin hievte ich den Hoover Staubsauger aus dem Schrank, steckte das Kabel ein und fing an, ihn durch die Räume zu schieben. Die Staubfuseln auf dem Spannteppich verschwanden Streifen um Streifen im aufgeblähten Beutel an der Stange. Als alles sauber war, ging ich in die Küche, um nachzusehen, was fehlte, schrieb eine Einkaufsliste und machte mich auf den Weg zum Lebensmittelladen.

Käsig und verschwitzt kehrte Vater abends heim. In der Küche hatte ich den Tisch für uns beide gedeckt, das Brot aufgeschnitten und im Krug dampfte der Lindenblütentee. Wie immer. Wir taten, als ob nichts geschehen wäre. Er stellte die Reisetasche in sein Zimmer (es war jetzt sein Zimmer, nicht mehr das Elternzimmer), ging ins Bad und pinkelte, wie mir auffiel, stehend ins Klo, etwas, das ihm bis anhin verboten gewesen war.

»Znacht fertig«, sagte ich. Traugott erwiderte nichts. Wir setzten uns und strichen stumm unsere Brote mit der selbst gemachten Erdbeerkonfitüre, von der sie alle Gläser dagelassen hatte. Normalerweise sagte Vater immer, der Tee sei das Beste von allem. Heute Abend unterliess er diese Bemerkung.

»Wie war die Konferenz?«, durchbrach ich die Stille.

»Gutes Echo, meine Entdeckung wird noch die Welt verändern«, erwiderte er kurz angebunden. Ich dachte, dass es wohl besser war, ihn jetzt in Ruhe zu lassen und erhob mich, um Teller und Besteck zu spülen.

»Lass, ich mach das«, sagte er, indem er gleichzeitig aufstand. Also verzog ich mich in mein Zimmer.

Wie immer nach dem Essen setzte sich Traugott Z. im Wohnzimmer in seinen Fauteuil, um zu lesen und zu schreiben. Der Plattenspieler spielte »Die Forelle« von Franz Schubert. Auf dem Boden lag die Plattenhülle mit einem Bild von Anneliese Rothenberger in einem rosa Rüschenkleid. Wie rosa Zuckerwatte. Vater und ich hatten die LP als Geschenk für Mutters Geburtstag in einem Plattenladen gekauft, eigentlich war die Wahl auf sie gefallen, weil mich das Kleid der Sängerin an meine verlorenen Barbies erinnerte. Doch Mutter war enttäuscht gewesen. Er hätte doch wissen müssen, dass diese Opernsängerin gar nicht ihr Typ sei, nur schon wie die angezogen sei! Vater hatte ihr nicht verraten, dass ich es gewesen war, die sie genau deswegen ausgesucht hatte. Jetzt drehte sich die Scheibe bei uns zum ersten Mal auf dem Plattenteller.

…

Und ich mit regem Blute
Sah ich die Betrogene an

…

Es tönte, als würde auf den Tasten des Klaviers ein Fisch herumzappeln. Ich wusste nicht recht, ob mir zum Lachen oder zum Weinen war. Vom Korridor aus betrachtete ich meinen Vater, wie er seinen ersten Abend als verlassener Ehemann zubrachte. Er schien nicht zu bemerken, dass die Wände leer waren, in der

Ecke das Spinnrad und im Gang die Standuhr fehlten. Auch der Teppichklopfer am Nagel fiel ihm nicht auf. Er verhielt sich wie immer, sass lesend in sein Buch vertieft.

»Gute Nacht, ich gehe ins Bett«, sagte ich.

»Gute Nacht«, erwiderte er, ohne aufzublicken.

Im Bett liegend beobachtete ich die Lichtstreifen, die von den Scheinwerfern der vorbeifahrenden Autos über die Decke zogen. Als Vater nach hinten kam, hörte ich ihn heftig husten. Er hustete auch noch, als er in sein Zimmer ging. Schon seltsam, dass plötzlich nur noch wir hier wohnten. Mir fehlte das Plappern und Zanken meiner Schwestern, das mich sonst manchmal gestört hatte. Aus ihrem aufgeräumten Kinderzimmer nebenan drang eine unangenehme Ruhe, die die ganze Wohnung füllte.

Wir hatten uns nicht viel zu sagen. Vater ging wie immer ins Institut zur Arbeit. Manchmal fragte er, ob ich Geld brauche, und drückte mir einen Schein in die Hand, bevor ich überhaupt antworten konnte. Darin war er grosszügig. Doch wenn ich mich ein wenig mit ihm unterhalten wollte, zum Beispiel über die Besuchstage meiner Schwestern und wer sich um sie kümmern, sie vom Bahnhof abholen sollte und so, wich er aus und schaltete auf wortkarg. Das reizte mich, ihn zu provozieren:

»Weisst du eigentlich, was LSD ist?«

»Nein.«

»Lysergsäurediethylamid, ein chemisches Mittel, mit dem man sein Bewusstsein erweitern kann.«

»Dafür brauche ich keine Pille, das muss etwas für Dumme sein.« Er warf mir einen verächtlichen Blick zu und verliess die Küche Richtung Sessel.

Ich hinterher: »Hast du von Stanislav Grof gehört? Von dem amerikanischen Psychiater, der mit LSD *arbeitet*? Der weiss es besser als du!« Ich wusste selbst nicht viel über diesen Grof. Sein Name war mir einfach im Gedächtnis hängen geblieben.

»Das muss ein gefährlicher Dummkopf sein«, sagte Vater, »jetzt lass mich in Ruhe, ich möchte meine wertvolle Zeit nicht mit dummen Leuten verschwenden.« Er wandte sich ab und nahm seinen Schreibblock in die Hand.

Dumm waren in seinen Augen alle, die nichts von Physik und Mathematik verstanden – wie ich – und die – wie ich – über Dinge sprachen, die ihn nicht interessierten. Seit Mutter ausgezogen war, fand er nahezu alles und jeden dumm. Dumm war ein Kollege am Institut, der seinen Studierenden das Du angeboten hatte; dumm oder eher saudumm waren die Jungs mit den langen Haaren; dumm die Frauen, die von Emanzipation palaverten, als wäre sie ein gelobtes Land, das nur Frauen zugänglich sei (Emanzipation? lächerlich); dumm war die Jugend, die sich mit Drogen zudröhnte, das Peace-Zeichen auf ihre T-Shirts und Bluejeans malte und Scharlatanen in Indien auf den Leim kroch.

Vater hatte sich zum Misanthropen entwickelt. Und ich, die ich schlecht in Mathe war und äusserlich meiner Mutter ähnelte, fand in seinen Augen keine Gnade.

»Was verstehst du eigentlich unter Dummheit?«, insistierte ich. »Erklärst du mir das?«

»Schau in den Spiegel«, entgegnete er.

Vater litt. Ich biss mir auf die Zunge. Hoheitsvoll wandte ich mich ab, holte die Jacke aus meinem Zimmer und verliess türschletzend die Wohnung.

Flüelen, Dezember 1940

Als Leonz nach einem langen Arbeitstag, an dem er mancherorts im Kanton elektrische Einrichtungen kontrolliert und repariert hatte, seine Schuhe abklopfte und das Jass-Stübli der Rose betrat, schauten ihm die Männer, die wie er vorübergehend vom Aktivdienst befreit waren, am Tisch mit besorgten Mienen entgegen. Er stellte seinen Werkzeugkoffer in eine

Ecke, hängte die verschneite Jacke und den feuchten Hut an die Garderobe neben der Tür und nahm den Kafi-Schnaps, den Marili ihm brachte, in die klammen Finger.

»Was gibt es?«, fragte er, während er einen Schluck nahm, der ihm brennend die Kehle hinunterrann. Er fragte betont ruhig, denn Hiobsbotschaften gab es derzeit viele, es galt, die Nerven zu bewahren.

Der Gisiger Sepp schob ihm einen Zettel zu: »Hier, eine Liste der betroffenen Viehhändler und Bauern, schon über dreitausend Tiere.«

Leonz war eine Führungspersönlichkeit. Ohne dass er das bewusst in Anspruch genommen hätte, lebte er diesen Status quo ganz selbstverständlich. Als ältestem Sohn hatte ihm Sophie, seine Mutter, damals, nachdem der Vater abgehauen war, die Rolle als Mann im Haus übertragen. Ohne Erklärung hatte sie von heute auf morgen angefangen, ihn als Familienoberhaupt zu behandeln. Auf diese Weise war er zunächst die Autorität in der Familie geworden, wobei anzumerken ist, dass sein Vater nie eine gewesen war. Später wurden ihm die Führungsrollen auch in den Vereinen und bei wichtigen Entscheidungen zugeschoben, ohne dass er sich darum bemüht hätte. Doch er bezahlte dafür einen schmerzlichen Preis. Leonz wäre fürs Leben gerne Kunstmaler geworden. Schon in seiner Kindheit hatte er am liebsten gezeichnet und aus Lehm, den er selber oberhalb im Bett des Dorfbachs abbaute, Figuren modelliert. Doch seit sein Vater – der Teufel hole ihn im fernen Lesgewangminnen in Ostpreussen! – Uri und Familie feige im Stich gelassen hatte, musste er zusammen mit der Mutter für Hotel, Restaurant und die Geschwister aufkommen. Während sein drei Jahre älterer Freund Heinrich die finanzielle Unterstützung erhielt, um in Basel, später sogar an einer Kunstschule in Deutschland studieren zu können, wurde ihm die zaghafte Bemerkung, die er der Mutter gegenüber einmal machte, mit der harschen Antwort quittiert: »Künstler? Das fehlt uns gerade noch!« Hierauf begrub er seinen Jugendtraum unter einem Berg von Pflichten, die ihm das Schicksal aufbürdete. Mit Bewunderung, manchmal auch mit einem Stich im Herzen, verfolgte er die wechselhafte Laufbahn von Heinrich, der neben finanziellen Nöten nicht selten auch Spott und Häme über sich ergehen lassen musste. Das verschaffte Leonz zwar ein bisschen Genugtuung – *es hatte doch jeder sein Scherflein zu tragen* – doch Leonz, als verhinderter Künstler, erkannte das Genie von Heinrich sehr wohl. Nicht zuletzt hatten sie das Heu auf derselben Bühne, was diesen krächzenden Hitler und Konsorten betraf: gefährliche Demagogen, die es unter allen Umständen zu bekämpfen galt.

Gemeinsam hatten sie deshalb einige Gleichgesinnte einberufen, um sich regelmässig in der Jass-Stube der Rose zu treffen. Man wollte dubiose Gestalten beobachten, die ihre Unzulänglichkeit mit politischem Fanatismus für den deutschen Nationalsozialismus zu überdecken versuchten. Es gab da einige, die ihre Begeisterung für ein »Neues Europa« nicht verhehlen konnten. Ein paar Besserwisser und junge Männer, die in der Munitionsfabrik Altdorf als Handlanger tätig waren und in der Pause mit Sprüchen prahlten, sie würden Hitlers Kampf gegen die Juden und Bolschewisten mit Wort und Faust unterstützen. Einer von ihnen hatte im Büro der Geschäftsleitung Dokumente gestohlen und war damit bei Nacht und Nebel zu den Deutschen übergelaufen. Da läuteten bei Leonz und Heinrich die Alarmglocken. Im Urnerland sollte es niemand ungeschoren wagen, mit dem Deutschen Reich zu sympathisieren. Sogar den Herrn Pfarrer galt es diskret im Auge zu behalten, auch er hatte neulich eine Bemerkung fallen lassen, die eine gewisse Nähe zu den Frontisten verriet. Man war entschlossen, solche Wirrköpfe, notfalls auf eigene Faust, in den Senkel zu stellen.

Heute ging es jedoch um etwas anderes. Seit einiger Zeit mehrten sich die Hinweise, dass die Urner Kühe darbten. Etwas stimmte nicht. Die Tiere, die ein wichtiger Zweig der Urner Wirtschaft ausmachten, frassen zwar Heu und Gras, verloren jedoch auffallend rasch an Gewicht. Viele litten unter Durchfall, tränenden Augen, Geschwüren und zeigten einen krankhaften Durst. Immer mehr Bauern sahen sich gezwungen, ihre Kühe notzuschlachten. Doch die Krankheit war allen ein Rätsel.

»Der Karl in Bürglen hat sich gestern im Stall erhängt, nachdem er seine letzte Kuh abtun musste«, sagte Josef Planzer mit qualmender Pfeife im Mund, »so kann es nicht weitergehen. Dreimal hat er den Kapuzinermönch Sebastianus gerufen, um den Tieren den bösen Geist auszutreiben. Am Ende fuhr das Böse in Karl selbst hinein. Friede seiner Seele.«

»Amen«, murmelten die Männer und machten das Zeichen des Kreuzes auf ihrer Brust.

»Im Seelisberg hat ein Viehzüchter geheult wie ein Kind. Vierzig Tiere musste er töten lassen, weil er ihre Qualen nicht länger mitansehen konnte.«

Leonz nahm Sepp die Liste aus der Hand und studierte sie nachdenklich. Hierauf reichte er sie dem Kantonstierarzt, der mit in der Runde sass und seit Wochen mit dem Phänomen konfrontiert war. Er hatte eine böse Ahnung.

»Das ist Nebelgas«, erwiderte Stocker, »es muss Nebelgas sein, Perchlornaphtalin.«

Uri, 1940

An einem Altweibersommertag, als vom Gotthard herab ein heisser Wind ins Reusstal einfiel, so dass die stationierten Soldaten und ihre Pferde sich an den Brunnen und Kuhtränken laben mussten, um ihre trockenen Kehlen und verschwitzten Nacken zu erfrischen, erhielt Leonz, der gerade eine Woche vom Militärdienst befreit war, am Morgen einen Anruf aus dem Isenthal, wo man in der Stube der verstorbenen Magda A. ein Buffetmöbel gefunden hatte. Es handelte sich um ein düsteres, vom Wurm zerfressenes Stück aus der Mitte des 19. Jahrhunderts mit allerlei Schnitzereien und Intarsien.

Um seinen Verzicht auf die Kunstmalerei ein wenig auszugleichen, hatte Leonz angefangen, alte Möbel zu restaurieren, damit konnte er sich überdies einen schönen Batzen dazuverdienen. Inzwischen wusste man das im Urnerland. Regelmässig tauchten Antiquitätenhändler in der Rose auf, und er wurde geholt, wenn jemand ein altes, defektes Möbel loswerden wollte. Leonz war auch Geschäftsmann. Die Not seiner Jugend hatte ihn gelehrt, Rappen zu spalten. Er drückte den Ankaufspreis aufs Minimum hinunter und verkaufte das prachtvoll restaurierte Stück später für teures Geld.

Ausser dem Militär, das über Samstagmittag zu Hörnli mit Gehacktem kam, war heute nicht viel los. Josy und Marili schafften das gut allein. Also nahm Leonz den fünfjährigen Traugott an die Hand und ging mit ihm zum Hafen hinüber, wo sie die Fähre bestiegen. Der Urnersee leuchtete in tiefem Tannengrün, auf das die Felswände einen silbernen Glanz warfen. Am Ufer spielten Kinder; doch ins tiefe Wasser gingen sie nicht, sie konnten nicht schwimmen. Traugott lehnte über die Bootsbrüstung und beobachtete die Insekten, die ins Wasser gefallen waren; einige zappelten und zitterten noch mit ihren winzigen Beinchen und Flügeln. Mit einem Stecken fischte er eines heraus und liess es am Boden des Boots trocknen. Ein anderes war schon vollgesaugt, der Fahrtwind blies es ins Wasser zurück. Die ganze Fahrt über war er damit beschäftigt, verunfallte Insekten vor dem Tod durch Ertrinken zu retten. Die Märchen, die seine grosse Schwester Gret ihm manchmal, wenn sie gerade nichts Besseres im Sinn hatte, vorlas, hatten Traugott gelehrt, dass man auch den winzigsten Tierchen Beachtung schenken sollte. Wie oft geriet ein Märchenheld in Bedrängnis, worauf ihm eine Biene, ein Vogel oder eine Maus aus der Not halfen, weil er sie zuvor gerettet hatte. Traugott verstand schon in jungen Jahren, dass alles Leben heilig war.

In Isleten, unweit der Dynamitfabrik, wo fleissig Sprengstoff produziert wurde, legten sie an und stiegen in das kleine gelbe Postauto, das sie mit Motorengeratter über die schwindelerregende Serpentine zum Hochtal hinauffuhr. Traugott schauderte, als er aus dem Fenster in die Tiefe blickte. Unter ihnen stürzten die Felsenklippen senkrecht in den See; und in den Baumkronen, die nach jeder Kurve unterhalb von ihnen standen, hingen graue Pilzgeflechte, die aussahen wie die Bärte und Haare grinsender Sennen. Sie nannten den wilden Bergwald in Uri Märchenwald; denn, so wurde erzählt, Gnome, Zwerge, Elfen und andere seltsame Gestalten würden sich darin tummeln. Unlängst, als der kleine Traugott auf Vaters Schultern auf den Eggbergen durch den Märchenwald ritt, entdeckte er inmitten des Dickichts aus Moos und Pilzen plötzlich ein winziges Haus, nicht grösser als ein Tannenzapfen, aus dessen Kamin Rauch aufstieg. Aufgeregt klammerte sich der Knabe an Vaters Kragen, während er den Blick zurückwarf, um sich zu vergewissern: Ja, tatsächlich, dort stand das Häuschen mit dem Schrägdach und dem qualmenden Schornstein. Kein Zweifel.

»Vati, schau dort, ein Zwergenhaus!«, hatte er gerufen und seinen Vater an den Ohren gezerrt.

Doch Vater war ob dem jähen Schmerz wütend geworden: »Hör sofort auf!«, hatte die Bubenhände von seinem Kopf gelöst und den Jungen harsch auf die Beine gestellt.

»Vati, schau doch! Rauch im Zwergenhaus!«

»Komm, Kind, geschwind, wenn du nicht willst, dass dich das Toggeli holt.«

Traugott hatte sich an die starke Hand des Vaters gehängt und war neben ihm hergesprungen wie ein Hündchen, während er sich immer wieder umdrehte, ob nicht etwas Dunkles sie verfolge. Denn vor nichts fürchtete er sich mehr als vor dem Nachtmahr Toggeli, der in den Schatten des Waldes nur darauf wartete, den Fussgängern und Wandernden einen bösen Streich zu spielen.

In einem Holzhaus im Isenthal, das ihnen der Gemeindeverwalter öffnete, fanden sie das alte Buffet. Leonz verbarg seine Begeisterung, denn es war ein besonders schönes Stück, auch wenn der Blick eines Laien nicht viel mehr als Brennholz darin gesehen hätte. Rasch wurden sie sich im Preis einig und Leonz begann, das Möbel in seine Teile zu zerlegen, wozu er die Werkzeugtasche mitgebracht hatte.

»Hol mir den Walter im Adler, er soll helfen«, ächzte der Vater.

Freudig lief Traugott durchs Dorf zum Restaurant hinüber, denn von allen seinen Vettern war ihm Walter der liebste. Wie er war er an den kleinen und kleinsten Dingen interessiert. Schon Stunden hatten sie gemeinsam damit zugebracht, Insekten, Pilze, Pflanzen und Tümpelwasser mit einem Mikroskop zu untersuchen. Aber Walter war heute nicht im Adler anzutreffen. Er ging inzwischen dem Schuhmacher zur Hand, um dessen Beruf zu erlernen. Es war nämlich vorgesehen, dass Chlaus, sein älterer Bruder, einmal die Wirtschaft übernehmen sollte, also brauchte Walter ein eigenes Handwerk, mit dem er sich und seine künftige Familie dereinst ernähren können sollte.

»Lauf zum Schuhmacher neben der Kirche. Walter hat gleich Mittagspause«, sagte Tante Matilda, als Traugott in die Wirtsstube gerannt kam, um seinen Cousin zu rufen.

Wenig später half Walter seinem Onkel Leonz, die Teile des Buffets mit Seilen auf einem Rosswagen zu befestigen. Der Kutscher würde ihn später ins Tal fahren. Nach getaner Arbeit gingen sie zusammen ins Restaurant, das Matilda, eine Schwester von Josy und Agnes, seit dem Tod ihres Mannes führte. Traugott bekam ein Glas Holundersirup, den Tante Matilda selber herstellte. Während Vater und Tante Matilda sich über die Nöte des Kriegs unterhielten, leerte Traugott das Glas in einem Zug, um gleich darauf mit Cousin Walter nach draussen zu ziehen.

Leonz trank seinen Milchkaffee, während seine Schwägerin ein Kilo selbstgemachte Butter in Wachspapier einpackte und das Paket in seinem Rucksack verstaute. Plötzlich deutete Leonz auf eine Menschenansammlung vor dem Fenster.

»Was ist denn hier los?«

Vor dem Restaurant hatte sich eine Schar Isenthaler und Soldaten versammelt, unter ihnen auch Walter und Traugott. Gebannt blickten alle zu einer Matte unterhalb des Urirotstocks hinauf. Dort oben spielte sich etwas Seltsames ab.

Männer in orangefarbenen Jacken – man murmelte, es handle sich um eine Sonderabteilung des Militärs – verteilten auf der Wiese mehrere trichterförmige Gegenstände, die sie in die Erde steckten. Daraufhin zogen sich die Männer an den Rand der Matte zurück und zündeten Brennschnüre. Nach wenigen Minuten begannen die Dinger krachend und knallend zu explodierten. Eines nach dem anderen. Es tönte wie Gesteinssprengungen, deren Echo bedrohlich von den Felsen hallte. Augenblicklich machte sich Kälte und trübes Licht breit, während aus den Kratern Rauchsäulen emporquollen und zwischen den Bergspitzen ein dickes Dach aus bläulichem Nebel bildeten.

»Walter, schau, der Himmel kommt herunter!«, Traugott suchte die Hand seines Cousins, der neugierig und beunruhigt zugleich beobachtete, wie die Nebeldecke schliesslich wie eine Lawine in Zeitlupe über die Auen und Weiden Richtung Dorf herabgewallt kam.

Die umstehenden Männer rätselten, was es damit auf sich hatte.

»In der Früh bin ich einem Trupp Soldaten begegnet, die mit allerhand Geräten zur oberen Allmend hochstiegen.«

»Das scheint eher ein Gas zu sein.«

»Nebel, Rauch oder Gas?«

»Es sind Leute der Armee.«

»Warum hat uns niemand informiert?«

»Ha, erwartest du im Ernst, dass die uns über alles informieren?«

»Walter, was macht der Rauch?«

Leonz trat zu den beiden Jungen hinzu.

»Los, wir gehen«, er schwang den Rucksack um die Schultern und nahm Traugott bei der Hand.

»Vati, was macht dieser Rauch?«, wiederholte Traugott.

»Eine Militärübung. Keine Sorge, wir fahren jetzt nach Hause.«

Leonz wandte sich ab und schritt mit Traugott und Walter zur Endstation des Postautos, wo schon andere Fahrgäste warteten. Beunruhigt blickten alle in den verdunkelten Himmel. Der Chauffeur öffnete die Wagentür und rief: »Es gibt Verspätung. Wir müssen zuwarten, wie mir die Zentrale eben mitgeteilt hat.«

»Wegen dem Nebel?«

»Die Armee testet eine Schutzmassnahme.«

»Vati, wohin geht der Rauch?«

»Keine Angst, Traugott, er macht uns nichts«, Vati legte seine Hand auf den blonden Schopf seines Buben. Traugott schmiegte sich an seinen Vater.

1940

Mit Kampfsturzbombern eroberte die Deutsche Wehrmacht mehr und mehr Nachbarstaaten. Deshalb beschloss die Schweizer Armeeführung, das militärische Herz der Schweiz, Réduit genannt, zu tarnen. Die Angreifer sollten in die Irre geführt werden. Was lag da näher, als die Innerschweizer Bergtäler, wo die Armeestützpunkte zur Verteidigung bereitstanden, in Nebel zu hüllen. Kein Pilot würde mehr etwas erkennen können, und bestimmt würden nicht wenige mitsamt ihren Flugzeugen an den Felswänden zerschellen. In der Euphorie über diesen genialen Schachzug wurden vom Reussdelta bis ins Isenthal, in den Regionen Amsteg-Intschi, Meitschligen, Brunnital und anderen Orten der Innerschweiz mitten im blühenden Sommer auf duftenden Wiesen Übungskurse abgehalten. Unter absoluter Geheimhaltung stiegen die Soldaten, die in die Nebeltruppen eingeteilt waren, mit schwer beladenen Rucksäcken voller Gaspatronen in die höher gelegenen Bergregionen, um die Vernebelung zu testen. Die Armeeleitung nahm an, Perchlornaphtalin sei ungefährlich. Im Glauben, eine effiziente Abwehrmassnahme gefunden zu haben, wurden die Auswirkungen des Gases im Voraus nicht genau untersucht. Tatsache jedoch: Perchlornaphtalin ist nicht wasserlöslich. Nach der Auflösung des Gasnebels sanken seine Bestandteile unsichtbar und unriechbar auf die Wiesen und Weiden nieder und blieben am Gras kleben, das das Vieh sich einverleibte. In der Folge mussten, aufgrund elender Krankheitssymptome der Tiere, 13.962 Stück Vieh notgeschlachtet werden. Die Kosten zur Wiederherstellung, sprich Umpflügung und Neuanpflanzung, der vergifteten Böden, mit billigster Hilfe von polnischen Internierten und der Urner Schülerschaft, beliefen sich auf über sieben Millionen Franken. Der Bund zahlte. Doch die Vernebelungskatastrophe hatte die Urner Viehwirtschaft um Jahre zurückgeworfen und in der Bevölkerung nicht nur Wut und Verstörung, sondern auch Misstrauen gegen die Regierung hervorgerufen.

September 2020

In Flüelen angekommen steige ich wie gewohnt vom Zug in den Bus nach Altdorf um. Heute gibt es wegen einer Corona Demo Verspätung. Der Himmel ist blau. Der See ist grün. Die Berge silbergrau. Alles wirkt friedlich. Ein Rotmilan kreist über den Wiesen am Dorfrand. Er gibt schrille Pfeiftöne von sich. Vor der alten Kirche Flüelen haben sich Hunderte von Leuten versammelt. Sie schwingen die Schweizer Fahne, das weisse Kreuz auf rotem Grund. Einige tragen grosse Kuhglocken an einem Joch über den Schultern und lassen es bimbeln und bambeln. Transparente werden in die Höhe gehalten: Der Souverän erhebt sich gegen die Pandemie-Willkür! Die *Gehorsamsprobe* ist der neue Gesslerhut! Mein Bus kann erst starten, wenn die Verkehrspolizei ihm ein Zeichen gibt. Ich schaue den Menschen zu, wie sie sich zu Fuss auf den Weg Richtung Altdorf machen. »Bis zum Telldenkmal!«, höre ich jemanden rufen. Sie gehen langsam, aber entschlossen. Geredet wird wenig. In Form einer Menschenkette zieht sich ihr Protest gegen die Restriktionen zur Eindämmung der Pandemie der Flüelerstrasse entlang. Menschen aller Altersgruppen. Ich erkenne sogar alte Leute am Stock und Eltern mit Kinderwagen. Eine bunte Schlange kriecht über den Talgrund, zu dessen Seiten die Felsen in den wolkenfreien Himmel ragen. Der Rotmilan kommt lautlos herabgestürzt. Aber die Maus entwischt ihm. Mit leerem Schnabel flattert er wieder davon.

Ich frage mich, was Vater zu Corona sagen würde. Wäre er im Geist dieser Leute demonstrieren gegangen? Natürlich nur im Geist, denn er war nicht der Typ, der an Demonstrationen ging. Massenansammlungen jeder Art waren ihm ein Gräuel, so viel meine ich zu wissen. Doch die Frage weiss ich nicht zu beantworten. Einmal mehr wird mir klar, dass ich ihn kaum kannte.

Als mein Bus schliesslich in Altdorf ankommt, hat sich auf dem Rathausplatz um das Telldenkmal herum das halbe Volk eingefunden. Eine Frau mit Urnerdialekt spricht in ein Mikrofon. Ihre Stimme klingt ruhig, aber stur: »Wir lassen uns nichts aufzwingen.« Das ist also der besagte Urner Stieregrind, denke ich, er hat kein Vertrauen. Nicht in die Politik. Nicht in die Wissenschaft. Nicht in die Natur, die ihn umgibt. Er weiss selber, wie er am besten durchkommt. Keiner braucht es ihm zu erklären, schon gar nicht vorzuschreiben. Seit Urzeiten hat er in der Gnadenlosigkeit dieser Landschaft überlebt. Dank dem Ring. Dank der richtigen Tat. Dank seiner Schlauheit, die den Teufel überlistete. Wirklich?

Im Staatsarchiv eingetroffen hebe ich einen weiteren Ordner aus einer Schachtel. Sir John Eccles steht darauf. Wer war nochmals Sir John Eccles? Ach ja, ein Mediziner, Neurophysiologe und Philosoph, der 1963 für seine Erkenntnisse der Signalweiterleitung im Gehirn den Nobelpreis erhielt. Ich gebe seinen Namen in Google ein und lese, dass er, neben seinen wissenschaftlichen Erfolgen – aus heutiger Sicht –, sich nicht von der religiösen Idee der Transzendenz hatte lösen können. Er war der Überzeugung, wir Menschen hätten bestimmte Gehirnareale, auf die der grosse Geist einwirken könne. Kontaktstellen von Geist und Materie. Wie Traugott Z. setzte er einen Urgeist voraus, der das Universum durchdringt. Im Ordner finde ich einen Brief von Traugott Z. an Eccles:

Lieber Herr Professor Eccles   *November 1984*
Es war mir ein ausserordentliches Vergnügen, Ihnen an der letzten Tagung der Schweizerischen Physikalischen Gesellschaft begegnet zu sein. Inzwischen habe ich Ihre beiden Bücher, die Sie mir so freundlich signiert haben, gelesen.
Ihre Thesen sind für mich Quellen neuer und faszinierender Information. Für einen Biologen mag es überraschend sein, zu erkennen, dass das Leben möglicherweise eine Konsequenz quantenphysikalischer Strukturen des Universums, das heisst, von Raum-Zeit ist, und zum Beispiel die Fadenlänge rDNS der Doppelhelix mit rein kosmologischen Parametern beschrieben werden kann, wie dem Urradius $R0 = 2.746,10$ hoch -6 m, dem strikt konstanten gravitativen Hubble-Radius $Rg = 18.64.10$ Lichtjahre, dem Schwarzschild-Radius der totalen Baryonischen Masse Mu, $Rss, (Mu) = Rg/2Pi$ und der Wellenlänge der hyperfeinen Struktur von Wasserstoff. Ebenso scheint die menschliche Körpertemperatur eine wahre Quantentemperatur zu sein, die leicht errechnet werden kann, sobald ihre Interaktionen bekannt sind. In der Tat, das Modell beschreibt die Natur so erfolgreich, dass es keinen Zufall zulässt, denn alle Materie »gehorcht« und »agiert« aufgrund der zugrundeliegenden Regel des interaktiven Compton-Raums. Aus mei-

ner persönlichen Sicht und Erkenntnis hat der Schöpfer das 1.079,10 hoch 88 Photonen- und Baryonen-Problem präzise für alle Raumzeit gelöst. Sogar der freie Wille ist mitinbegriffen. Der freie Wille existiert zweifellos, aber er ist vorbestimmt und auf wundersame Weise in den Naturgesetzen enthalten. Wie das geht, werden wir nie fähig sein, zu verstehen. Leben scheint prinzipiell im gesamten Universum möglich zu sein, aber die räumlichen Muster seines Erscheinens scheinen von gewissen Quanten-Bedingungen abhängig zu sein. Wahrscheinlich sieht die Natur im Schnitt für jede Zivilisationszelle eines Kristallgitters einen Abgrenzungsradius von 17 Lichtjahren vor, was ungefähr 8,10 hoch 9 potentieller Möglichkeiten in unserer Galaxie entspricht.

Seufzend lege ich den Ordner nieder. Andere haben Väter, die mit ihnen einen Fussballmatch besuchen oder die im Garten Blumen und Gemüse züchten. Sie können mit ihnen über Renovationen in der Wohnung sprechen oder darüber, wie man am besten sein Geld anlegt. Andere Väter sind Autofreaks, Jäger, Fischer, Skifahrer, Tüftler, Tänzer, Sammler, Bastler oder Hobbyfotografen. Vielleicht kann man als Tochter mit ihnen, wie mit den meisten Männern, nicht über Gefühle reden, aber über Politik, Geschichte, Essen oder eine Reise lässt es sich gut mit ihnen diskutieren. So stelle ich mir das vor, denn ich weiss es nicht, da mein Vater stets nur über das Universum und unsere begrenzte Möglichkeit, es zu begreifen, gesprochen hat. Wo der normale Mensch nicht viel weiterdenkt als bis zu seiner Haustür, hat unser Vater uns unablässig mit der Gigantik des Universums konfrontiert: Jeder Mensch sei das Zentrum des Universums, hat er mir erklärt, als ich zwölf Jahre alt wurde. Alltagskram nahm er kaum wahr oder ignorierte ihn. Wie jenes kleine Geburtstagsgeschenk, das ich ihm bastelte, nachdem Mutter ausgezogen war. Die gerahmte Fotografie eines zufriedenen alten Mannes mit faltigem Gesicht; dazu schrieb ich mit bunten Buchstaben: Jede Begebenheit tut ihren Dienst am Menschen. Happy Birthday, fügte ich noch hinzu und legte das Geschenk auf seinen Frühstücksteller, bevor ich zur Schule ging.

Er hat sich nie dazu geäussert. Am nächsten Tag fand ich das zerknüllte Geschenkpapier mitsamt dem Bild im Papierkorb. Bevor ich den Papierkorb im Mülleimer ausleerte, überlegte ich einen Moment lang, ob ich das Bild behalten sollte, entschied mich dann aber, es der Vernichtung zu übergeben. Erstaunlicherweise blieb es in meinem Gedächtnis haften, ich sehe es noch immer vor mir, obwohl es Vater nichts bedeutet hat.

Ich lese weiter in Traugotts Brief an Eccles:

Raum und Zeit sind nicht nur mathematische Koordinaten, sondern vielmehr physikalische Prozesse in kontinuierlicher Erschaffung neuer Zustände, die infinitesimal die vorherigen verändern; doch alles, was jemals erscheint, bleibt im Raum-Zeit-Gedächtnis enthalten. Deshalb gibt es eine infinite Zahl von legitimen Standpunkten, die Wahrheit zu betrachten. Wenn Wahrnehmung und Bewusstsein mit physischer Kohärenz des gesamten Universums zu tun haben, vermittelt durch Supergeschwindigkeit, dann kann ich es nicht vermeiden, den Schluss zu ziehen, dass das Gehirn und seine Aktivität wohl kaum der definitive Ort ist für die Konkretisierung von etwas ganzheitlich Immanentem, das wir Geist oder Bewusstsein nennen. Letztere sind sowieso bloss Worte, deren Inhalt sich den Naturwissenschaften entzieht. Anderseits muss die Manifestation von Geist in der Welt über physikalische Wechselwirkungen zustande kommen, damit Materie entsteht. Bitte verstehen Sie mich nicht falsch, ich bin kein Materialist. Ich bin überzeugt von der unendlichen Kausalität und stehe der Theorie von Teilhard de Chardin nahe, der Geist und Materie als zwei Erscheinungen des einen »Weltstoffs« betrachtet.

Spürt man doch die Anwesenheit der Schöpferkraft in allem. Nehmen wir einmal die DNS: Wie alle Materie steht sie mit dem gesamten Universum im Austausch, beinhaltet die Vergangenheit und auch die Zukunft. Wie könnte es Naturgesetze geben, wenn Atome nicht wüssten, was sie zu tun haben? Ich habe den Verdacht, dass es eher unser Geist ist, der von der Materie lernen muss, wie das Erkennen geht.

Sie werden sich sicher fragen, wie ich zu so seltsamen Schlüssen komme. Meine Analysen von Elektronenbahnen der Festkörperatome (Metall-Atome) haben gezeigt, dass Atome über ein Gedächtnis verfügen. Die tief liegenden (stark gebundenen) Elektronenbahnen wissen genau, was in den schwach gebundenen Valenzelektronen vor sich geht, sonst könnten sie kaum die gleichen Informationen abgeben wie die Valenzbahnen, aus denen normalerweise Informationen über die Valenz, die Valenzänderungen, die Kristallstruktur usw. abgeleitet werden. Und, was vielleicht noch überraschender ist, die gleiche Information ist auch in den Nullpunktenergiefluktuationen der Elektronen enthalten. Was ist also der nächste Schritt? Natürlich die Wechselwirkung mit dem gesamten Universum: Alles steht mit allem über alle Zeit in Wechselwirkung. Unter diesem Gesichtspunkt erhält die DNS eine ganz neue Bedeutung. Leider sind sich dessen erst wenige Wissenschafter bewusst.

Ich fürchte, mein Brief wurde zu lang, und vielleicht sind Sie nicht mit allem einverstanden. Es gibt noch so viele Faktoren, die man miteinbeziehen muss.

Mit besten Wünschen für Ihre wissenschaftliche Tätigkeit und Ihre Gesundheit, und nochmals vielem Dank,
Ihr ergebener
Traugott Z.

Ich lese die Zeilen mehrmals und versuche, mir etwas darunter vorzustellen. Dabei überfällt mich dieselbe Schläfrigkeit, die mich während meiner gesamten Schulzeit überfallen hat, wenn ich Aufgaben in Chemie, Physik und Mathematik lösen musste. Schon nach wenigen Worten in der Aufgabenstellung driftete meine Aufmerksamkeit ab, und ich musste gegen das Wegdösen ankämpfen. Noch heute ist es mir schleierhaft, wie ich die Prüfungen in Physik und Mathe bestand. Schleierhaft ist mir auch, ob Sir John Eccles diesen Brief verstanden hat. Seine Antwort ist etwas oberflächlich gehalten: Vielen Dank für Ihre interessanten Ausführungen, ich wünsche Ihnen weiterhin viel Erfolg usw. usw. Gab es eigentlich irgendjemanden auf dieser Welt, der Traugott Z. wirklich verstanden hat? Warum macht mich diese Frage so traurig?

5. Dezember 1949

An einem sonnigen Wintertag, mitten im Philosophieunterricht, als Pater Zwyssig gerade über den freien Willen referierte, wurde Traugott von Bruder Lukas, dem Sekretär, aus der Klasse ins Büro des Rektors gerufen. Bruder Lukas wurde von den Schülern spöttisch Gummiheiland genannt, weil seine Bewegungen auffallend weich und schwingend waren. Doch wenn ein Schüler aus der Klasse geholt wurde, bedeutete das selten Gutes. Deshalb äfften ihn diesmal nur ein paar Jungs in der hintersten Reihe nach. Der Herr Rektor, ein beleibter Geistlicher mit langem Bart, der in silbernen Fäden über seinem schwarzen Gewand zitterte, reichte dem Jungen im Rektorat den Telefonhörer. Auf dem Schreibtisch stand ein Adventskranz, besteckt mit vergoldeten Schalen von Buchennüsschen; am nächsten Sonntag würde in der Messe in der Kollegiums-Kirche offiziell die erste Kerze angezündet werden. Im Duft von Bienenwachs und Reisig, mit dem der Fenstersims dekoriert war, und mit den gelben Sternen aus Seidenpapier auf den Fensterscheiben hielt die vorweihnachtliche Stimmung Einzug ins Internat. Es fehlten nur noch die Schneeflocken vor dem Fenster.

Zögernd hielt Traugott den Telefonhörer ans Ohr: »Ja?«

»Traugott, hier ist Mutti, ich muss dir etwas Schlimmes mitteilen.«

»Ja?«, wiederholte Traugott, während ihn ein Schwindel überkam.

»Walter, dein Cousin aus dem Isenthal …«, Muttis Stimme versagte.

4. Dezember 1949

Als Walter B. am Sonntagmorgen im Isenthal vor das Haus trat, atmete er glücklich die frische Luft ein, die von den verschneiten Berggipfeln herabwehte. Erst hatte alles noch in tiefem Schnee gelegen, doch in der Wärme des Föhns war er während der letzten Tage zu grossen Teilen geschmolzen. Die Strassen waren schneefrei, nur am Rand türmten sich weisse kniehohe Mauern, die ihn im Sonnenlicht blendeten.

»Hast du alles?«, rief seine Mutter Matilda aus der Wirtschaft hinterher.

Walter hob sein Gewehr in die Höhe: »Ich bin bereit!«

»Nimm die belegten Brote, der Käse kam gestern frisch von der Alp.«

Walter nahm die eingepackten Brote und verstaute sie in seinem Militärrucksack. »Danke dir, Mutter. Adieu, drück mir die Daumen!« Er trat auf sie zu und presste sie kurz an sich, etwas, das er selten tat. Doch heute war ein besonderer Tag, der ihn frohlocken liess. Mit feinem Lächeln im Gesicht tastete er seine Jackentasche ab, um sich zu vergewissern, dass der Ring noch da war. Er war da, ein feiner silberner Armreif, an dem ein kleines Herz aus rotem Email hing.

Heute fand unten in Attinghausen das Winterschiessen statt. Walter und seine sechs Kameraden wollten sich um zehn Uhr beim Postauto treffen, das sie nach Isleten hinunterbringen sollte. Doch bevor er dort hinging, hatte Walter noch etwas anderes vor. Pfeifenden Schrittes ging er in seinen genagelten

Bergschuhen einen schmalen Weg den Hang zum Hof der Planzers hinauf. Es roch nach Schnee. Der Bauer war dabei, seine Kühe für ein paar Stunden auf die verschneite Weide zu treiben, damit sie bei dem schönen Wetter ein wenig Bewegung erhielten. Aus dem Stall dampfte der warme Geruch von Heu, Milch und Kuhfladen.

»Guten Morgen, Herr Planzer, ist Rosemarie schon auf?«

»Guten Morgen, Walter, ja, sie hilft der Frau in der Küche, geh nur hinein.«

Walter stieg die Stufen zum Holzhaus hinauf und klopfte. Er brauchte keine Sekunde zu warten, da wurde die Tür von Rosemarie aufgerissen: »Es ist Walter«, rief sie der Mutter über die Schultern zu, »ich gehe einen Moment raus.«

Rosemarie war gerade volljährig geworden, deshalb gestand man ihr ein paar kleine Freiheiten zu, jedenfalls, solange sie ihre Arbeit recht machte. Zudem ahnten die Eltern, dass der junge Walter ihr künftiger Schwiegersohn werden könnte. Leider war er nicht Bauer, sondern Schuhmacher und Wirtesohn. Das trübte Rosemaries Wahl ein bisschen, zumal Rosemarie das einzige Kind war, das Gott ihnen geschenkt hatte. Ja, man würde den Hof eines Tages wohl einem Verwandten überlassen müssen. Aber das Glück ihrer Tochter war ihnen auch etwas wert; Walter war schliesslich ein Rechtschaffener.

»Komm mit«, sagte Rosemarie und zog Walter zum Hühnerstall hinüber. Der Boden war noch gefroren, erst am Nachmittag würde er auftauen, dann würde man im Dreck einsinken. Die Hühner flatterten gackernd auf, als sie eintraten. Rosemarie erspähte ein paar Eier im Stroh, hob sie auf und legte sie in eine Schale auf dem Fenstersims. Schliesslich wandte sie sich Walter zu, der feierlich stehen geblieben war. Walter war ein grossgewachsener schmaler junger Mann von dreiundzwanzig Jahren, sein dichtes dunkelbraunes Haar ordentlich geschnitten und nach hinten gekämmt; auf seiner markanten Nase sass eine Hornbrille, hinter der zwei gütige, intelligente Augen auf die junge Frau blickten, die er seit Kindertagen liebte. Jetzt war der Zeitpunkt gekommen, um ernst zu machen.

»Rosemarie«, hob er mit leiser, zitternder Stimme an, »ich muss dich etwas fragen.«

Die zierliche Rosemarie, die deutlich kleiner war als Walter, senkte den Kopf und begann, ihren langen aschblonden Zopf zu lösen und neu zu flechten: »Ja, Walter?«

Walter holte Atem, nahm den Silberring mit dem Herz, den er beim Goldschmied in Altdorf gekauft hatte, aus seiner Jackentasche auf die Handfläche, räusperte sich und sagte feierlich: »Willst du meine Frau werden?«

Ganz langsam hob Rosemarie den Blick. Wie zwei hellblaue Scheinwerfer wanderten ihre Augen seinem Jackett entlang hinauf zu seinen samtbraunen Augen. Sie brachte keinen Ton hinaus, stattdessen rann ihr eine Träne über die rosige Wange. Sie nickte stumm. Da hob Walter ihr Handgelenk und streifte ihr den Ring über.

»Hiermit gelobe ich, dass ich dich heiraten und mit dir mein ganzes Leben verbringen will.« Nun wurden auch seine Augen feucht. Woraufhin Rosemarie ein umhäkeltes Taschentuch, das mit ihren Initialen bestickt war, hervorzog und zuerst sich, dann ihm die Tränen abtupfte.

»Hiermit gelobe ich, dass ich dich heiraten und mit dir mein ganzes Leben verbringen will. Amen«, wiederholte sie feierlich. Hierauf stand sie auf die Zehenspitzen und legte ihren Mund auf den von Walter. Die Berührung ihrer beider Lippen brannte sich für immer in ihr Gedächtnis ein. Rosemarie wusste in diesem Augenblick, dass sie niemals einen anderen küssen würde, dass Walter und sie mit Gottes Segen auf Lebzeit miteinander vereint bleiben würden. Es war ein heiliger Kuss.

Die Hühner waren ganz still geworden vor lauter Andacht der beiden jungen Leute, doch als plötzlich ein Schneeball ans Fenster flog, flatterten sie wieder gackernd auf.

»Hey, was treibt ihr da drinnen?«, hörten sie Vater Planzer rufen.

Da lachten sie glücklich auf. Rosemarie drückte rasch ihre Stirn an Walters Brust und zog ihn am Ärmel seines Mantels aus dem Hühnerstall hinaus. Die Winterwelt lachte in Weiss und Himmelblau zurück, und die aufsteigende Sonne tauchte die verschneiten Felder in ein berauschendes Glitzern.

»Ich habe nur ein paar Eier geholt«, erwiderte Rosemarie über das ganze Gesicht strahlend.

»Gut Schuss, Walter, ich wäre auch gern zum Winterschiessen gegangen, aber es braucht mich hier, eine Kuh kalbert heute«, Vater Planzer legte Walter seine schwielige Hand mit den schwarzen Rändern unter den Fingernägeln auf die Schulter. Fido, der Appenzeller Sennenhund, kam angezottelt und beschnupperte Walter, der dem Tier sanft das Haupt tätschelte. Bald würde er zur Familie gehören, dachte Walter, doch zuerst musste er bei Rosemaries Vater um ihre Hand anhalten. Er plante es auf den nächsten Sonntagabend.

Walter tippte sich an die Stirn: »Also denn, bis später!«

»Bis später, viel Glück!«, Rosemarie winkte ihm nach, als er durch die Schneemauern zur Hauptstrasse runterlief, immer wieder drehte er sich um und fuchtelte mit dem Gewehr, wie wenn er Freudensalven in die Luft schiessen würde. Verstohlen drückte sie einen Kuss auf den Silberreif, bevor sie glückstrahlend mit den Eiern zur Mutter in die Küche zurückging.

Januar 2021

Im Archiv türmen sich Schachteln, Ordner und Papiere. Heute schneit es in Uri. Schneeflocken wirbeln durch die Landschaft und die Berggipfel verlieren sich im tanzenden Weiss aus Eiskristallen. Das Archiv mit seiner Bibliothek, seinen geschichtlichen Dokumenten und Spuren ist eine wärmende Zuflucht inmitten der Kälte. In den anderen Büroräumen sitzen Archivarinnen und Archivaren und beschäftigen sich mit der Aufarbeitung eines Urner Vereins, einer bedeutenden Familienchronik oder der Sammlung alter Fotografien, die das gesellschaftliche Leben der Urner Vorfahren dokumentieren. Alles wird alphabetisch beschriftet und nummeriert und zugleich in ein Online-Register gestellt. Der Staatsarchivar, ein feiner Mann mit gütigem, wachen Blick und raschem vernetzten Denken herrscht über das Reich der Urner Erinnerung. Er strahlt die Ruhe und Souveränität eines Weisen aus, der sich ohne Anstrengung in Bescheidenheit und Gelassenheit übt. Nie wird er laut oder nervös, stets kennt er die Lösung für die sachlichen und menschlichen Probleme seiner Mitarbeitenden. Der Staatsarchivar leitet, kontrolliert und ordnet nicht nur das kollektive Gedächtnis seines Landes, es scheint, als hätte das Geschehen dieser Landschaft in seinem Geist Raum bezogen und ihn mit einer Weite ausgestattet, die auf magische Weise durch Berge, Felsen und Steine hindurchgeht.

Die stille Präsenz des Chefs wird erst laut, wenn er einmal abwesend ist. Sein leeres Büro, der graue aufgeräumte Schreibtisch, lässt mich ein bisschen fühlen wie auf einem Schiff ohne Kapitän. Das Team der Archivarinnen und Archivaren, deren Familien teilweise aus fernen Ländern in diese Landschaft eingewandert sind, werden wie jene, deren Vorfahren seit Urzeiten hier ansässig sind, von ihr geformt und getragen. Diese Landschaft ist eine Landschaft, der man nicht entkommen kann, solange man sich in ihr aufhält. Sie zwingt ihre Bewohner zur Hingabe und Demut, ganz egal, welche Sprache jemand mit den Eltern spricht, welche Bräuche jemand gewohnt ist. Zu all dem strahlt das freundliche Wesen des Staatsarchivars auf sein Team aus, das die Geschichte dieses Landes Tag für Tag in meditativer Arbeit vor dem Vergessenwerden rettet. Ist eine Landschaft ohne Geschichte überhaupt eine Landschaft?

Noch immer bin ich dabei, eine chronologische Ordnung der vielen Dokumente, die sich über Traugott Z.s Leben erstrecken, zu schaffen. Im Kern geht es immer um dasselbe. So viel meine ich begriffen zu haben: Traugott Z. suche mittels der Sprache der Physik, also der Mathematik, zu belegen, dass der Urstoff des Alls ein Bewusstsein, sprich etwas Psychisches, ist. Nicht die Materie, unser Gehirn, erzeugt die Psyche, sondern umgekehrt. Materie entsteht durch einen physikalischen Prozess, an dessen Anfang die Idee oder der Gedanke steht.

Ich sehe, wie die damaligen und erst recht heutigen Vertreter der Naturwissenschaften kopfschüttelnd die Hände verwerfen. Ich höre, wie sie empört oder mitleidig ausrufen: »Schwachsinn! Nichts als Schwachsinn!« Cogito ergo sum: Schwachsinn.

Es hiesse vielmehr: Sum ergo cogito – ich bin, also denke ich. Handelt es sich um die alte Frage nach dem Huhn und dem Ei? Gab es zuerst das Huhn oder zuerst das Ei? Hat Gott den Menschen geschaffen oder hat der Mensch Gott geschaffen? Doch eigentlich stellt sich mir eine andere Frage: Warum interessiert uns *diese* Frage überhaupt? Warum hat Vater sein ganzes Leben dieser Frage gewidmet? Warum stand er bis zuletzt vor dem »Gesetz« und wartete auf Einlass? Zwar nicht untätig, aber mit einer Beharrlichkeit, die mir zu denken gibt.

Schwyz, April 1967

An einem prächtigen Frühlingstag versammelten sich die Kinder mit ihren Müttern und Vätern auf dem Pausenplatz vom Schulhaus Lücken. Mächtig hoben die silbrigen Mythen sich vom azurblauen Himmel ab. Erwartungsvoll und zugleich ein bisschen ängstlich hielten die Erstklässler an ihrem ersten Schultag noch die Hand ihrer Eltern, bevor sie sich zögerlich lösten und mit der Lehrerin, zu der sie eingeteilt wurden, in Zweierreihe durch das Schulhaustor sich ins Klassenzimmer begaben. Meine erste Lehrerin war eine kleine zierliche Nonne mit einem mäuschenhaften Gesicht; auf ihrer Nase sass wie ein Schild zwischen ihr und der Welt eine Hornbrille. Sie trug ein strenges schwarzes Gewand und über dem jung ergrauten Haar, das am Ansatz sichtbar war, einen gebügelten Schleier. Auf ihrer flach gedrückten Brust lag ihr Bekenntnis: eine Holzkette mit dem Jesuskreuz. Schwester Cäcilia, so hatten wir sie anzusprechen, war eine Ingenbohler Schwester, die uns im ABC, dem Einmaleins und dem exakten Ausschneiden von Linien auf Papier unterrichten würde.

Doch als Erstes lehrte sie uns, dass Gottvater allzeit gegenwärtig ist und sein Auge schützend und strafend auf jedem Einzelnen von uns ruht. Auch der Herr Pfarrer, in imposanter schwarzer Soutane mit Zingulum und weissem Kollar, der jeder neuen Klasse zur Begrüssung einen kurzen Besuch abstattete, wiederholte diese Aussage mit väterlichem Wohlwollen. Obwohl Gottvater für uns unantastbar, unsichtbar und unhörbar war, nahmen wir seine mächtige Gegenwart gehorsam zur Kenntnis. So wie Kinder in der Regel alles, was ausserhalb ihres Verstandes liegt, von den Erwachsenen übernehmen.

Der Schulweg führte uns an der Kirche Schwyz vorbei, die oberhalb dem Dorfzentrum thront. Markus, Josef, Louise, drei andere Kinder aus meiner Klasse, und ich waren von diesem Ort bedeutend mehr fasziniert als von der Schule. Denn neben der Tatsache, dass es im Innern des barocken Gebäudes kühl-gruselig roch, überall Kerzen flackerten, die ihre gespenstigen Schatten auf goldgerahmte düstere Ölbilder warfen, die den ausblutenden Leichnam Jesu und seine in Schmerz und Qual versteinerten Angehörigen illustrierten, gab es auch noch Schreine mit uralten Knochen von Heiligen und sogar ein Schweisstuch, das Jesus, am Ölberg, angeblich auf seinem Weg zur Kreuzigung benutzt hatte. Der eigentliche Höhepunkt war jedoch die Totenkapelle ausserhalb des Kirchenschiffs. »Es liegt jemand Neues dort«, flüsterten wir uns vor Stundenbeginn zu. Die Totenkapelle, wo man die frisch verstorbenen Menschen des Städtchens aufbahrte, bevor sie auf dem Friedhof begraben wurden, lag an unserem Schulweg. Vorsichtig öffneten wir die

Holztür und betraten die Kapelle. Nicht ohne ein Schauder, der uns über den Rücken lief. Es gab Särge, die ausser einem kleinen Fenster über dem Gesicht des Toten geschlossen waren, während andere einem engen Bett ohne Füsse ähnelten, in dem die oder der Tote auf einem weissen Kissen ruhte. Einmal eine alte Frau, ein andermal ein stattlicher Mann im Sonntagsanzug oder ein junger, der an den Mythen abgestürzt war. Stets lagen sie in ihren besten Kleidern auf dem Rücken. Die Augen geschlossen. Das Haar hübsch frisiert. Die Hände auf dem Bauch zum Gebet gefaltet. Es duftete nach Wachs, Blumen und Weihrauch. Unsere Kinderherzen pochten aufgeregt. Zu viert standen wir um den Sarg herum und schauten uns an.

»Wer zuerst?«

»Du!«

»Nein, er!«

Wir flüsterten. Es galt, den Leichnam zu berühren, mit der Fingerspitze auf seine Wange zu tippen oder den Zeigefinger kurz in seinen Bauch zu drücken. Dabei kicherten wir vor Furcht und Gruseln und wären am liebsten davongerannt, nach Hause zum Mittagessen mit der Familie. Doch eine unerklärliche Faszination hielt uns zurück. Erst nachdem wir den Leichnam flüchtig berührt hatten, stürmten wir aus der Kapelle. Auf dem restlichen Heimweg rätselten wir dann herum, ob Schwester Cäcilia eine nette Lehrerin sei oder nicht. Neulich hatte sie uns nämlich während einer Prüfung eine Weile allein im Klassenzimmer gelassen, nicht ohne uns vorher darauf hinzuweisen, dass es verboten sei, bei den Banknachbarn abzuschreiben.

»Gottvater sieht alles.«

Doch sobald Schwester Cäcilia draussen war, warf jedes Kind einen verstohlenen Blick auf das Blatt des Kindes nebenan. Und als die Lehrerin zurückkam, fragte sie mit stechendem Blick über den Brillenrand hinweg, wer abgeschaut habe. Gehorsam streckten alle Kinder auf, denn wir wussten, dass der Herrgott es ihr sowieso verraten würde. In der Folge mussten alle antraben und vor dem Lehrerpult in die Reihe stehen. Auf Geheiss streckten wir unsere Hände aus und erhielten mit dem Holzlineal je drei zünftige Schläge auf die Fingerknöchel. Die meisten Kinder verzogen keine Miene. Nur Seppli brach in Tränen aus und schluchzte auf wie ein kleines Kind. Aber Schwester Cäcilia blieb ungerührt. Sie schickte ihn vor die Tür. Also fiel unser Urteil über Schwester Cäcilia einhellig aus: Die Lehrerin war eine fiese Person, die uns absichtlich in eine Falle gelockt hatte.

Deshalb erschrak ich, als sie mich eines Tages während der Zehnuhrpause bat, nach Schulschluss noch bei ihr vorbeizukommen. Sie müsse mit mir reden. Fieberhaft begann ich zu überlegen, wofür sie mich bestrafen wollte, welche Sünde ich begangen haben könnte. Mir wurde schwarz vor Augen, als ich mir eingestehen musste, dass ich eine schlimme Sünderin war. Am letzten Mittwochnachmittag nämlich hatte mir Gisela vom Nachbarhaus, als wir zusammen in der Gartenlaube sassen, ihre Scheide gezeigt. Seidiges Fleisch, das aussah wie ein Weggli mit einem Schockoladenfleck. Natürlich wollte sie meine danach auch sehen. Obwohl ich mit drei Fingern schwor – was natürlich ebenfalls eine Sünde war –, dass ich da kein Muttermal besass, entblösste schliesslich auch ich mein Heiligtum, und wir musterten einander verstohlen. Doch das war lange nicht das Einzige. Neulich hatte ich die fünfjährige Christa mit ihrem Springseil an einen Baum gefesselt, weil sie uns ständig *Himmel und Hölle,* das Hüpfspiel, störte. Zu all dem Übel kam noch hinzu, dass ich Mutter einen Franken unterschlagen hatte, als ich für sie im Quartierladen einen Kopfsalat besorgen ging, und mir damit ein Schoggistängeli kaufte.

Angsterfüllt wartete ich nach Schulschluss vor dem Pult von Schwester Cäcilia. Aber als sie in ihrer schwarzen Nonnentracht vor mir stand, schien sie mir verändert. Sie hatte ihre Brille wie ein Schutzschild über ihre Augen geschoben, als wollte sie etwas verbergen.

»Dein Vater, Traugott Z., ist der Cousin von Walter B. Bitte frag ihn, ob er ein *Helgeli* von ihm hat. Eines, das er mir geben würde.«

Ich verstand überhaupt nicht, wovon sie sprach, fühlte nur unendliche Erleichterung, dass Gott ihr meine Sünden nicht verraten hatte.

Als ich Vater am selben Tag nach dem Helgeli, dem Totenbildchen, von diesem gewissen Walter B. fragte, holte er unverzüglich das schwarzweisse Foto seines Cousins hervor und gab es mir für meine Lehrerin mit. Meinte ich es nur oder sah ich Tränen in seinen Augen?

4. Dezember 1949

Das Winterschiessen in Attinghausen war wie immer ein Männeranlass, wo die Männlichkeit in heiteren, aber geordneten Formen ihren Austausch fand. Man war unter sich. Sprach über das Schiessen, über die Jagd, den Hof, die Wirtschaft, die Nöte und über die Nachwehen des Kriegs. Einen Tag ausgelassener Kollegialität, für ein paar Stunden befreit von Arbeit und Familie, war jedem Urner Grund zur Freude. Trotzdem gingen die Männer am Ende des Tages gern wieder zu Frau und Kindern. Heim an den warmen Stubentisch, wo schon Bergkäse und Trockenfleisch mit Brot und einer Schale Milchkaffee für den Schützen angerichtet waren. Wo die Frau dem Mann die Bergschuhe abnahm, um sie in der Küche neu einzufetten. Wo die Kinder den heimgekehrten Vater lärmend umringten und hören wollten, wer der heutige Schützenkönig war. Auch an diesem Wintertag, am 4. Dezember 1949, verabschiedeten sich sieben Männer mit Schulterklopfen und Lachsalven von ihren Kollegen aus den umliegenden Dörfern und Alpen, um den langen Heimweg ins Isenthal unter die Füsse zu nehmen. Walter A. war – wen wundert's? – den ganzen Tag besonders guter Laune gewesen, obwohl er schlecht geschossen und das

Ziel verpasst hatte. Die anderen Männer hatten ihn sogar aufgezogen: »Bist verliebt, Walter? Wer ist die Glückliche?«

Doch Walter hatte geschmunzelt und geschwiegen. Das Schmunzeln lag auch noch auf seinem Gesicht, als sie kurz vor 18 Uhr in Flüelen das Motorboot bestiegen, das sie über den Urnersee nach Bauen bringen sollte. Die Männer kannten sich gut. Sie waren näher oder weiter weg miteinander verwandt oder verschwägert, wie sich das in abgelegenen Regionen von selbst ergibt. Man verstand sich und hielt zusammen. Weil man aufeinander angewiesen war. Weil die Gemüter von derselben Landschaft geprägt waren. Johann G., fünfundvierzig, war der Älteste, Pachtwirt im Isenthal und Vater von fünf Kindern. Auch sein acht Jahre jüngerer Bruder Alois, der Posthalter, freute sich auf seine vier rotwangigen Bergkinder. Die Frau von Eduard Z., einem einundvierzigjähriger Landwirt, der während der Vernebelungsaktion seinen gesamten Viehbestand hatte abtun müssen, hatte erst vor ein paar Monaten ein Kind bekommen. Walter und die drei anderen jungen Männer hatten das Leben noch vor sich. Mit ihren schweren Schuhen und Mänteln, das Gewehr geschultert, bestiegen die sieben Männer am Flüeler Hafensteg das schaukelnde Boot. Einer hob den Blick Richtung Süden, wo am Himmel trotz hereinbrechender Dunkelheit ein tanzender Lichtschein zu sehen war. Die Luft, die vom Gotthard einfiel, war auf einmal mild. Die Männer, die sich gewohnt waren, die Zeichen des Wetters, die Formen der Wolken, die Richtung des Windes zu beachten, horchten auf.

»Föhn.«

»Er ist noch weit.«

»Schaffen wir das?«

»So Gott will. Es dauert ja nicht lange.«

»In einer halben Stunde sind wir drüben.«

Die Männer waren müde vom langen Tag und bei der Vorstellung, noch die steile Serpentine bis ins Isenthal hinaufzufahren, wollten sie keine Zeit verlieren. Arnold war ein erfahrener Fährmann, er kannte sich aus mit dem See.

»Schiff ahoi, los geht's, Mannen!«

Der kräftige Arnold zog am Motor und das Boot tuckerte auf dem schillernden Wasser über hüpfende Wellen in die Dunkelheit hinaus. Der Mond war im Zunehmen und gab gerade so viel Licht ab, dass die Augen der Passagiere nach ein paar Minuten die Umrisse der Umgebung zu erkennen vermochten. Die ersten zwanzig Minuten glitten sie schweigend über das Wasser, davon träumend, bald zu Hause ins Bett zu sinken. Erleichtert erkannten sie das Ufer, das nur noch wenige Meter vor ihnen lag. Da! Plötzlich riss Arnold das Boot über eine Welle. Gleich folgte eine zweite und noch eine. Wasser spritzte auf. Eine Welle überschlug sich ins Boot, eine weitere peitschte ihnen ins Gesicht. Es riss die Männer von der Sitzbank. Entgeistert blickten sie nach Süden und riefen wie aus einem Mund: »Ein Wasserteufel!«

Wie ein Derwisch im rotierenden Rock steuerte die Windtrombe auf das Boot zu. Instinktiv breiteten die sieben Männer ihre Arme aus, als ob sie ihr Einhalt gebieten wollten. Keinen Atemzug später verschluckte die Finsternis ihre Schreie. Der Wasserteufel hatte das Boot mitsamt seinen Insassen mit hartem Schlag erfasst und weggeschleudert.

Fünf der sieben Schützen fanden an diesem Abend in den Fluten des Urnersees den Tod. Mit den umgehängten Gewehren, den schweren Schuhen und Mänteln sanken sie wie Steine in die Tiefe. Einer von ihnen war Walter B., der Lieblingscousin von Traugott Z., der zum Zeitpunkt dessen Todes vierzehn Jahre alt war. Es wird berichtet, dass die Rettungsmannschaft Walter gegen ein Uhr morgens mit einem Haken aus der Tiefe von vierzig Metern an die Wasseroberfläche gezogen habe. Sein Gesicht sei wie bei allen anderen schmerzlich verzerrt, seine Augen angstvoll offen und beide Hände verkrampft gewesen. Wahrhaftig ein qualvoller Anblick für die tapferen Männer, die bei anhaltend stürmischem Wind mit Laternen und Suchgeräten nach ihren Kameraden fahndeten und dabei ihr eigenes Leben riskierten. Die Suche habe die ganze Nacht hindurch gedauert bis zum anderen Mittag, als die erschöpften Rettungsleute endlich das letzte Opfer bergen konnten. Zwei Familien verloren in jener Vorweihnachtsnacht ihren Sohn. Von dreien kehrte der Vater und Ernährer nicht mehr heim. Und Rosemarie, die heimliche Verlobte von Walter, legte in ihrem Schmerz ein folgenschweres Gelübde ab.

Altdorf, Dezember 2021

Beginn des zweiten Winters der Pandemie. Die Regierungen unternehmen noch immer alles, um das Virus und seine Auswirkungen unter Kontrolle zu bringen. In Vaters Kisten finde ich in einer Zeitung aus dem Jahr 1986 ein Interview mit ihm. Darin sagt er, es sei unmöglich zu sterben, deshalb müsse vor dem Tod niemand Angst haben. Es sei viel schlimmer, zum Zahnarzt zu gehen. Denn, so behauptet er, genau betrachtet, gäbe es gar keine Materie. Materie – unsere Körper mitinbegriffen – sei bloss eine von vielen feinsten Schichten in der Struktur der Feld-Physik. Am Anfang und am Ende sei alles psychisch. *Alles* aus einem unbeschreiblichen Geist hervorgegangen. Das Universum sei ein dynamischer Prozess, der so lange andauere, bis das Allbewusstsein das Nirvana erreiche. Absolute Transzendenz. Werden und Wachsen. Denken, Fühlen, Handeln. Raum. Zeit. Alles endet in *Erlösung*. Auflösung? Kein Atom könne jemals vergessen, was ihm zugestossen sei. Denn Atome hätten Bewusstsein und Gedächtnis. Wie sonst würden Atome *wissen,* wie sie sich zu verhalten hätten? Schlage man mit einem Hammer auf eine Substanz, würden deren Komponenten neu konfiguriert. In einer Autokarosserie entstehe eine Delle. Werde diese danach wieder in ihre ursprüngliche Form gehämmert, bleibe auch diese. Alles deute darauf hin, dass das Psychefeld der Atome sich an die Schläge erinnere. Bewusstsein erscheine auf einem unendlichen Spektrum, in unendlichen Varianten.

Falls das stimmt, müssten sich auch Landschaften an alles erinnern, was ihnen zugestossen ist. An Erdbeben, Überschwemmungen, Seuchen, Blut, Tränen, Streit und Kriege. Regen, Schnee, Sonnenschein, Dürre. An den Duft der Blumen, an die Seufzer der Liebenden im Gras, an die Kinderstimmen beim Spielen, an das Jauchzen der Gewinner. Wenn tatsächlich alles mit allem verbunden und in Wechselwirkung ist, wie Traugott Z. behauptet, sind wir dann nicht selber ein Stück Fleisch wandelnder Erinnerung? Quälender Erinnerung, tröstlicher Erinnerung?

1998

Ein Jahr nach Vaters Tod besuchte ich sein Grab auf dem Friedhof in Flüelen. Sein Name war in goldenen Lettern in den Granitstein gemeisselt, unterhalb der Namen seiner beiden Mütter und seines Vaters. Ich legte einen Kiesel auf den Grabstein. Ein Kloss lag mir im Hals. War ich zu sehr mit mir selber beschäftigt gewesen? Hatte ich zu wenig für ihn getan? Keinen Moment hatte ich an die Möglichkeit gedacht, er könnte sterben. Der Tod gesunder Familienmitglieder bleibt etwas Theoretisches, das unter »später« abgelegt und verdrängt wird, bis er uns jäh ins Gesicht knallt. Und umhaut.

Die Erinnerung an die Nacht vor Vaters Begräbnis wurde wach. Corina, Betty und ich hatten seine Urne am Vorabend der Abdankung in die Totenkapelle gestellt und danach bei seinem Onkel, der unterhalb des Friedhofs wohnt, übernachtet. Im Haus unseres Grossonkels Franz gab es nur Einerbetten in Einzelzimmern, deshalb konnte ich nicht, wie mir lieber gewesen wäre, im selben Zimmer mit einer meiner Schwestern schlafen. Lange lag ich wach im Bett und starrte an die Wand, wo eine schwarz lackierte Gitarre hing, die einst Alois, einem anderen Cousin von Vater, gehört hatte. Alois, der im Kieswerk in der Mündung der Reuss im Urnersee gearbeitet hatte, war in jungen Jahren vom schwimmenden Bagger gestürzt und wie sein Cousin Walter B. im See ertrunken. Man habe noch die Spuren seiner Hände auf der Unterseite der Tragelemente gefunden, an denen er abgeglitten sei. Auf dieser Gitarre hatte Alois also gespielt. Es hiess, er sei ein Bewunderer von Elvis Presley und Rock'n'Roll gewesen. Seit seinem Tod blieb das Instrument stumm. Niemand durfte es anfassen. Seine Mutter hatte darauf bestanden. Nun schaute das Ding auf mich herab, während ich mich hin und her wälzte und keinen Schlaf fand. Zwischendurch döste ich ein wenig ein, schreckte wieder auf, weil mein Herz ungleichmässig schlug. Auf einmal hörte ich Stimmen. Sie kamen von draussen im Korridor, der zur Haustür führte. War es etwa schon Morgen? Ich blickte auf die Uhr. Es ging gegen zwei Uhr nachts. Seltsam, trafen zu dieser Stunde schon Trauergäste ein? Ich setzte mich im Bett auf und lauschte angestrengt ins Dunkel hinein. Ganz deutlich vernahm ich Stimmen von Frauen und Männern, die sich im Urnerdialekt überschwänglich begrüssten. Es schien grosse Aufregung zu herrschen. Als ob ein wichtiger feierlicher Anlass bevorstünde, zu dem sie aus allen Himmelsrichtungen zusammentrafen. Das Stimmengewirr schwoll immer mehr an, die Leute füllten nach meinem Gefühl bereits den Garten vor dem Haus bis auf die Zufahrtsstrasse hinaus. Sie alle wiederholten dasselbe: »Willkommen! Willkommen!« Es wurde hell und fröhlich gelacht, ja, es klang geradezu glücklich. Ich wollte wissen, was da los war. Woher kamen auf einmal so viele Menschen? Keine Stimme kam mir bekannt vor. Seltsam. Waren das Verwandte und Freunde von Vater? Doch als ich meine Füsse aus dem Bett hieven und auf den Boden stellen wollte, spürte ich, dass ich mich nicht bewegen konnte. Wie versteinert lag ich im einstigen Bett von Alois, der lange vor meiner Geburt im blaugrünen Grund des Urnersees versunken war, und konnte mich nicht rühren. Da entfernte sich das Stimmengewirr allmählich. Wie eine Wolke schwebte es zum Friedhof vor die Kirche hinauf und verklang. Erst als es wieder still wurde, löste sich meine Erstarrung. Ich konnte aufstehen und in den Korridor hinaus auf die Toilette gehen. Das Haus war ruhig, nur die Standuhr am Ende des Gangs machte laut Tic Tac Tic Tac Tic Tac und aus dem Schlafzimmer von Grossonkel Franz ertönte friedliches Schnarchen.

Uri, August, 2001

Ich wollte Tom, einem Freund aus Tennessee, der einen Tag lang zu Besuch war, den Kanton Uri zeigen, dieses eigenwillige Stück Schweiz, das meinen Vater hervorgebracht hatte. Obwohl ich nie dort gewohnt habe, hat die Urner Landschaft und ihre Geschichte auch mich geprägt. Die Geschichte unserer Vorfahren ist uns eingeschrieben; wir können ihr nicht entkommen, selbst wenn wir auf einen anderen Kontinent ziehen und nichts mehr damit zu tun haben wollen. Sie ist der Boden, aus dem sich unsere eigene Geschichte entwickelt.

Auf der Autobahn flitzten wir mit offenem Autodach vom Zürichsee zum Zugersee und von dort tiefer Richtung Innerschweiz. Satte grüne Wiesen umgaben den Zugersee, in dessen funkelndem Blau die weissen Dreiecke der Segelboote davonglitten. Am Horizont erschienen die Berge. Zuvorderst sanfte grüne Hügel, zuhinterst steile graublaue Kanten. Das eigenartige Gefühl, das sich in mir rührt, sobald ich in die Innerschweiz komme, beginnt in der Region von Arth-Goldau. Als Kinder hatte Vater uns jedesmal, wenn wir im Ford Cortina nach Uri fuhren, geschildert, dass wir gerade über verschüttete Dörfer fahren würden: Über Wohnhäuser, Kirchen, Schulen, Ställe, 457 Einwohner, unbekannte Wanderer, zahlloses Vieh, Hunde, Katzen und Kaninchen. Eine ganze Lebenswelt habe der Bergsturz von Goldau am 2. September 1806 in sage und schreibe drei Minuten direkt unter uns begraben. Heftige Niederfälle hätten die Nagelfluhschichten des Rossbergs von ihrer aufgeweichten Unterschicht gelöst und derart in Fahrt gebracht, dass die Steinbrocken in horrendem Tempo alles Lebendige im Tal erschlagen und zermalmt hätten. Riesige Brocken seien auf der anderen Seite an der Rigikette hochgespickt wie Schneebeeren, hätten die Bäume in lauter Zahnstocher zersplittert und im Lauerzersee eine turmhohe Flutwelle ausgelöst.

Heute lagen die Nagelfluhbrocken vom Rossberg in hübschen Blumenweiden, wo Kühe grasten, als wären sie nie woanders gewesen. Neue Menschen wirtschafteten auf neuen Höfen, und Zeitgenossen wie wir rasten mit grossem Spass auf der Autostrasse durch die Landschaft. Wer sich nicht über die Nagelfluhbrocken in den Feldern wunderte, durchquerte das Tal in Bewunderung seiner Formen und Farben und dem Liebreiz seiner sanften Hügel, den Vorboten der Alpen.

Es war ein Prachtstag im Hochsommer und die Innerschweiz zeigte sich von ihrer schönsten Seite. Am Lauerzersee kampierten Familien, die übers Wochenende den Städten entflohen waren. Über die Landstrassen flitzten Radfahrer mit gesenktem Kopf, ganz ihrer Geschwindigkeit hingegeben, und am Horizont schwebten wie Könige der Lüfte ein paar Gleitschirmsegler. Nach Schwyz fuhren wir an Brunnen vorbei, hinein in den Kanton Uri, dessen Wappen auf einem Felsen des Axen mit dem geringten Stier auf gelbem Grund den Besuchern das Urnerland ankündigte. Bei der Tellskapelle stiegen wir aus und schauten uns die Fresken an, die Friedrich Schillers Theaterstück von Wilhelm Tell erzählen. Wilhelm Tell, Inbegriff des Innerschweizer Heldentums, hatte sich geweigert, den Hut des Tyrannen Gessler zu grüssen, weshalb er dazu verurteilt wurde, einen Apfel vom Kopf seines Buben zu schiessen. Obwohl ihm dies gelang, wurde Tell gefangen genommen. Doch an der Tellplatte entsprang er aus einem Boot seiner Gefangenschaft und tötete später den Vogt Gessler, was in der Folge zu einem

Volksaufstand und zur endgültigen Befreiung von den habsburgischen Unterdrückern führte. Der anschliessende Rütlischwur auf einer Wiese oberhalb des Urnersees, wo sich die Aufständischen der Urkantone Uri, Schwyz und Unterwalden gegenseitigen Beistand versprachen, wurde zum Gründungsmythos der ganzen Schweiz.

»In jeder Schweizerin, in jedem Schweizer steckt etwas von Wilhelm Tell«, erklärte ich Tom lachend. »Das Nein liegt den Schweizern in den Genen. Erst wenn sie sich selber überzeugt haben, ringen sie sich zu einem Ja durch. Kein Führer, kein Obriger, kein König, kein Diktator gewinnt hier jemals Boden.«

Das Hotel und Restaurant Rose in Flüelen ist ausser für ein paar Einheimische bedeutungslos geworden. Vorbei sind die Zeiten, als noble Gäste aus dem Norden auf ihrer Reise nach Italien, hier einen Zwischenhalt einlegten, nachdem sie von Luzern aus mit dem Schiff unter blauem Himmel mit Schäfchenwolken über den Vierwaldstättersee gefahren und mit Lederkoffern wie Schränken im Hafen Flüelen eingetroffen waren, wo rotwangige Bergburschen ihnen das Gepäck abgenommen und auf Handkarren ins Hotel gefugt hatten. Vorbei die Zeiten, wo Traugott Z. und seine Familie mit Marili und anderem Personal die zahlreichen Sommergäste betreuten. Vorbei die fröhlichen Abende, an denen der siebzehnjährige Traugott Z. im Restaurant auf der Handorgel zu Ländlermusik mit jazzigen Elementen aufspielte und seine Schwestern den betrunkenen Männern mit Todesverachtung noch ein Einerli, noch ein Gläschen Schnaps, noch ein Bier auf den Tisch stellten. Vorbei die Momente, wo Grossvater Leonz mit dem Gewehr über den Schultern mit einer weiteren Auszeichnung vom Schützenfest die Wirtschaft betrat und alle klatschten. Vorbei die Momente, wo Josy von ihren heimlichen Porträt-Sitzungen beim Kunstmaler Danioth sich wieder ins Restaurant an die Arbeit stahl. Jetzt liegt das Gebäude zusammen mit anderen Häusern an einer unbelebten Strasse in einem nahezu stillstehenden Dorf. Nichts verweist auf den Lärm jener Zeiten, das Trommeln der Fasnächtler, das Klirren der Gewehre, das Jodeln der Bergler. Ruhe und Langeweile, die nur noch vom Geräusch vorbeifahrender Autos unterbrochen wird.

Ich stand mit meinem amerikanischen Gast vor dem dreistöckigen Hotel. Mit auf- und nebeneinander gebauten Giebeln berührte es auf der Rückseite den Saum des Bannwalds, der den steilen Hang der Eggberge bis auf über 1400 Meter über Meer bedeckte. Auf der Frontseite des Gebäudes war im Art Deco Stil ein Schild aus Emaille angebracht: HOTEL GASTHAUS zur ROSE. Ich betrachtete die Hausfassade wie man ein verschnürtes Packet betrachtet. Die Glasscheiben der Fenster zwischen den Holzläden spiegelten den Himmel. In diesem Gebäude waren meine Grossmütter viel zu früh gestorben, weil sie sich ungesund ernährt und viel zu streng gearbeitet hatten, und weil es, als sie ins Koma fielen, noch kein Insulin gab. Wir betraten das Restaurant; beim Öffnen der Tür erklang ein Klingelton. Auf einer Eckbank tranken wir einen Kafi-Schnaps. Die Sonne leuchtete durch die rotweisskarierten Vorhänge auf die Tischflächen, auf denen neben einer Flasche *Maggi* Türmchen aus Bierdeckeln und ein Korb mit Nussgipfeln standen. Die Serviertochter, eine ältere Blondine mit Rüschenschösschen stand vor dem Stammtisch und unterhielt sich im eigenwilligen Urnerdialekt mit zwei hageren Männern, die mit dem Stopfen ihrer Tabakspfeifen beschäftigt waren.

Ich versuchte, mir auszumalen, wo das Kind Traugott Z. sich hier am liebsten aufgehalten hatte. Durfte Traugott in der Gaststube überhaupt Platz nehmen? Oder nur in der Küche? Seine Schwestern und er mussten nämlich vor und nach der Schule tüchtig mitanpacken, wie Tante Gret mir einmal erzählt hatte. Im Sommer rollten sie bis nach Mitternacht Butterröllchen, füllten die Zuckerdosen und Salzstreuer nach (das sei Traugotts Lieblingsbeschäftigung gewesen), falteten Servietten, polierten Gläser, stellten die Schalen mit Konfitüre und Honig bereit und deckten auf für die Frühstückstafel am nächsten Morgen. Immer standen sie um fünf Uhr morgens auf, um Töpfe, Tische und Stühle zu putzen, Staub zu wischen, Pflanzen zu giessen, Hundefutter für Rex zuzubereiten, Löcher in der Wäsche und in den Kleidern zu flicken, Reparaturen im Haus zu erledigen. Es hörte nie auf. Einmal in der Woche kam die Wäscherin Lisette vorbei und sott im Keller, im mit Kohle geheizten Waschtrog, Berge von Leintüchern. Am Schluss badeten die Kinder im noch warmen Seifenwasser. Nach dem Aufhängen der schweren nassen Tücher an den Wäscheleinen im Hinterhof mussten sie nach dem Trocknen von den Kindern gebügelt und in allen Gästezimmern die Betten frisch bezogen werden. Dabei galt es unbedingt, die Nachthäfen zu leeren. Wehe, ein neuer Gast fand den Hafen mit dem Urin eines Vorgängers im Nachttisch! Das gab ein Donnerwetter von Josy, das keines von ihnen bis ans Lebensende vergessen würde. Die Arbeit im Hotel war ihnen so selbstverständlich, wie die Tatsache, dass niemand jemals in die Ferien fuhr.

»Lass uns nach Attinghausen fahren«, schlug ich Tom vor, »dort gibt es ein gutes Restaurant.« Dabei hatte ich einen Hintergedanken. Schwester Cäcilia, meine ehemalige Primarschullehrerin, die ich alle Schaltjahre einmal besuchte, wohnte seit einer Weile dort in der Nähe in einem Altersheim für pensionierte Ordensfrauen. Tom, der aus einer Qäker-Familie stammte, war interessiert, das Kloster zu besichtigen, als ich ihm vorschlug, Schwester Cäcilia nach dem Mittagessen einen Besuch abzustatten.

Nachdem wir 1968 wegen Vaters Anstellung am Institut in die Stadt gezogen waren, blieb Schwester Cäcilia für mich die einzige Verbindung zu einer Welt, die mir je länger je mehr verloren ging. Der Zürcher Geist beeinflusste mein Denken, doch die Innerschweiz blieb in meiner Erinnerung ein Ort voller Geheimnisse und Wunder. Als ob ich mich vergewissern wollte, ob sie tatsächlich existierte, besuchte ich die alternde Nonne manchmal auf einer meiner Reisen in den Süden und brachte ihr Pralinen oder Bonbons aus der Stadt mit. Je älter sie wurde, desto mehr glich sie einem verblichenen Sträusschen Trockenblumen, das in der Ecke auf einem Fenstersims stand. Ohne wahrgenommen zu werden. Vorzeitig verblasste ihr einst durchschnittliches, aber hübsches Gesicht zu einer blutleeren Landschaft. Ihre Hände waren stets kalt und ohne Druck, doch ihr dünnes Lächeln verriet, dass sie sich ein bisschen freute, wenn ich kam. Obschon ich mich in ihrer Gegenwart viel zu üppig, zu gesund, zu leidenschaftlich fühlte, schien sie mir deswegen nicht böse zu sein. Im Gegenteil, seit ich ihr damals, in der ersten Klasse das Totenhelgeli von Vaters Cousin Walter B. in die Schule gebracht hatte, spürte ich manchmal ihren wohlwollenden Blick auf mir ruhen. Niemand von uns hatte sie gefragt, wie ihre Verbindung zu Walter gewesen war. Wir gingen einfach davon aus, dass sie ihn vor ihrem Eintritt ins Kloster gekannt hatte.

Ich drückte die Klingel neben der Klosterpforte. Nach einer Weile wurde ein kleines Fenster geöffnet und das Gesicht einer alten, dicken Ordensfrau in grauer Tracht fragte, was wir wünschten.

»Wir möchten Schwester Cäcilia besuchen. Ich war einst eine Schülerin von ihr.«

»Schwester Cäcilia wohnt nicht mehr hier.«

»Wo ist sie?«

»Bitte treten Sie ein.«

Die Ordensfrau öffnete das grosse Tor und wir betraten einen Hof.

Wir folgten ihr in eine Besucherstube, wo ein Sofa, zwei Fauteuils und ein Tisch mit Stühlen standen. In der Ecke ein grüner Kachelofen. An der Wand das Kreuz mit dem Leichnam Jesu aus Bronze. Daneben ein gerahmtes Foto vom Papst in weisser Soutane.

»Ich rufe Schwester Magdalena, sie kann Ihnen alles erzählen.«

Wir nahmen auf einem beigen Sofa Platz und warteten schweigend. Es war nicht nur, als stünde in dem Haus die Zeit still. Es war, als wäre der Ort vom Rest der Welt ausgeklammert, von ihrem Lärm, ihrem Nonsense, ihrem Sex, Geld und Blut. Ein trautes Heim von Strohblumen – von Immortellen.

Eine greisenhafte Schwester mit kindlichem Gesicht trat in die Stube und nahm gegenüber von uns Platz. Die andere Schwester setzte sich dazu.

»Sie kommen wegen Schwester Cäcilia?«

»Ja, ich war schon mehrmals hier. Seit dem letzten Mal ist jedoch eine Weile vergangen. Wo ist sie? Geht es ihr gut?«

Die alte Ordensfrau begann zu erzählen:

»Wissen Sie, Schwester Cäcilia hat ein Leben lang mit sich gerungen. Sie war nicht glücklich, ihr Leben der Kirche zu weihen. Ihr Entscheid, dem weltlichen Leben zu entsagen, fällte sie zu einem Zeitpunkt, als sie in tiefer Verzweiflung war. Doch man sollte keine Entscheidungen treffen, wenn einen starke Gefühle bewegen. Vor allem sollte man nicht ins Kloster, weil man mit der Welt draussen nicht zurechtkommt. – Vor zwei Jahren wurde bei Schwester Cäcilia Krebs diagnostiziert und wieder krempelte sie überstürzt ihr Leben um. Sie hängte den Schleier an den Nagel und verliess das Kloster. In Isleten bezog sie als weltliche Frau eine kleine Wohnung und nannte sich wieder Rosemarie. Rosemarie Planzer. Doch sie kannte ja niemanden mehr ausserhalb des Klosters. Ein Jahr später ist sie dann einsam gestorben. Friede ihrer Seele.« Mit gesenktem Kopf machten die beiden Schwestern das Kreuzzeichen auf der Brust.

Unwillkürlich fasste ich Tom am Ärmel: »Weshalb ist sie damals ins Kloster eingetreten? Wissen Sie das?«

»Ich weiss nicht viel«, erwiderte die alte Nonne, »weiss nur, dass zuvor ihr Verlobter im Urnersee ertrunken ist.«

Isenthal, 9. Dezember 1949

Die halbe Bevölkerung Uris fand sich zur Abdankung der fünf ertrunkenen Männer in der Pfarrkirche Isenthal ein. Die mit Blumenkränzen dekorierten Särge, in denen die Ertrunkenen lagen, thronten wie Ehrengäste neben dem Altar im Chor des Kirchenschiffs. Die Kirche war zu klein, um alle Trauergäste aufzunehmen, die aus allen Dörfern des Urnerlands angereist waren, um ihre grosse Betroffenheit und Anteilnahme zu bekunden. Viele der schwarz gekleideten Leute standen deshalb draussen in der Kälte, auf den matschigen Feldern. Ein Lautsprecher liess sie an den Reden im Innern der Kirche mit der hübschen roten Turmspitze teilnehmen. Vor dem Kircheneingang hatte sich der Musikverein Isenthal in Uniform aufgestellt mit Trommeln und Trompeten. Hinter ihnen die Mitglieder des Schützenvereins Isenthal. In den vordersten Holzbänken, neben und hinter den Familienangehörigen der Verunglückten, sassen die Repräsentanten der hohen Regierung von Uri, der Herr hochwürdige bischöfliche Kommissar Gisler und Herr Landamann Arnold, die Vertreter des Landrats und der Korporation Uri, der Kantonalvorstand der Schützen, die Fahnendelegation Uri, die Musikgesellschaften der Rütli-Sektion, die Musikgesellschaften von Seedorf und Flüelen, die Delegation und Angestellten der Dampfschiffgesellschaft des Vierwaldstättersees, der Adjunkt der Post-Telefon- und Telegrafen-Betriebe, die Delegation der Munitionsfabrik Altdorf und die Männer des Feuerwehrvereins Isenthal. Der Kirchenchor Isenthal hatte sich vorne zu beiden Seiten des Altars aufgestellt. Ganz hinten, in der drittletzten Reihe, stand Rosemarie Planzer. In dem schwarzen Kleid sah sie aus wie der Schatten einer kranken Bergfichte. Ihre Augen rot geschwollen vom Weinen. Vater und Mutter stützten sie von beiden Seiten. Erst heute Morgen hatten sie von der heimlichen Verlobung gehört. Niemand schenkte der kleinen Bergbauernfamilie besondere Aufmerksamkeit. Das Kirchenschiff war bis auf den letzten Stehplatz gefüllt. Frauen und Kinder schluchzten auf. Dem wortkargsten Bergler traten die Tränen in die Augen, als die Orgel einsetzte zum Lied *Grosser Gott, wie loben Dich,* das gedämpft aus den Mündern der Anwesenden erklang und die Trauerfeier einleitete. Der Pfarrer mit der violetten Stola über der Tunika begann mit stoischer Stimme zu sprechen:

»Im Namen des Herrn Jesus Christus übergeben wir Dir, Gottvater, unsere geliebten Brüder schweren Herzens in Dein Reich zurück. – Die Ihm am liebsten sind, holt er früh zu sich. Wir finden Trost im Wissen, eines Tages wieder mit ihnen vereint zu sein, denn sie sind uns nur vorausgegangen.«

Traugott hielt das Helgeli von Walter in der Hand. Unter dem Passfoto, auf dem der Jüngling mit frischem Haarschnitt in Anzug und Krawatte abgebildet war, stand unter dem Namen sein Beruf: Schuhmachermeister. Sowie folgende Strophen:

Sieh' der Jugend frische Blüte
Ach, schon brach der Tod sie ab!
Und das Herz voll Lust und Güte
Ruhet still im kühlen Grab.
Glücklich doch wer früh vollendet
Dieses Lebens Dornenbahn.
Selig, rein und kindlich wendet
Sich der Geist dem Himmel an.

Ewiger Vater, ich opfere Dir auf das kostbare Blut Jesu Christi, die Schmerzen der allerseligsten Jungfrau und des hl. Joseph, zur Hilfe und zum Troste der Seele deines Dieners.

Vater im Himmel, gib ihm die ewige Ruhe und das ewige Licht leuchte ihm; lass ihn ruhen im Frieden. Amen. Vater unser. Ave Maria.

Der Kirchenchor stimmte Mozarts Requiem an. Traugott stand neben seinem Vater vor der Kirchenbank in einer mittleren Reihe. Der Dekan des Kollegium Schwyz hatte ihn übers Wochenende nach Hause entlassen, damit er an der Beerdigung von Walter teilnehmen konnte. Neben Traugott stand Fritz G., ein schlauer Bauernjunge, der mit ihm bei den Pfadfindern gewesen war.

»Weisst du, warum Gott das Böse geschaffen hat?«, flüsterte er Traugott ins Ohr.

Traugott schüttelte stumm den Kopf.

»Damit er die Menschen quälen kann. – Weisst du, weshalb er das Gute geschaffen hat?« Wieder verneinte Traugott. »Damit er es uns wieder wegnehmen kann.«

In diesem Moment ereignete sich etwas Ausserordentliches. Traugott entwischte. Er schwebte auf einmal über den Köpfen der Anwesenden im Kirchenschiff und schaute auf sich selber und die Szenerie hinab wie auf den Ameisenhaufen in Tante Matildas Isenthaler Garten, den Walter und er so oft mit grosser Faszination beobachtet hatten. Er fühlte sich leicht und vom Schmerz des Verlusts befreit. Durchdrungen von gleichmütiger Wahrnehmung allen Geschehens. Er hätte nicht sagen können, wie lange dieser Zustand anhielt. So unverhofft, wie er seinen Körper verlassen hatte, so unverhofft fand er sich wieder in ihm zurück. In Schmerz und Enge. Verwirrt und erstaunt zugleich folgte er dem Gottesdienst nur noch mit halbem Ohr.

Viel später, als er darüber nachsinnte, was er erlebt hatte, erschien es ihm je länger desto aufregender. Als hätte er in seinem Verliess ein geheimes Fenster entdeckt, das ihm bis anhin verborgen gewesen war.

Gegen Abend kam Traugott mit seinem Vater in die Rose zurück. Er ging sofort in sein Zimmer und verriegelte die Tür. Auch als man ihn zum Nachtessen rief, kam er nicht herunter. »Lasst mich, ich habe keinen Hunger«, gab er zurück, als zuerst die Schwestern, dann Josy nacheinander anklopften. In der Restaurantküche löffelte die Familie still die Graupensuppe, die Marili gekocht hatte. Der Vater war schweigsam, niemand getraute sich, etwas zu sagen. Nicht einmal Rex winselte, er hatte sich zu seinen Füssen unter den Tisch und seinen Kopf auf dessen Schuhe gelegt. Josy hatte das Helgeli von Walter B. zu den anderen Fotos der Verstorbenen auf die Eckbank gestellt und daneben eine Kerze angezündet. Als er den Teller geleert hatte, schob Vater den Stuhl zurück und erhob sich.

»Ich schau mal nach dem Buben«, murmelte er.

»Traugott, mach auf«, sagte er sanft, als er vor der verschlossenen Türe stand.

»Lasst mich.«

»Sohn, ich will mit dir reden.«

»Es gibt nichts zu reden.«

»Man lernt weiterzuleben, glaub mir. Das Leben ist heilig.«

Traugott blieb still. Der Vater blieb vor der Tür stehen und liess ihm Zeit.

Traugott schluchzte ins Kissen.

»Mach auf«, wiederholte Vater.

Nach einer Minute drehte sich der Schlüssel in der Tür und Vater machte sie auf. Traugott lag schon wieder bäuchlings auf dem Bett, das Gesicht in den Armen verborgen. Sein Vater sah, dass er weinte. Er setzte sich zu ihm auf den Bettrand und legte die Hand auf den Rücken seines Sohnes.

»Es ist schwer, ich weiss.«

Traugott schluchzte auf. Die Nähe seines Vaters öffnete die Schleusen und spülte die ganze Verzweiflung in ihm hoch.

»Ich hasse ihn! Was ist das für ein Gott, der uns alles nimmt, was er uns gegeben hat?«

»Bub, versündige dich nicht. Wir Menschen können Gottes Willen nicht verstehen. Wir können ihm nur vertrauen.«

»Vertrauen! Vielleicht gibt es ja gar keinen Gott! Dann vertrauen wir der Leere! Wir sind doch bloss Dummköpfe.«

»Woher hast du diese Gedanken? Sie sind frevlerisch. Hüte deine Zunge, auch wenn du durch eine schlimme Zeit gehst.«

»Walter hat keiner Fliege etwas zuleide getan. Er war der gütigste Mensch auf Erden. Warum er?«

Vati tätschelte Traugotts Rücken. Er wusste darauf keine Antwort.

»Walter ist nicht fort. Du kannst ihn nur nicht mehr sehen, nicht mehr anfassen. Aber spüren kannst du ihn. Er wird immer bei dir bleiben genau wie deine Mutter selig. Glaub mir, die Toten verlassen uns nicht, sie bleiben bei uns. Nur auf eine andere Art.«

»Glaubst du, er ist jetzt hier mit uns und kann uns hören?«

»Ja, das glaube ich.«

Doch die Antwort seines Vaters überzeugte Traugott nicht. Die Art und Weise, wie Walter und seine Schützenkameraden ums Leben gekommen waren, setzte in dem Vierzehnjährigen einen Denkprozess in Gang, der, ohne dass er sich dessen bewusst war, schon in seiner frühsten Kindheit begonnen hatte. Zusammen mit der ungewöhnlichen Erfahrung, ausserhalb seines Körpers gewesen zu sein, sich selbst und die anderen unterhalb von sich gesehen zu haben, entwickelten sich in seinem Gehirn neue neuronale Verbindungen.

März 2021, Staatsarchiv

Inzwischen habe ich eine Strategie entwickelt, um diesen Berg vollgeschriebener Blätter und die Haufen von Xeroxkopien und Folien zu sortieren. Solange es sich um publizierte Artikel, Briefe und Tagebucheinträge von Traugott Z. handelt, fällt es mir nicht schwer, sie chronologisch oder thematisch zu ordnen. Doch wenn ich seine handschriftlichen Aufzeichnungen ins Auge fasse, nerve ich mich manchmal. Ein Artikel von Traugott Z. über das Störzonenproblem gerät mir in die Hand. Was zum Teufel ist ein Störzonenproblem?

»Die tellurischen Störzonen wirken sich negativ auf Wasser, Mensch, Pflanzenwelt etc. aus. Ohne quantenphysikalische Kosmologie sind sie überhaupt nicht erklärbar.«

Was ist eine tellurische Störung? Meint er eine Verwerfung der Erdkruste? Ein Bruch in einer Gesteinsschicht? Oder meint er die Wetterfühligkeit von Menschen? Oder verunreinigtes Wasser? Oder was? Ich lese weiter im Text und verstehe immer weniger. Die Begriffe, die er anwendet, die Sätze, die er aneinanderreiht, alles lässt mich ratlos zurück. So sehr ich mich bemühe, mir einen Reim darauf zu machen, so sehr bin ich frustriert. Ich komme mir vor wie der Esel am Berg. Traugott Z. hat offenbar ein eigenes Vokabular geschaffen. Peter Bichsel: *Ein Tisch ist ein Tisch.* Gertrude Stein: *A rose is a rose is a rose.* Wenn sich zwischen Text und Empfänger ein Hohlraum auftut, füllen wir diesen gern mit Zusammenhängen, die für uns einen Sinn ergeben. Denn etwas nicht zu verstehen, ist so unangenehm, dass der Verstand seine eigene Logik kreiert. Leere und Lücken in unserem Verständnis halten wir nicht aus. Sie sind unerträglich. Deshalb füllen wir sie mit allem Erdenklichen, das uns zur Verfügung steht. Nur um Orientierung zu bekommen. Hat Traugott Z. selber überhaupt verstanden, was er schrieb?

Ich tippe die Titel seiner Artikel in das System der Bibliothek ein. Plötzlich fängt der Cursor an zu spuken. Rasend fährt er rückwärts über die eingegebenen Wörter und Sätze und löscht fortzu alle Kommentare, die ich in der letzten Stunde geschrieben habe. Fassungslos sitze ich vor dem Bildschirm und weiss mir nicht anders zu helfen, als auf den Ausschaltknopf des PCs zu drücken.

»Was mache ich hier eigentlich?«

»Ich stelle meinen Vater in Frage.«

»Gut möglich, dass ich zu dumm bin, um ihn zu verstehen.«

»Vielleicht war er verrückt.«

»Er macht mich noch verrückt!«

»Was habe ich mit ihm zu tun?«

»Verwandtschaft? Gemeinsame Erinnerungen?«

»Noch etwas?«

»Blut ist dicker als Wasser?«

»Bloss ein von der Evolution begünstigtes Gefühl.«

»Ist das nicht ein Zeichen, die Archivierung abzubrechen?«

»*Zeichen?*«

»Der Cursor, der meine Arbeit gelöscht hat.«

»Jetzt erfinde ich eine Geschichte.«

»Gibt es etwa keine Zeichen?«

»*Ich* deute sie als solche.«

»Was ist Ich?«

»Vielleicht will er nicht, dass sein Werk an die Öffentlichkeit kommt.«

»Vater ist tot. Er kann nichts mehr wollen oder nicht wollen.«

»Und wenn seine Energie doch noch irgendwo ist?«

»Sein Bewusstsein?«

»Dann meint er: Lass meine Erfindung im Dunkeln. Zerre sie nicht ans Licht.«

»Warum?«

»Weil kein Mensch den Kosmos je verstehen kann.«

»Warum nicht?«

»Weil wir nur ein verschwindendes Momentum darin sind.«

»Vater behauptet, es gäbe in der Schöpfung nichts Totes.«

»Und dann?«

»Ohne Störung keine Harmonie.«

»Phoenix aus der Asche?«

»Was soll ich nun tun?«

»Ich mache weiter.«

»Was sonst?«

Januar 1949, Kollegium Schwyz

Nach ruhigen Weihnachtsferien in Flüelen – während der Wintermonate war in der Rose, ausser zur Fasnachtszeit im Februar, nichts los – kehrte Traugott Z. ins Internat zurück. Die Weihnachtsstimmung war verflogen. Die eben noch geschmückten Christbäume wurden abgeräumt und hinters Haus gestellt, um sie anschliessend zu verfeuern. Die Weihnachtsdekoration von Türen und Fenstern entfernt und in Schachteln versorgt, die wieder für ein Jahr in den Keller wanderten. Obwohl die Tage allmählich länger wurden, schienen die ersten Wintermonate des neuen Jahres kaum vergehen zu wollen. Der tiefe Sonnenstand liess viele Bergtäler den ganzen Tag im Schatten. Die Bäume waren kahl, keine Vögel zwitscherten darin. Die Strassen glitschig, voller Eis und Matsch. Dieser Trostlosigkeit konnte man entfliehen, indem man sich ins Studium vertiefte oder mittels Phantasie in Tagträume flüchtete. Natürlich wären die Jungen am liebsten jeden Tag auf den Stoss zum Skilaufen gegangen. Doch die Bahnfahrt dorthin war teuer, niemand konnte sie sich leisten. Ausserdem erlaubten die Patres Ausflüge ohne ihre Begleitung sowieso nicht.

Traugott gehörte zu denen, die sich in mathematische und physikalische Aufgaben vertieften. Doch wenn er genug hatte, mit dem Schreibblock auf seinem Bett im Schlafsaal zu sitzen, mit vor Kälte klammen Fingern, dann ging er Pater Ignatius besuchen. Pater Ignatius unterrichtete Botanik und Geologie. Zu diesem Zweck hatte er in einem Raum des Kollegiums eine Sammlung aufgebaut, die er LUSUS NATURAE DEI, Wunder der Natur, nannte. In seinen Vitrinen befanden sich besondere Stücke von Gneis, Schiefer und Granit vom Gotthard. Gelb und rauchig schimmernde Bergkristalle aus den Schweizer Alpen. Amethyste mit gläsernem Glanz. Gewachsene kantige Säulen mit pyramidalen Enden. Gefärbte Chalcedone,

Basalte, Fluorite und Quarze, die kreuzförmige oder andere bedeutungsvolle Strukturen und Einschlüsse enthielten. Fossilien vom Jura, die versteinerte Monster zeigten. Sowie allerlei vertrocknete Krüppel von Amphibien und Reptilien und aufgespiessten asymmetrischen Insekten. Jedes Ding mit Namen, Datum und Fundort beschriftet. In einem Holzschrank mit Rollladen, der einen erschreckenden Lärm verursachte, wenn der spindeldürre Pater Ignatius ihn schwungvoll hoch- oder runterzog, bewahrte er zudem grosse, in Leder gefasste Bücher auf, sogenannte Herbarien. In diese klebte er gepresste Pflanzen aus der Umgebung. Das Besondere dabei war, dass er neben eine normal gewachsene Blume eine andersartige aus derselben Familie stellte mit Hinweisen auf ihre Unterschiede. Während die meisten von Traugotts Schulkameraden im Keller Tischtennis, Schach oder Karten spielten, brütete er über diesen Kuriositäten und grübelte über ihre Entstehung, mehr noch über den Sinn ihres Vorhandenseins nach.

»Pater Ignatius, warum hat Gott eine Amphibie mit zwei Köpfen geschaffen?«, Traugott stand über die Tischvitrine gebeugt und betrachtete durch eine Lupe ein schwarzes verschrumpeltes Wesen mit vier Beinen und zwei Köpfen.

»Weil Gott alles *kann*.«

»Aber wozu? Ein Tier braucht doch keine zwei Köpfe. Vielleicht will einer nach links und der andere nach rechts. Das macht doch keinen Sinn.«

»Gott zeigt uns seine Allmacht unter anderem in der Ausnahme der Regel. Verstehst du?«

»Ist es ein Wunder oder ein Fehler? Warum kreiert Gott ein Wesen, das nicht lebensfähig ist?«

»Um uns die Schönheiten der Welt zu erleuchten, braucht es deren Gegenteil. Der Anblick von allem, das sich dem Leben entgegenstellt, erzeugt Schmerz, Angst und Schrecken. Doch nur dadurch lernen wir das Gute wertzuschätzen. Ohne Leid wären wir stumpf wie Steine.«

»Was ist *das Gute,* Pater Ignatius?«

»Das Gute ist inkarniert in Jesus Christus, unserem Heiland, der *Liebe* und *Barmherzigkeit* lehrt.«

»Warum gibt es dann Menschen wie Hitler? Hat Gott sie etwa auch geschaffen, um uns das Gute aufzuzeigen?«

»Nein, Traugott, jeder Mensch besitzt die Fähigkeit zwischen gut und böse, zwischen Recht und Unrecht zu unterscheiden. Hitler hat sich für das Böse entschieden, weil er nur sich selber sah, sich selber aber nur angesichts höchsten Leids einen Augenblick spüren konnte. Solche Menschen sind Gefallene, seelisch Tote, die Satan auf die Erde schickt, um sich an Gottes Pracht zu rächen.«

Nach dem Besuch der Sammlung von Pater Ignatius ging Traugott manchmal noch in die Klosterkirche. Untertags war sie meistens leer. In dem zwielichtigen Gewölbe flackerte über dem Altar im roten Glas das Ewige Licht. Neben der vergoldeten Barocktreppe der Kanzel stand im Halbschatten eine Madonnenfigur mit einem Kleinkind im Arm. In der Hand hielt sie ein goldenes Zepter. Auf dem Kopf trug sie eine goldene Krone. Auch das Jesuskind trug eine goldene Krone und in seiner Kinderhand eine Kugel aus Gold. Traugott bekreuzigte sich mit Weihwasser, kniete vor ihr nieder und betete leise:

»Heilige Maria Mutter Gottes, zeige mir den richtigen Weg. Ich möchte mehr verstehen, das ist alles. Ich bitte dich, erhöre mich. Amen.«

In der darauffolgenden Nacht hatte Traugott einen verstörenden Traum, den er morgens vor der Frühmesse in seinem Tagebuch festhielt:

Unter vielen anderen steige ich im Bahnhof Flüelen aus dem Zug. Am südlichen Horizont bahnt sich ein Sturm an. Dicke düstere Wolken türmen sich über den Berggipfeln und drängen Reuss abwärts. Während ich nach Hause hetze, taste ich nach dem Hausschlüssel in der Manteltasche. Mit eisernem Griff halte ich ihn fest. Ich darf ihn nicht verlieren. Nicht jetzt, in der hereinbrechenden Dunkelheit.

In diesem Moment erhellen Blitze wie Zacken aus Feuer den Himmel, gefolgt von krachendem Donner. Ein heftiger Wind erhebt sich. Rauscht durch die Bäume, zerrt an den Ästen. Fensterläden klatschen an Hausmauern. Dann wird es schwarz.

»Wo ist das Licht?«, ich gerate in Panik. Während eines Blitzes erkenne ich Männer in Priestergewändern mit Büchern unter dem Arm. Sie klammern sich an Zäune und Laternenpfähle. Ich bewege mich auf sie zu. Rudernd, paddelnd durch die Luftwogen.

»Halten wir uns fest!«, ein Mönch streckt mir die Hand entgegen und zieht mich zum Zaun heran, »zusammen sind wir stärker.«

»Gegen wen?«

»Halten wir uns fest!«

Da steigt plötzlich – wie aus dem Nichts – ein überdimensionaler Mond hinter dem Horizont auf und blendet uns mit grellem Schein. Sofort schlage ich die Hände über die Augen und blinzle durch die Finger. Sehe, wie er langsam steigt und zu einer monströsen kalten Lichtscheibe anwächst. Je grösser er wird, desto mehr lässt der Sturm nach. Milde, weiche Lüfte beginnen auf einmal um unsere angstverzerrten Gesichter zu schmeicheln. Bäume, Blumen, Pflanzen fangen an zu blühen, und die Blüten strecken sich dem Licht entgegen, als hätten sie es eilig.

Die Frauen, Männer, Kinder in den Strassen rücken zusammen und staunen sprachlos.

Alle beobachten, wie die Flugtiere aufsteigen und auf das Licht zufliegen. Zuvorderst ein schwarzer Vogel mit scharfem Schnabel, dahinter Zugvögel, Singvögel, Schmetterlinge, Käfer. Wie ein Riesenroche braust der Schwarm über unsere Köpfe hinweg. Gebannt verfolge ich seinen Zug. Mit den

Schuhen klebe ich am Asphalt, der seltsam weich geworden ist. Meine Gedanken jagen ins Leere. Es ist spät. Reife Früchte fallen von den Ästen der Bäume und zerplatzen am Boden zu Brei.

Der Rabe erreicht den Horizont und verschwindet im Licht des riesigen Mondes, gefolgt von der grossen Schar anderer Flügeltiere. Da – wusch! – erlischt das Licht. Als wäre es nie gewesen.

Wieder wird es dunkel und still. Alles verdorrt, verwelkt, veraast, was eben noch satt und saftig blühte. Alles zerfällt zur Unkenntlichkeit. Myriaden von Partikeln schweben durch die Luft. Zusammenhangslos. Ohne Anziehung, ohne Wärme, ohne Ton.

Jetzt spüre ich, wie die Erdkugel auseinanderbricht. Lava quillt aus ihrem Innern wie flüssiges Glas, das sich über die auseinanderdriftenden Erdbrocken ergiesst und alle Spuren von Leben zudeckt. Ich beginne zu fallen. Alle. Alle Lebewesen fallen. Jedes für sich allein. In lichtlose Tiefen, in unendliche Räume. Wir fallen. Jedes für sich allein.

Ostern 1949, Flüelen

Traugott erhielt die Erlaubnis, über Ostern nach Hause zu fahren, nachdem seine Eltern die Schulleitung darum gebeten hatten. Im Hotel Rose wurden viele Gäste erwartet, die auf ihrem Weg ins Tessin, in Flüelen übernachten wollten. Es stand viel Arbeit an. Am Donnerstagabend war Traugott nach einer halbstündigen Zugfahrt zu Hause eingetroffen. Mutter Josy, Ursina, Marili und auch Gret, die extra vom Welschland angereist war, arbeiteten wie Ameisen, um das Hotel für die Gäste vorzubereiten. Traugott wurde zum Bügeln von Handtüchern, Servietten und Tischtüchern und danach zum Reinigen der Toiletten eingeteilt. Es missfiel ihm nicht. Im Gegenteil, es stimmte ihn richtig froh, nach der Kopflastigkeit endlich etwas Praktisches zu tun. Ein Unterschied zwischen ihm und seinen Schwestern wurde nicht gemacht. Als Junge musste er dieselben Arbeiten verrichten wie die Mädchen. Sei es in den Gästezimmern, im Restaurant, im Kohlekeller, im Waschraum oder in der Küche. Während sie gleichzeitig zusammen *Zoge am Boge, dr Landammä tanzet, wie de Tüfel dur Dieli dure schwanzet* sangen und dabei viel lachten, gaben sie ihr Letztes, damit das Gasthaus blitzblank erstrahlte und mit den notwendigen Annehmlichkeiten ausgerüstet wurde.

Am Ende des Tages, weit nach Mitternacht, sanken alle erschöpft ins Bett und fielen sogleich in bleiernen Schlaf. Doch schon um fünf Uhr in der Frühe rasselte der Wecker, um sie erneut an die Arbeit zu jagen.

Zwischendurch stahl sich jedes einmal für einige Minuten ins WC, um den Kopf an die Wand zu lehnen und für einen Moment die Augen zu schliessen. Nie lange, denn mit strenger Stimme wurde unten ihr oder sein Name gerufen. Kaum hatte Traugott sich an diesem Tag davongestohlen und gerade den Schlüssel in der Toilettentür gedreht, hörte er schon Grets Stimme im Treppenhaus nach ihm rufen:

»Traugott, komm runter, ein Gast fragt nach dir!«

Traugott ahnte, um wen es sich handelte: Professor Dr. Hans Jürgen Gleich aus Göttingen. Schon im letzten Sommer waren er und seine Frau in der Rose abgestiegen, um die Urner Berge zu erwandern. Durch diesen Gast aus Deutschland war Traugott im vergangenen Sommer, an den Abenden im Garten, nachdem er auf dem Akkordeon Ländlermusik gespielt hatte, zum ersten Mal mit der Wissenschaft der Physik in Berührung gekommen. Der Funke war sofort gesprungen. Traugott hatte Feuer gefangen wie eine Zündschnur, die zur Sprengung eines Felsens verwendet wird. PHYSIK, die Lehre von den Gesetzmässigkeiten der Natur, kam ihm vor wie die Erlösung schlechthin. Der Pfad zum Wissen. Und der Herr Professor kam ihm vor wie ein Prophet. Zwar entging ihm nicht, dass Vater Leonz das deutsche Ehepaar höflich und zuvorkommend, aber ohne seine übliche Herzlichkeit empfing. Kinder bemerken immer mehr, als den Eltern lieb ist. Doch Vaters Vorbehalte hatten diesmal keinen Einfluss auf ihn. Erst nachdem die beiden wieder abgereist waren, fragte er ihn, weshalb er den Professor und seine Gattin nicht mochte.

»Du bist eine Spitznase«, gab sein Vater zurück, »wie kommst du darauf, dass ich den Herrn Professor nicht mag?«

»Es schien mir so.«

»Na, dann behalte diesen Anschein besser für dich. Das fehlte gerade noch, dass du sowas herumposaunst.«

Als Leonz jedoch an jenem Abend zu Bett ging, meinte er zu Josy: »Der Junge ist klug. Er hat sofort bemerkt, dass mir dieser Gleich nicht gefällt. Schliesslich war er im Dritten Reich in der Forschung tätig, wie er mir selber erzählt hat, deshalb wurde er nicht eingezogen. Es passt mir nicht, dass er sich Traugott annimmt.«

»Physik ist die Wissenschaft, die sich mit den Gesetzen der Natur befasst«, hatte Professor Gleich Traugott am Gartentisch bei einem Bier erklärt, »sie erforscht und erklärt die materiellen Körper und ihre Wechselwirkungen in Raum und Zeit. Dabei beobachtet sie Himmelskörper ebenso wie die allerkleinsten Teilchen, aus denen sie zusammengesetzt sind.«

Es muss diese oder eine ähnliche Aussage gewesen sein, die Traugott im Alter von dreizehn Jahren elektrisiert hat. Die plötzliche Vorstellung, dass es Naturgesetze gibt, also Abläufe in der Natur, die sich *gleich* bleiben – Gesetze eben – und deshalb *vorhersagbar* sind, lösten in dem Jungen ein Glücksgefühl aus. In seiner Welt, auf der kein Stein auf dem anderen blieb, wo überall Gefahren und Unwägbarkeiten lauerten, hatte er bis anhin, ausser dem regelmässigen Besuch der Sonntagsmesse und dem täglichen Gebet, noch keine Regelmässigkeiten entdeckt. Klar gab es die Jahreszeiten, die in ähnlicher Form wiederkehrten. Die Pflanzen, die jeden Frühling in ähnlicher Gestalt aus dem

Boden trieben. Die Wetterlagen, die sich glichen. Doch das Bewusstsein, dass von einem Moment zum anderen *alles* der Vergangenheit angehört, dass der Mensch sozusagen dauernd im letzten Atemzug der Vergangenheit existiert, dass einfach rein gar nichts bleibt, versetzte Traugott in den Zustand chronischen Grübelns. Die sensationelle Erkenntnis, dass materielle Erscheinungen von unveränderlichen *Gesetzen* bewegt und verändert wurden, überwältigte ihn. Das Ewige existierte also in Form von Naturgesetzen. Demnach musste es im Chaos eine Ordnung geben, die alle Dinge steuerte. Was für eine Offenbarung! Welch ein Triumph! Als stünde er in einem Tunnel, wo am Ende der Dunkelheit Licht schien, plötzlich wusste Traugott felsenfest, dass Physik seine Berufung war.

Jetzt war Professor Gleich also wieder hier. Schnell versteckte Traugott das Buch über die Physik von Aristoteles hinter der Kiste für Verbandsmaterial und Erste Hilfe und eilte die Treppen hinab, um dem deutschen Gelehrten hoch erfreut und ehrfurchtsvoll die Hand zu schütteln. Im Verlauf des letzten Jahres hatte sich Traugott einige Fragen zurechtgelegt, die er ihm stellen wollte, der Physiklehrer Pater Severinus im Internat hatte sie ihm nicht zufriedenstellend beantworten wollen oder können. Sein brennendstes Interesse galt dem Geist oder der Seele, jenem ungreifbaren, unsichtbaren Stoff, der Körper lebendig macht und sie beim Tod verlässt. Wenn es ein Gesetz zwischen Körper und Geist gab, dann wollte er es verstehen lernen. Erst dann würde er verstehen, was die Welt im Innersten zusammenhielt. Und wofür, wenn nicht zum Verstehen und Lobpreisen von Gottes Schöpfung, war er geboren worden?

Payerne, 16. April 1942

Zwischen 1940 und 1942 wähnte man sich nebst dem Selbstvertrauen ins Réduit National in der Schweiz in zunehmender Sicherheit, da der Krieg sich Richtung Russland und den Balkan verlagerte. Meinte man oder wollte man es meinen? Was die teuflische Hitlerei nur wenige Kilometer entfernt mit den Juden, den Zigeunern, den Behinderten, den Farbigen, den Schwulen und ihren politischen und moralischen Gegnern anstellte, wollte niemand so genau wissen. Was hatte es mit uns zu tun? Was hatte ein fremder Krieg, ein fremdes Schlachten mit uns zu tun? Man machte die Augen zu. Es reichte, sich selber *einigermassen* in Sicherheit zu wähnen. Der Bund beschloss, die Schweizer Wehrmänner grossenteils nach Hause zu entlassen, da sie anfingen, sich in den Aktivgruppen auf die Füsse zu treten. Nach elfmonatigem Dienst war auch Leonz wieder in der Rose zurück. Anfänglich ging er Josy auf die Nerven, weil er sich in Dinge einmischte, die sie während seiner Abwesenheit sehr gut ohne ihn bewältigt hatte: das Einmachen des Gartenertrags, die Lebensmittelmarken für Brot, Teigwaren und Fleisch, das Kochen für Armeeleute, das Rationieren der Heizkohle, das sparsame Waschen, die Bestellungen bei den Bauern, beim Metzger, im Dorfladen, das Reparieren des Kochtopfs, das Einschlagen von Nägeln, das Füttern von Rex (mit Essensabfällen aus dem Restaurant), die Kontrolle der Kinder, das Verschliessen der Fensterläden, die Verdunkelung, das angespannte Radiohören bei Nacht. Josy war nicht so sanft, wie Agnes es gewesen war. Sie wusste sich gegen Leonz' Machtgebahren zu wehren, indem sie wortgewaltig zurückgab. Meist sprach er daraufhin tagelang, manchmal wochenlang nicht mehr mit ihr. Behandelte sie wie Luft. Was sie zur Verzweiflung trieb. Doch erst wenn sie nicht mehr verbergen konnte, dass sie unter seinem Schweigen litt – erst wenn sie fiebrig, das heisst, *schwach* war –, begann er wieder, mit ihr zu reden. So tuend, als sei er der Grosszügige, der ihr vergibt. So tuend, als ob nichts gewesen wäre. Es gab Momente, da hasste Josy Leonz aus tiefster Seele und war froh, wenn er nur fort war.

So auch an diesem Tag. Der Zeissig Franz, dem wegen den Folgen der Vernebelungsaktion das ganze Vieh kläglich verreckt war, weshalb er sich zwei Jahre lang geweigert hatte, weiterhin als Viehzüchter zu arbeiten und sich recht unglücklich als Helfer in einer Bergkäserei das Notwendigste verdiente, liess sich schliesslich von Leonz überreden, zum Viehmarkt nach Payerne zu fahren, um sich ein paar neue Tiere anzuschauen und vielleicht sogar zu erwerben. Der Bund zahlte schliesslich dafür.

Schon am Tag zuvor nahmen Leonz und Franz den Zug Richtung Romandie. Die Reise führte sie während mehr als vier Stunden durch Zug, Zürich, Bern nach Kerzers, wo sie zum letzten Mal im Geruch von Eisen und Staub umstiegen, um endlich im Bahnhof in Payerne einzutreffen. Auf den Hügeln der Broye lag noch Schnee; kalte Luft strömte von dort in die Täler hinab. Die zwei Urner waren nicht die Einzigen; aus allen Kantonen strömten Bauern und Viehhändler herbei, deren Herkunft und Beruf an ihrer Kleidung auszumachen waren. Die Bauern trugen mit Edelweiss und Enzian bestickte Hemden, Federhüte oder Kappen. Die Händler Büroanzug, Mantel und Filzhut. Leonz und Franz übernachteten in einem Gasthof am Rand des Städtchens, in dessen Mitte die imposante Abteikirche, *l'abbatiale,* wie ein Wahrzeichen für Tugendhaftigkeit thronte. Das christliche Gewissen. Beim währschaften Frühstück mit Bauernbrot, Butter, Ei, Speck, Rillettes, Terrine aux truffes, Pâté de campagne, Pâté croûte und Saucisses (das tote Schwein wurde schon damals in zahllose Delikatessen umgewandelt) wurde über die Qualität der verschiedenen Kuhrassen debattiert. Nicht nur in den Salons der Gebildeten, auch bei den Bauern drehte sich der Gesprächsstoff um Rassen und deren guten und schlechten Eigenschaften. Das Simmentalervieh zum Beispiel, starke Tiere mit karamell-braunem Körper, gefransten Pelzohren und mondhellem Kopf mit einem albino Wimpernkranz über den Kuhaugen, war in den Kantonen Bern, Fribourg und Waadt am häufigsten vertreten. Auf dem Markt standen die schwerfälligen Wiederkäuer zwischen ihren Kuhfladen in Gehegen und glotzten gutmütig. Einige Exemplare waren mit Blumenkränzen geschmückt; prächtige Alpköniginnen, die besonders viel Milch hergaben, verliehen dem Markt trotz des Geruchs von verbranntem Menschenfleisch, der sich von Norden her bis in die Schweiz hinein verbreitete, etwas Festliches. Da und dort stampfte und zerrte ein isolierter Stier an seiner Stange; düstere Munis mit einem Metallring in der Nase. Auch Schweine wurden feilgeboten, pinke, schwarze, getupfte, borstige. Massige Leiber mit kurzen Beinen und rosa Schnauzen und Ohren. Es grunzte, schnaubte, muhte, furzte, rasselte und rülpste. Auf dem glitschigen Boden lagen Heu und Gülle. Leonz und Franz bahnten sich einen Weg durch die Menge, wo sich auch Frauen und Kinder tummelten. Mitten im Trubel sang eine magere junge Frau in einer Tracht *Am Himmel staht es Sternli' z'Nacht*. Ein junger Mann begleitete sie auf der Handorgel, vor seinen Füssen ein Hut, in dem im Morgenlicht einige Fünf- und Zehnräppler glänzten.

»Jetzt bringen sie diese ausländische Musik schon bis nach Payerne«, bemerkte ein Deutschschweizer zu seiner Begleitung.

»Mir gefällt's«, tönte sie zurück. Leonz musste an Traugott denken, der ein begeisterter Handörgeler war, begeistert vom amerikanischen Swing und Jazz.

Am Rand des Platzes stiessen die beiden Urner auf einen Schwyzer Händler mit Braunvieh. Elegante Hörner krönten ihre Kuhhäupter. In ihren Gesichtern summten grünschillernde Fliegen, die sie durch Ohrenschlagen zu vertreiben suchten. Obwohl in einem Gitter daneben die widerstandsfähigen Eringerkühe angeboten wurden, zähe, bullige Vierbeiner mit schwarzen Köpfen und rostrotem Pelz, die sich in den Walliser Bergen gut behaupteten, bevorzugte der Zeissig Franz die ihm vertraute Rasse Braunvieh. Deren Originale waren im 15. Jahrhundert im Kloster Einsiedeln aus Pfahlbaurindern gezüchtet worden. Das Braunvieh war ihm vertraut. Das kannte er. Tränen traten dem alten Franz in die Augen, als er eine Kuh zwischen den Augen kraulte, während ihre raue Zunge nach ihm schlabberte und ihr pelziger Nasenrücken ihm einen Stoss verpasste. Für einen Moment kam es ihm vor, als wären seine verendeten Tiere, ds'Lotti, d'Bruna, d'Fiona, wieder auferstanden und alles Schreckliche, was er während ihrem Dahinsiechen mitangesehen hatte, sei nichts als ein Alptraum gewesen. Wer erträgt schon die düstere Wirklichkeit? Das Siechen, Verderben und Darben, das Getrenntwerden, den Verlust, die Auflösung? Wer hält das aus? Schmerz muss umgedacht, umgeschrieben, verdrängt und vergessen werden, wenn Zuversicht herrschen soll. Totes muss durch Lebendiges ersetzt werden, will man sich nicht wie ein Container voller Kompost durch die Tage schleppen.

»Ein prächtiges Tier«, ertönte die Stimme eines korpulenten Mannes neben ihnen. Er war elegant gekleidet, mit einem weissen Poschettli in der Brusttasche und einem beigen Regenmantel über dem Arm.

»Meinen Sie?«, erwiderte Franz benommen.

»Es hat ein gesundes Flotzmaul und kräftige Zähne. Der Rücken ist stark, die Beine gerade. Es ist noch jung, das erkennt man an seinen Augen.« Sanft stocherte er mit seinem Stock in die Flanken des Tiers.

»Wir kennen uns doch«, stellte Leonz sich dazu, »grüezi«, er reichte ihm die Hand, »wir waren im letzten Sommer zusammen im Militärdienst. Erinnern Sie sich?«

»Wie könnte ich nicht?«, gab der Mann höflich, aber offensichtlich unangenehm berührt zurück. »Kaufen Sie diese Kuh«, wandte er sich rasch wieder Franz zu, »Sie werden Freude an ihr haben. Grüss Gott.« Er lüftete den Hut und ging weiter. Als wäre er in Eile.

»Ein Berner«, murmelte Franz.

Als Telefönler war Leonz im letzten Sommer während einem Sondereinsatz in Basel Zeuge geworden, wie der Mann von anderen Schweizer Soldaten provoziert wurde. Den Pöbeleien entnahm er, dass er Jude war. Leonz verstand sich selber als Katholik, der die Lehre Jesu von der Nächstenliebe auf pragmatische Art und Weise ernst nahm. Nicht zuletzt, weil er von seinem unglückseligen Vater gelernt hatte, wie ein würdiger Mensch *nicht* handeln sollte, war er gegen die dreisten Angreifer dieses Mannes vorgegangen. Vielleicht zu weit, aber diese verfluchten Nestbeschmutzer und Antichristen brachten ihn zur Weissglut. Sie weckten in ihm den Kampfinstinkt. Verdammtes Frontisten-Pack, das dulden wir hier nicht! Nicht in der Schweizer Armee! Im Nachhinein hatte ihm sein Verhalten einen Rüffel vom Unteroffizier eingebracht. Den hatte er mit stummer Verachtung ins eine Ohr hinein und ins andere hinausgelassen. Prinzipien. Denen blieb er treu, auch wenn die ganze Welt zum Teufel ging.

Am späteren Nachmittag hatte sich Franz für drei Kühe entschieden. Ein Neuanfang war gemacht. Ein Transporter würde die Tiere nach Altdorf in den leeren Stall bringen, von wo sie im Sommer mit den Sennen den Alpaufzug auf den Urnerboden mitmachen würden. So Gott wollte.

Zwei Wochen später, am Tag, an dem die Tiere beim Zeissig Franz eintrafen, wurde am Radio und in Zeitungen die Vermisstmeldung eines Berner Viehhändlers durchgegeben. Zuletzt war er auf dem Viehmarkt in Payerne gesehen worden. Leonz, der während dem Mittagessen immer Nachrichten hörte, ahnte sofort Ungutes. Noch mehr. Er sah den stattlichen Berner mit dem weissen Pochettli im Brusttäschchen vor sich. Sein gestrafftes Auftreten, das zurückhaltend wirkte. Kommt mir nicht zu nahe. Als läge ein Fluch über allem. Als hätte eine unaufhaltsame Zerstörung und Verstümmelung der Rechtschaffenheit Überhand gewonnen; frass und frass und frass es die kümmerlichen Seelen der Menschen auf. Eine nach der anderen.

»Grosser Gott, mein Heiland, Herr über alles, erbarme dich unser! Erlöse uns von dem Bösen!« Solche und ähnliche Bitten wiederholte Leonz im Stillen wie ein Mantra. Ein Ring aus Worten, an dem er sich seelisch knapp über dem Abgrund hielt. Da waren schliesslich die Kinder. Man durfte sich nicht gehen lassen. Nicht aufgeben.

Altdorf, Staatsarchiv, Juni 2021

In einer flachen Schachtel, auf die Traugott mit seiner typischen Handschrift mit Bleistift »Vati« geschrieben hat, finde ich vergilbte Briefe, Zeitungsartikel und eine Menge schwarzweisser Fotografien mit gezackten Rändern. Ich breite alles vor mir auf dem Tisch aus und ordne sie auf verschiedenen Beigen. Es herrscht Ruhe im Gebäude, die meisten Mitarbeiter sind abwesend, auch der Chef. Nur im Büro nebenan arbeitet ein Archivar an der Geschichte des Urner Turnvereins. Einmal steckt er den Kopf zur Tür herein und fragt, ob er sich meinen Bostitch ausleihen dürfe, seiner sei gerade kaputt gegangen. Sonst sitze ich allein im Büro des Staatsarchivs mitten in der Reussebene. Flankiert von den Urner Alpen, auf deren Spitzen noch Schnee liegt. Vor meinem Fenster grünt eine Linde, sanft bewegen sich ihre Äste im Wind. Gedankenverloren betrachte ich die verschiedenen Helgeli, vergilbten Andachtsbildchen mit schwarzweissen Passfotos von Leonz' Schwäger, Brüder und Schwestern beziehungsweise von Traugotts Tanten und Onkeln. Auch die Gedenkkarte an Josy liegt darunter; wie ihre Schwester starb auch sie an der Zuckerkrankheit. Traugott war zweiundzwanzig Jahre alt und hatte an der ETH in Zürich sein Physikstudium begonnen, als seine zweite Mutter der Krankheit erlag und sein Vater Leonz zum zweiten Mal Witwer wurde.

Gedenket in betender Liebe
Frau J. Z.-N.
Rosen-Wirtin, 1. Okt. 1895 bis 12. Jan. 1957

Wie traurig ist's in einem Haus,
Wo man die liebe Mutter trug hinaus,
Wo jenes Herz voll Liebe fehlt,
Das Gross und Klein mit Glück beseelt.
Ach, wo kein Mutteraug' uns grüsst,
Kein Mutterherz den Schmerz versüsst,
Da ist das Haus so öd und leer,
Dass keinem es ein Heim mehr wär'.
Sie suchte einzig Gottes Willen
Und ihrer Nächster Glück und Freud.
Nicht auf ewig sind wir ja geschieden,
Trennungswunden bluten nur hienieden.

Herr, gib ihr die ewige Ruhe, und das ewige Licht leuchte ihr; lass sie ruhen in Frieden. Amen. Heiligstes Herz Jesu, ich vertraue auf dich!

In einem Halbkreis lege ich die Helgeli vor mir aus. Ich entdecke auch das Bildchen von Walter B., Vaters Lieblingscousin, der 1949 im Urnersee ertrank. Es sind freundliche Gesichter mit harmonischen Zügen. In einer Sechzigstelsekunde auf ein schwarz umrandetes Kärtchen gebannt. Geistern gleich blicken sie aus den Fotografien, das Lächeln oder Lachen, das ihre Lippen formt, lautlos erstarrt. Keine dieser Personen habe ich zu Lebzeiten erlebt, nur schon von der einen oder anderen gehört. Von ihrem Gottvertrauen, ihrem Fleiss, ihrem Leid und ihren Freuden. Alle hatten sie viele Kinder gehabt, von denen Krankheiten, Berge, Flüsse und Seen sie ihnen viele viel zu früh entrissen hatten. Ohne diese Leute gäbe es mich nicht, sässe ich jetzt nicht hier am Tisch im Archiv und würde mir überlegen, was mich mit ihnen verbindet: Gene, Gewohnheiten, Geschichten, vielleicht sogar Geheimnisse? Der Urner Arzt Eduard Renner schrieb in *Ring über Uri,* dass die Urner Familien die Bildchen ihrer verstorbenen Angehörigen um den Esstisch herum aufstellten oder an die Wand hefteten, damit der Kreis der Familie erhalten blieb. Denn der Kreis der Familie war heilig. Nicht einmal der Tod konnte ihn brechen.

Als Nächstes kommt mir eine vergilbte, an den Rändern ausgefranste Seite, Blatt 7, einer Ausgabe der *Neuen Zürcher Zeitung* in die Hand. Sie ist auf den 22. Februar 1943 datiert. Die Buchstaben sind in altdeutscher Schrift, doch ich kann sie lesen. Es geht um Beschlüsse des Zürcher Kantonsrats über das kantonale Lohnamt, zum Baugesetz, einen Voranschlag der Gebäudeversicherungsanstalt und andere Alltäglichkeiten. Unter *Militärisches* wird nebenbei in sieben Zeilen ein grosses Truppendefilee in Genf angekündigt. Doch mein Augenmerk fällt auf *Ernst Jünger und die Problematik der Gegenwart:*

»(...) *Wohl findet Jünger, der aus deutschen Einsichten urteilt, eine Gesellschaftsordnung vor: die bürgerliche, doch sie ist zersetzt und in erster Linie aufgelöst im Geistigen, weil der Geist des Menschen selbst atomisierend geworden sei. Das Bewusstsein, die Bewusstheit des Menschen hat eine maximale Höhe erreicht, und dieser damit sich jeder Naivität begeben – es ist ja der Geist, der sich selbst ins Leben schneidet und der der Widersacher der Seele ist. Eine solche Haltung, der nichts selbstverständlich ist, kennt keine Symbole, ihr wird alles relativ. Was sich ihr entgegenstellt, wird gedacht, analysiert, rubriziert und ins eigene Weltbild einbezogen, und damit unschädlich gemacht. Nun sucht Jünger die Gegeninstanz, die sich auf diese verdauende Weise nicht unschädlich macht; sprengt, denn sie muss vernichtet werden, auf dass der Mensch wieder innerhalb einer hermetisch geschlossenen Welt sich geborgen befinde und nicht zugleich – mit reflektieren-*

dem Bewusstsein – auch ausserhalb ihrer Grenzen und damit nirgends beheimatet sei. (...)«

Der Geist als Widersacher der Seele? Meinte er mit Seele ein moralisch unversehrtes Wesen, mit dem wir geboren werden? Der Funke des Göttlichen? Sind wir Seelenlose geworden? Sind wir getriebene Gehirnorgane, die wie Früchte über dem Abgrund hängen, am Ende fallen und in Millionen Partikel zerplatzen? Ach, ich bin müde. Mein Rücken schmerzt vom langen Sitzen. Ich stehe auf und gehe zur Toilette. Dort wasche ich mein Gesicht mit kaltem Wasser und dehne meine Glieder. Im Spiegel treffe ich auf eine Fracht Erinnerungen. Mir wird schwindelig, ich muss auf die Toilette sitzen. Erinnerungen. Unser Schatz, aber auch unser Klotz am Bein. Riesige Tempel für sie, riesige Archive, Bibliotheken und Online-Datenbanken. Dabei erinnern wir uns, als würden wir einen Film anschauen. Als Betrachter von inneren Bildern, die mit guten oder schlechten Gefühlen behaftet sind. GEFÜHLE. Sind die Gefühle das Problem?

Auf dem Zeitungsblatt finde ich in der rechten Spalte noch etwas über einen Mordprozess:

Genf, 21. Febr. (korr.) Der Kriminalfall, der während sechs Tagen das Schwurgericht von Payerne beschäftigte, hat politische Elemente und Elemente eines gemeinen Raubmordes in sich vereinigt. Zum besseren Verständnis sei ganz kurz der Tatbestand in Erinnerung gerufen: Am 16. April des vergangenen Jahres wurde von den Angeklagten unter dem Vorwand eines angeblichen Geschäftes der 61-jährige Bernische Viehhändler A. B., der wie gewohnt den Markt in Payerne besucht hatte, in eine Scheune gelockt und dort mit einer Eisenstange niedergeschlagen und mit einem Revolverschuss in den Kopf getötet, wobei sich die Täter der 4000 Franken bemächtigten, die das Opfer auf sich trug. Um die Spur des Verbrechens zu verwischen, zerstückelten die Mörder die Leiche und warfen die abgetrennten Glieder, die auf drei Milchbehälter verteilt wurden, in den Neuenburgersee, wo man sie später auffand (...).

War der Mörder einst ein Kind, das beim Spielen vom Morden träumte? Wurde er mit einer Mörderseele geboren? Wie jener Serienmörder, der schon als Knabe kleine Friedhöfe für seine getöteten Insekten, Schnecken, Salamander und Blindschleichen anlegte, während die anderen Jungs zusammen Fussball spielten? Ist der Mörder der Skorpion mit dem Stachel? Wo manifestiert sich sein Stachel? Im Genom? Im Hirn? Im Herz? In den Händen? Oder in der Gelegenheit?

In einem weiteren Blatt – es scheint eine katholische Monatsausgabe aus der Innerschweiz zu sein, aus dem Jahr 1998, finde ich einen kleinen Beitrag, der mit Rotstift umrandet ist:

> *Gebet für die Juden*
> *Früher beteten die Katholiken am Karfreitag in den »grossen Fürbitten« auch für die Juden. Was haben die Juden getan, dass wir nicht mehr für sie beten? Zur Erinnerung hier das Gebet: »Lasset uns auch beten für die Juden: Gott, unser Herr, möge den Schleier von ihren Herzen wegnehmen, auf dass auch sie unsern Herrn Jesus Christus erkennen. Allmächtiger ewiger Gott, Du schliesst auch die Juden nicht aus von Deiner Erbarmung: Erhöre unsere Gebete, die wir ob der Verblendung jenes Volkes vor Dich bringen; mögen sie das Licht Deiner Wahrheit, das Christus ist, erkennen und ihrer Finsternis entrissen werden.« SB 16/1998*

Was haben die Juden getan? Mir bleibt die Spucke weg. Die Verblendung jenes Volkes? Und das im Jahr 1998. Dreiundvierzig Jahre nach der systematischen Ermordung der europäischen Juden. Hundertachtundreissig Jahre nach der ersten Besprechung von Darwins *On the Origin of Species*. Wer ist hier verblendet? Und wer ist der Blender? Warum ist der Text rot markiert? Aus Empörung oder um ihm Nachdruck zu verleihen? Traugott muss sich damit befasst gehabt haben. Ein weiterer Zettel liegt in der Nähe. Traugott Z. hat darauf am 11. Oktober 1970, also im Alter von 35ig, mit Schreibmaschine einen Text getippt. Gibt er Auskunft darüber, wie er in dieser Frage gedacht hat?

> *Das Wort ist das Salz der Seele.*
> *Ganzer Mensch und einseitige Bildung schliessen sich aus.*
> *Hoffnung allein ist schon eine Art des Gottesbeweises; denn könnten wir ohne den Anstoss von Innen hoffen?*
> *Wir sind zu jung für unsere Zeit; wir sterben also auch zu jung, wiewohl wir älter werden als früher. Mir scheint, als verhindere unsere Zeit, dass wir erfahren werden.*
> *Wir sind Jetztmenschen, denen das Gefühl für die Dauer fehlt, und somit für die Beständigkeit von Anstand, Moral und Mitgefühl.*

Silenen, Uri, April 1886

In der holzgetäferten Stube mit der tiefhängenden Decke sassen Leopold K. und seine jüngere Schwester Sophie, die gerade zwanzig geworden war, am Tisch. Sophie strickte Socken aus Schafwolle, die sie selber gesponnen hatte. Leopold brütete bei Kerzenlicht über einem Inserat im Urner Wochenblatt. Im Nebenzimmer schliefen Sophies Kinder, s'Elsbethli vier, und s'Käthie fünf Jahre alt, unter einer karierten Federndecke. Deren Vater oder gar deren Väter waren ein Geheimnis. Ob ein Knecht, ein Wanderer, ein Junge im Dorf oder gar der Bruder, vielleicht sogar der eigene Vater das Mädchen mit den grünen Augen, dem sinnlichen Mund und den blonden Locken geschwängert hatte, wussten nur diejenigen, die dabei gewesen waren. Und diese schwiegen. Draussen stürmte es heftig. Es regnete wie aus Kübeln und im oberen Stock tropfte Wasser durch eine undichte Stelle im Dach in einen Kessel. Plitsch, platsch, plitsch, platsch. Das Holzhaus ächzte. In einer verbeulten Pfanne über einem Kohlenfeuer im Herd kochte Wasser. Der Rauch brannte in den Augen. Das Aprilwetter draussen war so kalt wie der Kachelofen in der Stube. Sophie hatte einen dicken Wollschal um sich gewickelt, an den Handgelenken trug sie Pulswärmer, die bis über die Fingerknöchel reichten. Leopold trug Jacke und Hosen aus grobem Loden. Langsam und holperig, er war ungeübt, las er aus der Zeitung vor:

AUSWANDERERN
diene zur Nachricht, dass ich in der Folge grosser Preisermässigung Passagiere ab Basel zu Fr. 140 nach New York; zu Fr. 350 nach San Franzisko unter Zusicherung bester Beförderung annehmen kann.
In diesem Preis ist, ausser Kost auf den amerikanischen Bahnen, von Basel aus ALLES inbegriffen.
Von New York aus reisen die Passagiere mit der bekannten bestrenommirten Pennsylvania-Eisenbahn bis nach Chicago, von dorten per Union Pacific-Bahn nach San Franzisko.
Diesen und nächsten Monat reisen jeden Freitag ab Basel grössere Gesellschaften, wobei mehrere Urner aus verschiedenen Gemeinden nach den Staaten Virginia, Wisconsin und California, jeweilen unter Begleitung bis auf's Schiff.
Wer die günstige Gelegenheit der gegenwärtig so billigen Preise noch benutzen will, melde sich baldigst an den concessionirten Agenten:
Franz Infanger, Gemeindeschreiber Flüelen, der Firma Louis Kaiser in Basel, General Agent der Red Star Line.
NB. Für gute und reelle Beförderung zu obigem Preis haftet die beim h. Bundesrathe deponirte Kaution von Fr. 40.000.

Breitbeinig sass Leopold auf der Bank und hielt mit gerunzelter Stirn die brennende Kerze über die Zeitung, so dass der Wachs über die Wörter tropfte. Sophie erhob sich und goss das siedende Wasser in einen Krug mit getrockneten Lindenblüten. Aus dem Geschirrschrank holte sie eine fast leere Flasche Schnaps und goss den Rest in Leopolds Glas. Eine Weile herrschte Stille, die nur durch das Tropfgeräusch im oberen Stock und das Gieren der Balken im Wind gestört wurde. Eines der Kinder redete undeutlich im Schlaf.

»Das wär's«, murmelte Leopold. Lehnte sich an die Wand und nippte am Schnaps, während sein Blick durch Nöte, Hauswände und Berge hindurchging und sich in den Weiten Amerikas verlor. AMEERIKA. Allein der Name liess sein Herz jagen. Am liebsten wäre er sofort aufgesprungen, hätte sein Werkzeug in den Ranzen gepackt und los. Er atmete tief ein und aus, während sein Blick auf Sophie ruhte, die ihm auswich.

Vor vier Wochen hatten die beiden ihren Vater, Josef Maria K., auf dem Friedhof beim *Chileli* begraben. Nach monatelangem Leiden infolge eines Hirnschlags, der ihn einseitig gelähmt und des Sprechens beraubt hatte, schloss er nach einer Lungenentzündung für immer die Augen. Eine Erleichterung, was jedoch niemand aussprach. Für Sophie war es sehr anstrengend gewesen, ihm täglich mit Seifenwasser seine Exkremente abzuwischen und ihm saubere Hosen über die störrischen Beine zu ziehen. Nicht nur, dass der Gestank unerträglich und sein Körper verdammt schwer gewesen war, er hatte mit seinem intakten Arm auch noch jedesmal auf sie eingedroschen und dabei seltsame Schreie ausgestossen. Eine Plage. Doch Sophie war sich nichts anderes gewöhnt, als hart zu arbeiten. Seit dem frühen Tod ihrer Mutter war sie bis zur Geburt ihrer ersten Tochter das einzige weibliche Wesen im Haus der zwei Männer gewesen. Die endlose Hausarbeit, das Putzen, Kochen, Flicken, Nähen, Stricken, Gärtnern, Butterschlagen, Gemüseeinmachen, Heuen und Füttern der Lämmer lastete auf ihr wie das Kreuz auf Jesus. Sie diente Vater und Bruder, etwas anderes kannte sie nicht. Gottes Wille. Als sie mit fünfzehn zu Hause die winzige Elsbeth gebar, standen die beiden wie eine Schutzwand zwischen ihr und den Leuten im Dorf, die sich natürlich darüber den Mund zerrissen. Vielleicht sei sie ja eine unbefleckte Heilige – eine Purificacion, wie jemand, der einmal von einem spanischen Wunder gehört hatte, zu wissen meinte. Es wurde böse geredet und gespottet. In jedem Fall handelte es sich um eine Sünde, wer immer das Kind geschwängert hatte. So oder so. Aber wie das so ist mit Skandalen und Skandälchen, mit der Zeit gibt es davon neue und man gewöhnt sich an die alten. Sie verlieren an Brisanz. Aufregend ist nur das Neue. Als die schöne Sophie mit ihrem Baby ins Dorf zum Markt kam, wurde sie anfänglich gemieden und mit eisigen Blicken bestraft. Doch mit der Zeit spürte die eine und der andere auch Mitleid mit der jungen Frau und irgendwann begann man sie und ihr Kind wieder zu grüssen. Denn etwas musste man den Urnern zu Gute halten: Sie waren gottesfürchtig und wussten, dass es Kräfte gibt, die jede und jeden treffen konnten, so unschuldig und fromm sie auch waren.

Weil die Urner sich bis zu Beginn des zwanzigsten Jahrhunderts gegen die Industrialisierung in ihrem Kanton wehrten (wer wollte sein Seelenheil verlieren in einer Halle voller dröhnender Maschinen? wer wollte für Geld seine Seelenruhe verkaufen?), konnten sie mit den protestantischen Ortschaften, die rasch auf den Zug aufsprangen, nicht mehr mithalten. Die zunehmende Arbeitslosigkeit und das Hintertreffen beim Wettbewerb um die Produktion von Gütern führten in der Urschweiz zu grosser Not, schliesslich zu Hunger und Elend. Doch die Urner hielten stur daran fest, freie und naturverbundene Menschen zu bleiben, die lieber viele Kinder zeugten, als mit der Zeit zu gehen, wie sie meinten.

Die Geschwister Leopold und Sophie K. besassen zwar ein rechtes Stück Land, das sie beackern konnten, sowie ein grosses Schindelhaus mit anliegendem Stall und Vieh, doch sie erzielten damit nicht mehr genügend Einnahmen, um sich selbst sowie Haus und Hof in Schwung zu halten. Die Leute konnten sich nichts mehr leisten. Armut breitete sich im Reusstal aus wie Schimmelpilz. Abgesehen davon verspürte Leopold einen Drang in der Brust, ein schmerzhaftes Reissen. Er fühlte sich eingesperrt. Und doch wäre es unmenschlich, Sophie und die Kinder ohne Schutz zurückzulassen.

Immer mehr Männer und Frauen verliessen Uri, um ihr Glück im fernen Amerika zu suchen. Von vielen kam keine Nachricht zurück und von einigen hörte man phantastische Erfolgsgeschichten.

Leopold seufzte, es klang verärgert.

»Wenn du gehen willst, geh«, sagte Sophie zaghaft, »ich schaffe es schon.«

»Wir reden nicht mehr davon«, entgegnete Leopold, »ich gehe jetzt in den Stall.« Mit einem Ruck zog er die Haustüre hinter sich ins Schloss. Der Regen peitschte noch immer die Zweige des Haselnussstrauchs an die Scheiben.

Flüelen-Zeissig, November 1898

Sechzehn karge Jahre gingen ins Urnerland, bis Leopold K. Karl Maria Z., genannt Kari, im Schuppen, der zum Haus der Gislers gehörte, aufsuchte, um ihm einen schicksalshaften Vorschlag zu unterbreiten. Sophie war inzwischen sechsunddreissig, ihre Tochter Käthie neunzehn und Elsbeth einundzwanzig. Beide verlobt. Käthie, deren Schönheit ihrer Mutter in nichts nachstand, hatte bei ihrer Arbeit am Kiosk im Bahnhof Flüelen den italienischen Bauingenieur Regazzoni, der am Gotthardtunnel arbeitete, kennen gelernt; man murmelte, er stamme aus einer aristokratischen Familie. Regazzoni hatte sich in sie verliebt und um ihre Hand angehalten. Die ebenfalls hübsche und lustige Elsbeth fand ihren Mann, einen Gärtnermeister, in Genf, wo sie bei reichen Leuten als Hausmädchen diente. Den Vater der beiden Jungfrauen hatte Onkel Leopold ein für allemal für tot erklärt und sich als dessen Stellvertreter vorgestellt. Seine Pflicht war erfüllt. Freiheit winkte.

Leopold fand Kari in der Werkstatt. Die Gislers liessen ihn dort kostenlos sein Handwerk verrichten. Im Gegenzug half er ihnen bei den kleinen und grossen Renovationen und Reparaturen in Haus und Hof. Kari war bekannt dafür, ein Aufschneider zu sein, aber auch dafür, für viele technischen Probleme eine Lösung zu finden. Als eines von zwölf Kindern einer armen Bergfamilie stach er früh aus der Kinderschar heraus. Er war gewieft, hatte ein Mundwerk wie eine Rasierklinge und beschaffte sich schon in der Jugend auf unterschiedlichste Weise bei den Reichen im Tal elegante Kleider, die jene nicht mehr tragen wollten. So sah er in seinen einer Uniform ähnlichen Anzügen und den glänzenden Stiefeln schneidig aus, sein stets gezwirbelter weizenblonder Schnurrbart setzte der Erscheinung die Krönung auf. Seine Augen waren so hellblau wie der Urner Himmel an einem Föhntag, und sein gewelltes blondes Haar verlieh ihm etwas Unschuldiges und Treuherziges. Jedenfalls brachte er seine Fähigkeiten gut unter die Leute: einmal als Fleischbeschauer, einmal als Brunnenmeister oder als selbsterlernter Schreiner und Dachdecker. Nicht zuletzt wusste er, Bilderrahmen zu restaurieren und alte Gewehre zu Jagdstutzen umzubauen. Das alles ermöglichte ihm ein rechtes Durchkommen. Doch eigentlich zog er es vor, auf angenehmere Art Geld zu verdienen. Des Öfteren traf man ihn abends in einer Kneipe, hinter der geschlossenen Tür eines Jass-Zimmers, wo er mit einem Gläschen Wein in der Hand kleine Beträge aufs Spiel setzte. Manches Mädchen im Tal träumte von Kari und verbarg in seinem Herzen eine heisse Schwärmerei für ihn. Doch Kari hatte grössere Pläne. Das Urnerland war ihm zu eng. Zu viele Berge standen ihm im Weg. Zwar war er einer aus dem Urner

Volk, doch lockte ihn die Welt jenseits der Alpen. Er sehnte sich nach Abenteuer, nach Unvorhersehbarem, nach etwas, das ihn zu überraschen vermochte. Nach Gefährlichem. Einfach eine brave Innerschweizerin zu ehelichen und mit ihr Kinder zu zeugen, um dann lebenslang für alle zu schuften, immer das Wasser der Armut am Hals, schien ihm zu eintönig, um nicht zu sagen, unter seiner Würde. Denn Kari fühlte sich zu Höherem berufen, obgleich er keine Ahnung hatte, was dieses Höhere hätte sein können. Alles, nur nicht das Gewöhnliche, das Vorhersehbare.

Bis zur Beendigung des Gotthardtunnels hatte er ab und zu noch als Postbote und Nachrichtenüberbringer zwischen Airolo und Göschenen gewirkt. Zuletzt war er bis 1882 zwischen den Bauleitern im Norden und jenen im Süden hin und her geeilt. Diese Gänge waren inzwischen überflüssig geworden, wie auch die traditionelle Gotthardpost und mit ihr zahllose Stellen und Aufgaben, die die Bewohner der Alpenregion ernährt hatten. Briefe, Eilbriefe und Pakete wurden seit der Tunneleröffnung nicht mehr auf der beschwerlichen Strecke über den Gotthard transportiert, sondern sausten in einem Postwaggon direkt zu ihrem Verteilzentrum. Kari kümmerte das nicht, es war die Eisenbahn, die es ihm angetan hatte. Oft wartete er auf das Eintreffen des Gotthardschnellzugs im Bahnhof Flüelen, nur um das dampfende, stampfende, zischende Ungetüm der Lokomotive zu erleben, deren Wucht ihm wie ein Beben durch Mark und Bein ging. Eines Tages, so schwor er sich, eines Tages würde ihn diese Höllenmaschine von hier fortbringen.

Der längste Tunnel der Welt hatte viele Opfer gefordert. Menschenfleisch, das der Berg abverlangt hatte wie einen Strafzoll für die gigantische Verletzung, die man seinem Granitkörper zufügte. Kari war zufrieden damit, dass ein Quentchen seiner Existenz in dieses Dynamitwunder eingegangen war. Die Männer, die sich dafür aufgerieben hatten, waren zwar Helden, doch fand er, sie hätten einen zu hohen Preis bezahlt, um nicht zu sagen, sie seien verheizt worden.

Als Sophies Bruder Leopold an diesem späten Nachmittag nun bei ihm aufkreuzte, war er gerade dabei, den zerkratzten Schaft eines Jagdgewehrs abzulaugen. Seine Finger waren klebrig und schmutzig.

»Tag.«

»Tag.«

»Ich komme, dir ein Angebot zu machen«, fing Leopold nach einem lauten Räuspern an.

»Nur zu«, erwiderte Kari, ohne von seiner Arbeit aufzublicken.

»Du weisst, ich habe eine Schwester.«

Kari zog die Brauen hoch.

»Wie wär's, wenn ihr euch mal treffen würdet?«

»Warum?«

»Sie könnte dir gefallen«, Leopold räusperte sich nochmals.

»Was führst du im Schild?«, Kari schaute skeptisch auf.

»Komm, ich lade dich zum Essen ein und erkläre dir alles.«

Bald darauf sassen die beiden in der Dorfwirtschaft »Italia« bei einem Glas Chianti. Seitdem mit dem Bau des Gotthardtunnels begonnen worden war, waren Tausende Italiener ins Urnerland gekommen, um ihre Kraft und Ausdauer am Granit zu messen. In Dreck. Hitze. Gestank. Schmutzwasser. Staub und giftigen Gasen. Im fahlen Licht von Laternen und Tunnellampen hatten die Männer mit Bohrmaschinen und Dynamitsprengungen sich schrittweise durch das Gestein gekämpft. Viele wurden dabei erschlagen, zerquetscht oder überrollt. Viele erkrankten tödlich. Viele fristeten in der Folge den Rest ihres Daseins als Krüppel. Doch der hohe Tribut an Menschenkraft und Seelenheil wurde den Göttern der Mobilität widerstandslos erbracht. Denn nichts hält den Menschen auf, wenn er eine Möglichkeit sieht, schneller voranzukommen, die Welt, ja sogar das Weltall zu bereisen, zu erkunden und sich untertan zu machen. Der Drang, sich zu bewegen, den Horizont zu erweitern, neue Ortschaften zu entdecken. In provisorisch gebauten

Zelten und Baracken hatten die Arbeiter nachts ihre schmerzenden Glieder auf einer Pritsche zur Ruhe gelegt. Ihr Gewinn war das Geld, das sie ihren Familien heimsandten. Der Stolz, an diesem Jahrhundertwerk mitzuwirken. Die Kameradschaften und schliesslich der Teller dampfender Spaghetti Napoli und Bolognese, Lasagne und Risotto oder die Pizza al forno, die sie nach getaner Arbeit heisshungrig verschlingen durften, was sie an die Wärme und Geselligkeit ihres Landes erinnerte. Die Nachfrage nach italienischer Kost war derart gestiegen, dass noch vor der Jungfernfahrt der Gotthardbahn Pizzerien und italienische Ristoranti im nördlichen Alpenland Einzug hielten, um fortan zu bleiben wie auch die Sehnsucht nach dem Süden.

Leopold hatte Kari absichtlich zum Italiener gebracht. Der italienische Wein und ein Teller heisser Safranrisotto mit Steinpilzen und Parmesan würden seine Laune bestimmt heben und ihn zugänglicher machen.

»Die Italiener können kochen«, sagte Kari und tupfte sich mit einer weissen Serviette die Mundwinkel ab. Eine Geste, die er bei den Mehrbesseren abgeschaut hatte. »Schiess los, was willst du?«

»Hör mal«, begann Leopold vorsichtig, »ich gehe nach Amerika.«

»Aha! Da möchte ich auch hin!«

»Ja, aber das kostet eine Stange Geld. Hast du welches?«

»Wenn ich Glück habe, gewinne ich heute Abend einen rechten Batzen.«

»Ich möchte dir einen anderen Vorschlag machen.«

Kari hielt den Kopf schief und wartete, während er auf das Glas schaute, in dem er sachte den Wein schwenkte.

»Sophie braucht einen Mann – zum Heiraten.«

Kari grinste anzüglich: »Ho ho! Wie viel bezahlt Ihr?«

Leopold hatte sich alles gründlich überlegt, deshalb antwortete er gelassen wie ein Geschäftsmann, der sich seiner Sache sicher fühlt.

»Wir verkaufen einen Teil vom Land und das meiste Vieh. Aus dem Gewinn schliessen wir eine Lebensversicherung ab, die dich begünstigt, sollte mir etwas zustossen. Du übernimmst das Haus, solange ich weg bin. Komme ich in der Fremde um, gehört es dir. Schaffe ich es aber, heil zurückzukommen – mit einem Beutel voll Geld, versteht sich – werde ich dich zum Teilhaber des Hotels machen, das ich bauen werde. Flüelen braucht endlich ein grosses Hotel. Alles wird vertraglich geregelt und vom Notar visiert. Es kann nichts schief gehen. Du bleibst in jedem Fall ein Gewinner. Zudem ist Sophie eine schöne, arbeitsame Frau und ihre beiden Töchter sind demnächst unter der Haube, sprich, raus aus dem Haus.«

Kari war verdutzt, das hatte er nicht erwartet, eigentlich hatte er nur einen Witz machen wollen. Nachdenklich strich er sich über den Bart.

»Wie kommst du gerade auf mich?«, fragte er ganz baff.

»Du bist noch Junggeselle, bist im richtigen Alter und hast nicht viel auf der Kante. Bist zwar manchmal ein bisschen übermütig, aber ein pfiffiger Kerl. Frau und Heim werden dir guttun.«

»Und wenn sie mir nicht gefällt?«

»Das kann ich mir nicht vorstellen.« Leopold legte eine Studiophotographie von Sophie auf den Tisch.

Für diese Aufnahme hat sich Sophie aufwändig zurechtgemacht. Ihr Haar liegt straff am Hinterkopf zusammengebunden. Die Fransen über der hohen Stirn sind zu vier Kringeln geformt und sehen aus wie angeklebt. Sie trägt ein dunkles, hochgeschlossenes Kleid im viktorianischen Stil, das, wie man an der Wespentaille erkennt, über einem Korsett liegt und mit vielen kleinen Messingknöpfen und einer Goldbrosche versehen die Brüste flach drückt. An ihren Ohrläppchen hängen Ringe und über dem geschlossenen Dekolleté eine Goldkette mit Blümchen aus Emaille. Ihr Blick geht, von ihr aus betrachtet, nach links oben ins Leere. Am meisten sticht aber ihr formvollendeter Mund ins Auge, der eigentlich zu gross ist für ihr Gesicht. In der atemberaubenden Beengung ihres Körpers springen ihre sinnlichen Lippen den Betrachter an wie eine Einladung zum Küssen.

Kari war von Sophies Mund augenblicklich in Bann geschlagen.

»Nicht schlecht«, murmelte er grinsend, »aber eigentlich möchte ich lieber von hier weg.«

»Wozu willst du weg? Man geht weg, um Geld zu verdienen, damit man sich Haus, Frau und Kinder leisten kann. Genau das biete ich dir an. Der Preis ist gering. Denk in Ruhe darüber nach und lass mich deine Entscheidung wissen.« Leopold erhob sich, legte Kari seine Pranke auf die Schulter und flüsterte ihm ins Ohr: »Eine solche Chance erhältst du kein zweites Mal.«

Altdorf, Staatsarchiv, Juni 2021

Vor mir auf dem Schreibtisch eine Fotografie auf Kartongrund. Orange vergilbt. Darauf ein Paar, das im Studio eines Fotografen namens P. Does in Olten, Kanton Solothurn, wie man dem unteren Rand entnehmen kann, posiert. Ein typisches Hochzeitsbild aus jener Zeit, das vermutlich nach der Trauung auf dem Zivilstandsamt gemacht worden war. 1899. Warum haben meine Urgrosseltern in Solothurn geheiratet? Weil dort niemand Sophies Vorgeschichte kannte? Die beiden *unehelichen* Mädchen? Vater unbekannt. Kari steht neben Sophie, die in einem ungetümen Kleid steif auf einem Schemel sitzt. Er trägt einen Zweireiher aus dickem Loden, im oberen Knopfloch ein Sträusschen Mimosen. Sein blondes Haar über der hohen Stirn ist in der Mitte gescheitelt, die Ohren leicht abstehend. Er blickt mit frischem Selbstbewusstsein, erkennbar an seiner aufrechten Haltung, irgendwohin nach rechts. – Der Fotograf hat vielleicht im Vordergrund das Gemälde eines Hirschs auf einer Waldlichtung an die Wand gehängt, dorthin sollten seine Kunden blicken, während er sich an der Camera obscura zu schaffen machte. Nicht bewegen, bitte Atem anhalten. – Karis Hand liegt locker auf einem Tischchen, das von einem Orientteppich bedeckt ist. Darauf eine Fächerpalme in einem Topf. Ob die echt war? Gab es damals schon Kunststoffpflanzen? Sophie trägt ein bodenlanges, Handgelenke und Hals bedeckendes Taftkleid mit riesigen Puffärmeln und dichten Fransen aus Glasperlen auf der Brust. Ich stelle mir vor, dass sie unter dem Gewicht dieser Robe fast zusammengebrochen ist. Ihre Hände liegen wie deplatziert im Schoss, eine zerzauste weisse Rose schaut daraus hervor. Am Revers ist wie bei ihrem frisch angetrauten Ehemann mit einer Nadel ein Büschel Mimosen befestigt. Ihr makelloses Gesicht unter der strengen Frisur zur Maske erstarrt. An der schrägen Geraden zwischen ihren Mundecken, meine ich, ein erstes Anzeichen von Widerstand zu entdecken.

Ohne diese Leute gäbe es Grossvater und Vater nicht (mich in dieser Gestalt natürlich auch nicht). Hat Traugott seine Grossmutter gekannt? Er hat sie nie erwähnt, nicht einmal. Auch Grossvater hat nie von seinen Eltern gesprochen. In einem Roman von Isaac Bashevis Singer habe ich ein jüdisches Sprichwort gefunden: *Die Kinder sind die Geheimnisse in den Herzen ihrer Eltern.* Auch jene ihrer Grosseltern? Urgrosseltern?

»Was willst du einmal werden?«, fragte mich Grossvater Leonz, als ich dreizehn war. Vermutlich erwartete er: Krankenschwester oder Kindergärtnerin oder Primarschullehrerin oder Köchin oder Sekretärin oder Modeverkäuferin oder vielleicht Gärtnerin.

»Künstlerin«, erwiderte ich, ohne zu zögern. Erfreut, dass er mir diese Frage gestellt hatte. Indem ich meinen Entschluss am Familientisch stolz allen bekannt gab, schien ich, es schon ein wenig zu sein: Künstlerin. Das Glück fühlte sich an wie das Aufspannen der Flügel eines frisch geschlüpften Schmetterlings.

Aber Leonz schaute mich an, als hätte ich ihm eine Unverschämtheit ins Gesicht geschleudert. Sein Ausdruck verfinsterte sich:

»In unserer Familie gibt es keine Künstler!«, rief er aus, während seine Faust auf den Tisch niedersauste, der mit einem weissen Damasttischtuch, Kristallgläsern und Wedgwood-Porzellan gedeckt war. Das Geschirr klirrte.

Stille. Niemand sagte etwas. Nach einer langen Sekunde des Schweigens begann Vater vom geplanten Skilift auf den Eggbergen zu sprechen und Mutter trug die gebrauchten Teller in die Küche, um gleich darauf Hüpen mit Rahm zum Nachtisch aufzutischen. Meine Schwestern waren mit einem Kinderpuzzle beschäftigt.

Von diesem Tag an mochte ich ihn nicht mehr. Gelinde gesagt. Vier Jahre später ging ich aus Protest nicht an seine Beerdigung, an der, wie man mir später erzählte, halb Uri Spalier gestanden hatte. Ich verstand damals noch nicht, dass man anderen nicht gönnt, was einem selbst nicht vergönnt ist.

Eine Mitarbeiterin im Archiv feiert heute Geburtstag. Sie hat für alle im Team Urner Krapfen mit der pappigen rosa Füllung gekauft, die wir in der Vieruhrpause bei einer Tasse Kaffee auf der Terrasse verzehren. Es herrscht Postkartenwetter. Die Berge, der Himmel, die Bäume strahlen, als wollten sie uns weismachen, dass alles für immer so bleiben wird. Die Männer und Frauen reden über ihre Wanderungen auf die verschiedenen Passhöhen und Berggipfel. Im Tal ist es eng, aber oben erlebst du die grosse Freiheit. Mit Suchtpotenzial. Ich versuche mitzuplaudern, obwohl mir die Berge unheimlich sind, und ich keine Lust verspüre auf jenes Freiheitsgefühl in schwindelerregender Höhe.

Silenen, 10. Juni, 1899

Als Kari, der sich fortan *Carl* nannte, was edler klang, mit Sophie von Olten nach Hause in die Silenen zurückkam, waren ihre unehelichen (ein Schandwort!) Töchter Elsbeth und Käthi dank ihrer Schönheit und Tugendhaftigkeit bereits verheiratet und vom Urnerland weggezogen. Und Sophies Bruder Leopold befand sich auf der Jungfernfahrt im Zwischendeck der *Patricia,* einem modernen Dampfschiff, irgendwo auf dem stürmischen Atlantik zwischen Hamburg und New York. Kari beziehungsweise Carl machte keinen Hehl daraus, dass er viel lieber auch auf dem Dampfer nach Amerika unterwegs gewesen wäre. Um nicht von Neid und Fernweh aufgefressen zu werden, wollte er sich wenigstens ausführlich mit seiner Angetrauten vergnügen. Ihr Körper zeigte zwar erste Spuren des Alterns, ihr Bauch war nicht mehr so straff und ihre Brüste spannten weniger. Trotzdem stand sie wie eine göttliche Erscheinung vor ihm, als er sie nach langwierigem Aufknöpfen von der Last ihres Hochzeitskleids befreit hatte. Eine Träne zitterte im Winkel ihrer geschlossenen Augen, als Carl mit seinen rauen Fingerspitzen, in deren Ritzen das Maschinenöl nie ganz wegging, über die Silhouette ihres Körpers fuhr. Unwillkürlich machte sie eine Bewegung, seine Hand abzuschütteln, was seine Lust nur noch steigerte. Er zog sie auf die Pferdehaarmatratze nieder, drückte ihre Schultern ins Kissen und schob mit seinem Knie ihre Beine auseinander. Durch das offene Fenster hörten sie von der Weide her das Bimmeln der Kuhglocken und das Schwirren der Schwalben, die nach Mücken jagten. Vom Dorf her drang das Abendgeläut der Kirchenglocken. Bim bam, bim bam, bim bam.

»Du gehörst jetzt mir«, keuchte er, als er sich ihrer bemächtigte. Es ging schnell. Ihr Bauch empfing das glibberige Eiweiss als ein Geschenk Gottes, das sie sich nicht gewünscht hatte. Wird sie sich an die Geschenke Gottes gewöhnen?

Zürich, 10. Juni, 1977

Wir knutschten herum. Wir rauchten indische Beedis, zusammengerollte Schwarzholzblätter in rosa Verpackungen. Kifften Gras und Shit und flogen auf LSD und Mescalin in fantastische Sphären. Wir pfiffen auf die Spiessbürger und ihre kleinliche Weltordnung. Der Tod tanzte mit uns im zerhackten Licht der Discokugel wie ein gespenstischer Kumpel. Immer wieder schleppte er jemanden von uns ab. Immer wieder kehrte er zurück. Wir knutschten herum. An Rockkonzerten. In sturmfreien Buden. Am See. Auf Feldern. Mitten in der Stadt. Im Schulunterricht zeigte der Lehrer auf dem Hellraumprojektor Bilder von vollgepferchten Zugwaggons. Von Schuhbergen. Kleiderbergen. Kofferbergen und Leichenbergen. Es hiess, unter dem Bankenplatz der Stadt lägen die Barren der eingeschmolzenen Goldzähne von Millionen industriell ermordeter Menschen. Wenn ich in Zürich auf dem Paradeplatz auf das Tram wartete, drängten sich mir die Bilder der Tresore voller Gold auf, über denen meine Füsse gingen wie im Feuer. Unaussprechliches dem Himmel, der Erde, mir. Es hörte nicht mehr auf.

Wer konnte sich angesichts der Wahrheit über den Menschen noch etwas vormachen? Glaube? Liebe? Hoffnung? Wir knutschten herum. Wir dröhnten uns zu. Immer wieder einmal liefen wir in die Apotheke, um einen Schwangerschaftstest zu besorgen. Panik. Abtreibungen erforderten psychiatrische Gutachten. Die Ärzte drückten oft ein Auge zu, nicht selten bis zum fünften Monat. Es waren Erleichterungen, die mehr als einen bitteren Geschmack zurückliessen. Die gefallenen Mädchen bekamen Hausarrest und wurden in die Psychotherapie begleitet. Unsere Eltern verzweifelten an uns.

Nicht so mein Vater, der *geistig* abwesend war. Seit seine Frau uns verlassen hatte, tauchte er immer tiefer ins Universum ein. Es wurde zur Besessenheit. Alles, was ihn davon abhielt, taxierte er als Störung. Seit Mutter weg war, veränderte sich auch sein Outfit. Er trug jetzt irgendwelche Klamotten, lächerliche Hosen mit Gummizug um die Knöchel, schmale Lederkrawatten und gemusterte Pullis vom Ausverkauf. Auch ging er nicht mehr regelmässig zum Friseur, sondern stutze sich mit einer Papierschere die Haare selbst. Essen geriet zum notwendigen Übel und musste möglichst ohne Aufwand betrieben werden. Deshalb wurden wir zu Kennern von Dosenravioli in Tomatensauce mit geriebenem Sbrinz und sämtlichen Sorten von Päckchensuppen. Heute aus der Migros, morgen aus dem Coop, übermorgen vom Volg. Es schmeckte alles gleich: blutrote Pappe mit einem Würzmix aus Maggi, Aromat, Mirador und Bouillonwürfeln. Wenn Brot übrigblieb, machte er daraus Käseschnitten mit geschmolzenem Emmentaler, dazu Kopfsalat mit Fertigsauce. Immerhin eine Abwechslung. Seine Vortrags- und Forschungsreisen führten ihn nach Amerika, Japan, Malaysia, Israel, Frankreich, England, Deutschland usw. Auf meine Bitte hin brachte er mir die Zuckerpäckchen mit, die allerorten zum Kaffee und Tee gereicht wurden. Päckchen mit exotischen Schriften. Namen von fernen Städten, Hotels, Bars und Cafés. Meine Sammlung, zu welcher alle Reisenden, die ich kannte, kontinuierlich beitrugen, wuchs in einer durchsichtigen Kugelvase zu einem Objekt meiner Träume. Ab und zu breitete ich den Inhalt auf dem Tisch aus und erfreute mich an ihm. Dass der Würfelzucker im gefalteten seidigen Papierkleid aus Tokyo oder das Tütchen Rohrzucker aus Miami mit dem Bild eines goldenen Alligators nun in meiner Hand lagen, schien mich mit etwas zu verbinden, das grösser war als die Welt in meinem Kopf. Die Zuckersammlung war wie ein Versprechen, das mein Herz höherschlagen liess. Doch mit meiner Sammlung geschah etwas Sonderbares. Eines Tages öffnete ich den Mülleimer, um etwas wegzuwerfen, und erblickte darin einen Haufen zerrissener bunter Papierchen und Tütchen. Ahnungsvoll lief ich zum Schrank, in dem sich meine Zuckersammlung befand. Der Verdacht bestätigte sich: Die Kugelvase war leer. Nicht das kleinste Zückerchen mehr darin. Ungläubig starrte ich in den Mülleimer, zog ratlos die eine oder andere Verpackung heraus und betrachtete die Zerstörung. Café de France Marrakech, Brown Sugar New York, Sukkar Jerushalajim, Zucchero Ristorante Romana Milano. Hierauf öffnete ich die Küchenschränke; auch hier bestätigte sich meine Vermutung: Ein neuer Behälter war mit unterschiedlichem Kristallzucker gefüllt, ein anderer mit nackten Würfelzuckerstücken. Fassungslos liess ich mich auf einen Küchenstuhl nieder. Ein Schluchzer blieb in meinem Hals stecken. In meiner Brust spie der Drachen der Enttäuschung eine Stichflamme. Wie konnte er nur! Mit Tränen der Wut in den Augen verzog ich mich auf mein Zimmer. Grosser Gott, was hatte ich für einen Vater! Er musste diese Operation gestern Abend durchgeführt haben, während ich weg war. Er musste am Küchentisch gesessen, jeden Zucker aus seiner Verpackung gerissen und den Inhalt in eine Dose geschüttet haben. Zum Schluss hatte er die Papierabfälle in den Mülleimer geschoben. Voilà. Das war's. Kein Wort. Keine Erklärung. Nichts. Der Vorfall verschlug mir die Sprache. Ich begrub die Hoffnung auf Verständigung. Was hatte ihn bloss dazu bewogen? Ich habe ihn nie danach gefragt. Habe mich nie beschwert, ihm nie meine Empörung, meine Enttäuschung gezeigt. Mit der Zeit vergass ich den Vorfall. Als eines von unendlich vielen bedeutungslosen Ereignissen geriet er in Vergessenheit.

Zürich, September 1955

Leonz fuhr mit Traugott im Zug nach Zürich. Mit dabei einen Lederkoffer mit Kleidern, Schuhen, wenig Toilettenzeug und einem Buch von Einstein über die allgemeine Relativitätstheorie. Dieses Buch hatte Traugott sich von Mutti Josy zur Matura (mit Freifächern Griechisch und Latein) gewünscht. Woraufhin sie es in der Buchhandlung in Altdorf bestellt hatte. Nachdem sie einen längeren Blick – natürlich mit wiederholtem Kopfschütteln – hineingeworfen hatte, schrieb sie auf eine Postkarte, auf der die alte Kirche und das Dorf Flüelen vor dem schneebedeckten Bristenstock abgebildet waren:

Der kluge Mann greift nicht nach dem Fernen, um Nahes zu finden.
Seine Hand greift nicht nach den Sternen, um Licht anzuzünden.
Friedrich von Bodenstedt, 1819 bis 1892

Mein lieber Traugott
Erinnere dich immer, woher du kommst.
Gott behüte dich.
Deine Mutti Josy

Vom Zürcher Hauptbahnhof aus gingen Vater und Sohn zu Fuss über die Bahnhofbrücke, unter der die algengrüne Limmat Richtung Aare zog. Die Zürichbergbahn brachte sie zum Polytechnikum hoch. Traugott wollte seinem Vater die Eingangshalle des ETH-Zentrums zeigen, bevor sie den Koffer in das Studentenwohnheim brachten. Der Himmel war leicht bedeckt. Es nieselte. Die Kastanienbäume liessen ihre gelben und braunen Blätter fallen, die auf der Strasse eine glitschige Patchworkdecke bildeten. Darauf glänzten Kastanien wie braune Augen. Mit einem Ruck zog Traugott die schwere Tür am südlichen Portal des Hauptgebäudes auf. Mit angehaltenem Atem betrat er den Tempel der Naturwissenschaften. Leonz, der sich plötzlich fehl am Platz fühlte, folgte ihm. Traugott wusste noch nicht, was es bedeutet, verliebt zu sein. Doch viel später hätte er die starken Gefühle, die ihn in diesem Moment überwältigten, als erste Liebe umschrieben: das Gefühl des Angekommenseins. Am Fuss des Olymps, von dessen Gipfel das Schicksal nach ihm rief. Ergriffenheit und Ehrfurcht schnürten ihm die Kehle zu. Viele

Studenten, wenige Studentinnen wandelten mit Büchern und Heften unter dem Arm zwischen den Säulen durch die Halle, eilten treppauf in verwinkelte höhere Stockwerke oder auf die Polyterrasse hinaus, um unter dem Regenschirm über die Dächer der Stadt zu blicken und im Gespräch ein wissenschaftliches Problem zu erörtern. Sie alle hatten etwas gemeinsam: Sie waren unendlich wissensdurstig. Getrieben vom unstillbaren Drang, Dinge, Zusammenhänge und Prozesse zu verstehen, die an der Mehrheit der Menschheit vorbeigehen, da sie ausserhalb deren Wahrnehmungshorizont liegen. Die Namen der Geistesgrössen, die hier gelehrt und geforscht hatten, strahlten von den Mauern und luden das Ambiente der Eidgenössischen Technischen Hochschule mit ehrwürdiger Spannung auf. Eine Spannung, die Berufene mitten ins Herz traf. Guye, Einstein, Piccard, Debye, Pauli, Langmeir, Planck, Curie, Lorentz, Langevin, Wilson, Richardson, Knudsen, Bragg, Kramers, Dirac, Compton, de Broglie, Born, Bohr, Henriot, Ehrenfest, Herzen, de Donder, Schrödinger, Verschaffelt, Heisenberg, Fowler, Brillouin. Für Traugott waren diese klingenden Namen der Auftakt der Symphonie über die Welt schlechthin. Ein Schauer fuhr durch sein Gehirn. Sein Vater Leonz hingegen fühlte sich in diesen hehren Hallen fremd. Zwar war er irgendwie stolz auf seinen Sohn – Professor Dr. Hans Jürgen Gleich aus Göttingen, der alljährlich mit seiner Gattin in der Rose in Flüelen abstieg, hatte ihm zum Studienbeginn seines Sohnes gratuliert und erklärt, dass an der ETH nur die Klügsten studierten –, doch da er sich nichts Konkretes darunter vorstellen konnte, kam es Leonz vor, als ginge ihm Traugott hier verloren. Wenn er ehrlich war, wäre es ihm lieber gewesen, er hätte mit seinem Sohn seine eigenen Interessen teilen können. Das Schiessen, das Renovieren alter Möbel, das Wirten und Bergsteigen. Von wem Traugott seine sonderbaren Interessen hatte, war ihm ein Rätsel. Als wäre er ein Kuckuckskind. Doch er erkannte seine Gesichtszüge in denen seines Sohnes. Kein Zweifel, sein eigen

Fleisch und Blut. Nur der Geist in dem Jungen war nicht von ihm. Auch nicht von Agnes selig. Leonz ertappte sich beim Gedanken, dass er sich einen Sohn gewünscht hätte, der in seine Fussstapfen träte, der sozusagen eine jüngere Variante seiner selbst wäre. Seit geraumer Zeit stellte er jedoch fest, dass sein Sohn in einer geistigen Dimension schwebte, die ihm verschlossen war. Das hatte schon begonnen, als der Primarschullehrer ihm empfohlen hatte, den Jungen ins Internat zu geben, weil er in der Volksschule angeblich unterfordert gewesen war. Leonz war ein Mann der Tat. Alles, was er leistete, schuf er mit seinen Händen. Elektrische Leitungen, Telefonleitungen, Wasserleitungen, Häuser, Tische, Stühle, Kruzifixe, Puppenstuben. Als Meisterschütze traf er oft ins Ziel, brachte Auszeichnungen und Kränze nach Hause. Nie wäre ihm eingefallen, mit einer mathematischen Gleichung die Geschwindigkeit zu errechnen, mit der die Kugel ins Schwarze traf. So wie Traugott es ihm nach den ersten Physikstunden einmal vorgezeigt hatte. Ihm ging es um die ruhige Hand, um den scharfen Blick. Das reichte.

»Lass uns irgendwo eine Cervelat essen gehen«, sagte Leonz.

»Gern, Vati«, erwiderte Traugott wie in Trance.

Als sie aus dem Gebäude traten, regnete es in Strömen. Leonz öffnete seinen schwarzen Schirm und hielt ihn über ihrer beider Köpfe. Unter dem prasselnden Regen gingen sie nebeneinander die Leonhardstrasse bis zum Studentenheim hinunter, wo Traugott den Koffer in das Zimmer stellte, das er mit einem anderen Studenten teilte. Leonz stand am Fenster und schaute auf das Tram, das unter dem peitschenden Regen Mühe hatte, den Hügel hinaufzufahren, das Laub in den Schienen trug das Übrige dazu bei. Er fühlte Traurigkeit, doch er zeigte sie nicht. Sein Jüngster, sein einziger Sohn, verliess nicht nur das Elternhaus, das er ihm dank viel Arbeit und Schweiss geboten hatte, er verliess auch seine geistige Heimat. Stehe ihm bei, rief er

Agnes im Stillen zu, während sein Blick zu den dunklen Wolken hochglitt: Mutter, stehe deinem Jungen bei.

Anschliessend begleitete Traugott seinen Vater zurück zum Hauptbahnhof, wo sie an einem Wurststand eine Cervelat mit Senf und einem Bürli verzehrten. Als der Zug nach Flüelen auf dem Perron eintraf, umarmte Traugott seinen Vater.

»Danke, Vati, danke, dass du mir das ermöglichst. Ich werde unserem Namen alle Ehre machen. Das verspreche ich dir.«

Leonz wandte sich rasch ab und bestieg den Zugwagen, während Traugott ihm mit dem Blick durch die Zugfenster in sein Abteil folgte. Der Vater eine schmerzhafte Klemmzwinge in der Brust. Der Sohn mit weit ausgespannten Flügeln. Beide warteten verlegen und ungeduldig darauf, dass der Zug sich in Bewegung setzte. Endlich. Sie winkten sich zu, erleichtert, den Abschied hinter sich zu bringen. Als der Zug aus seinen Augen verschwand, ging Traugott beschwingt vor sich hin pfeifend zwischen den Passanten durch das Bahnhofsgebäude auf den Quai hinaus, wo er ohne Schirm seiner neuen Unterkunft entgegen schritt. Hallo Regen, hier komme ich! In seinem nassen Gesicht die wilde Entschlossenheit des Marathonläufers vor dem Start.

Am Montagmorgen um zehn Uhr besuchte er im Hauptgebäude beim berühmten Teilchenphysiker und Nobelpreisträger Professor Wolfgang Pauli mit feierlicher Miene seine erste Vorlesung zum Thema »Einführung in die theoretische Physik«.

Altdorf, Staatsarchiv, Juli 2021

Trockener Wind bläst durchs Urnerland. Die Grasbüschel an den Strassenrändern sind verdorrt. In der Badeanstalt Flüelen kühlen sich die Menschen im klaren Türkiswasser des Urnersees. Immer wieder rattern Züge vorbei. Taddam, taddam, taddam. Den Autoverkehr hat man seit einigen Jahren auf weiten Strecken in Bergtunnel verbannt. Von den Weiden tönt das heimelige Bimmeln der Kuhglocken. Vom Hügel Kirchengeläut. Kinderstimmen. Auf meinem Schreibtisch steht eine Flasche Wasser, die ich am Waschbecken in der Toilette wieder fülle, sobald sie leer ist. Vor mir liegt ein Umschlag, der mit »Wolfgang Pauli« angeschrieben ist. Wolfgang Pauli? Moment mal. Aus einer tiefen Schicht meines Gedächtnisses taucht das Bild einer alten Frau auf: Himmelblaue Iris schwimmt in Augen mit rot geschwollenen Tränensäcken. Ihre hoch gesteckte Frisur gleicht einem fettigen weissen Fadenknäuel. Sie trägt einen lila geblümten Morgenrock. Ausgetretene Clogs aus Kunststoff. Ihre Wohnung vollgestopft mit düsteren schweren Möbeln, überall auf dem Boden Türme alter Zeitungen. Die Luft zum Zerschneiden, weil sie Angst vor Durchzug hatte und deshalb nie die Fenster öffnete. In der Küche standen ein Dutzend vergammelter Spiegeleier auf Tellern herum, sogar in den Schränken. Ihr Gestank löste Brechreiz aus. Aus allen Ritzen krochen Spinnen, Silberfischchen, Wanzen. Heere von Insekten frassen den Dreck und frassen sich gegenseitig. Frau Scholl wohnte an der Engelstrasse, in der Nähe vom Bahnhof Wiedikon, in einer Parterrewohnung. Verstaubte Brokatvorhänge verdeckten die Fenster. Tag und Nacht brannte über dem mit tausend Sachen übersäten Esstisch eine Lampe mit Schirmchen, die fahles Licht streute.

Ich besuchte Frau Scholl regelmässig bis zu ihrem Tod. Sie wusste nie, wer ich war. Trotzdem empfing sie mich jedesmal mit grosser Freundlichkeit zum Tee, während ich nebenbei unauffällig das Schlimmste aufzuräumen versuchte. Ab und zu musste ich jemanden mitnehmen, der sie ablenkte, denn wenn sie mich dabei ertappte, dass ich Müll entsorgte, geriet sie völlig aus dem Häuschen. Damit ich die Zeitungstürme in ihrem Schlafzimmer bündeln und anschliessend aus dem Fenster – man war ja im Erdgeschoss – hieven konnte (nur damit sie nicht bemerkte, dass sie aus dem Haus kamen, vermissen tat sie sie danach nie), sass eine Freundin mit ihr in der nächtlichen Stube und hörte sich zum hundertsten Mal an, dass man ihr einst aus Versehen die Brüste amputiert hatte, als sie wegen eines Magengeschwürs im Krankenhaus lag. Alle ihre Beschwerden seien abgewiesen worden. Ein jahrelanger vergeblicher Kampf, der die Frau bis an ihr Ende umtrieb und plagte. Vater hatte mich etwa ein Jahr vorher mit Frau Scholl bekannt gemacht. Wir hatten sie einmal zusammen besucht, vermutlich nachdem er den Brief erhalten hatte, den ich jetzt, dreiundvierzig Jahre später, im Dossier »Wolfgang Pauli« archiviere:

Lieber Freund   5. Februar 1978
Statt mit verschleppten, Schimmel ansetzenden Neujahrswünschen komme ich mit einem Fündlein zu dir respektive zum Sachverwalter von Instituts-Archivalien. Beiliegendes ist ein persönliches Schreiben des niederländischen Physikers Zeeman, der Wolfgang Pauli zur Verleihung der Lorentz-Medaille, 1931, gratuliert. Warum ich den Adressaten so todsicher anzugeben weiss? Freund, die Welt ist eng: In unserer früheren Quartierwelt des Stadtkreises 3 hatten wir vis à vis einen drolligen alten Mechaniker, der in faustischer Bude alles, aber auch alles reparierte, Papa Scholl. Seine Frau, eine ebenso liebenswerte wie schrullige Tirolerin, schneiderte früher für das Ehepaar Pauli und war vor allem mit Frau Pauli vertraut. Frau Scholl erbte aus dem Nachlass einen Buffet-Schrank und den Schreibtisch Paulis, schwere Möbel mit Schnitzereien aus der Gründerzeit. In einem der Schreibtischschublädlein war der Brief bis kürzlich verschollen geblieben.

Diese Gewaltsmöbel wären übrigens zu haben; Scholls möchten sie weghaben. Es sind Unika in ihrer Art – jemand soll einmal 10.000 Stütz dafür geboten haben. Das Institut verfügt ganz gewiss über eine fette Antiquitätenkasse ...
Wenn du mit einer Karte den beiden Leutchen könntest danken lassen – nicht unbedingt durch Bundesrat Hürlimann, auch nicht durch den Rektor –, wären die Finder selig bis ans Ende ihrer Tage. Obschon sie von Exklusivität gewisser Elektronen so wenig wissen wie der Unterzeichnende. Hauptsache: die Moleküle rasen!
Es grüsst dich dein
K. L.

Versunken in meine Erinnerung blättere ich in den Unterlagen. Da entdecke ich auch noch den besagten Brief von Zeeman an Pauli, wo er ihm zur Lorentz-Medaille gratuliert. Aha! Offenbar hatte ihn Vater nicht ins Archiv gegeben. Wer war dieser Zeeman? Ich tippe »Zeeman« in das Googlesuchfeld: Es gibt einen Zeeman-Effekt, der zeigt, dass in der Welt der Atome Spektrallinien durch Magnetfelder in mehrere Linien aufgespaltet werden. Drei Jahre später, also 1899, lieferte der Physiker Hendrik Antoon Lorentz die mathematische Erklärung dazu. Unter Freewiki finde ich folgenden Eintrag: 1903 teilten sich Zeeman und Lorentz den Nobelpreis für Physik zum Einfluss des Magnetismus auf Strahlungsphänomene. Mit der Auszeichnung der Lorentz-Medaille schloss sich also ein neuer Kreis: Lorentz – Zeeman – Pauli. Dieser wiederum touchierte später den Kreis Pauli – Scholl – Traugott Z. Ob der Briefschreiber K. L. wusste, dass sein Freund zu Beginn seines Physikstudiums drei Jahre lang bei Professor Pauli studiert hatte? Oder hielt er ihn wirklich für den Sachverwalter von Archivalien? Pauli jedenfalls, so erinnere ich mich, hatte beim jungen Traugott Z. einen tiefen Eindruck hinterlassen. Vor mir liegt eine Sammlung vergilbter Zeitungsartikel über das 1958 an Pankreaskrebs verstorbene Genie. Ihre Titel lauten: *Form und Struktur in der Natur. Das Gewissen der Physik. Die eine Welt – unus mundus. Ein Physiker mit philosophischen Ambitionen. Wolfgang Paulis unkonventionelle Vorstellungen zum Verhältnis von Körper und Geist. Wir müssen umlernen: Die kleinsten Teile sind es, die die Welt beherrschen.*

Auf einem Zettel steht ein Witz, ich erkenne Vaters Handschrift.

Pauli stirbt und kommt in den Himmel. Dort fragt er Gott: »Warum hast du ausgerechnet die Zahlenkonstante 137 kreiert?« Woraufhin Gott ihm genau erklärt, wie er das Universum aufgebaut hat. Da unterbricht ihn Pauli: »Das kann nicht sein, du hast einen Fehler gemacht.«

137? In der Folge sammle ich Informationen zu dieser magischen Zahl und notiere mir diverse Aussagen:

Die jüdische Geheimlehre Kabbala arbeitet mit Zahlenwerten, die den einzelnen Buchstaben zustehen.

קבלה = KaBaLaH
K: ק Koph   100
B: ב Beth   2
L: ל Lamed   30
H: ה He   5

Daraus folgt: 100+2+30+5 = 137. Kabbala hat also den Zahlenwert 137.
Die physikalische Feinstrukturkonstante Alpha 1/137 wurde vom Physiker und Nicht-Nobelpreisträger Arnold Sommerfeld zur Erklärung der Spektrallinien des Wasserstoffatoms eingeführt bzw. entdeckt. (Wenn diese Zahl so grundlegend ist, weshalb hat Sommerfeld dann keinen Nobelpreis erhalten?)

α = 7,297 352 537 6 (50) × 10–3 ≈ 1 / 137.

Alpha dient in der Quantenelektrodynamik der Messung der anziehenden und abstossenden Kräfte zwischen elektrisch geladenen Teilchen (Wechselwirkungen) sowie des Ausstossens von Photonen durch ein Atom.

> »*Die Zahl 137 war stets ein Mysterium, seit sie von Sommerfeld entdeckt wurde, und alle guten theoretischen Physiker hängen sich diese Zahl an die Wand und zerbrechen sich über sie den Kopf.*« Richard P. Feynman, Physiker und Nobelpreisträger

Wolfgang Pauli stirbt am 15. Dezember 1958 an Pankreaskrebs im Zimmer 137 des Rotkreuzspitals in Zürich-Fluntern. Kein Scherz. Es heisst, er habe, als er die Zimmernummer erkannte, gewusst, dass er dort sterben würde.

Carl Gustav Jung und Wolfgang Pauli: Traumanalysen (bis zu seinem Tod diskret gehalten) & *Synchronizität* = ein materielles und ein mentales Phänomen treten gleichzeitig auf ohne kausalen, jedoch mit bedeutungsvollem Zusammenhang. Wie ist das physikalisch möglich?? Zufall oder hintergründiges Wirken??
   Bleibt eine Konstante eine Konstante?? Kann ich das jemals verstehen??

Zürich, 20. Dezember 1956

Im Studentenhaus lernte Traugott den gleichaltrigen Jean-Paul Maillard kennen. Sie teilten sich dasselbe Zimmer und kamen sich deshalb bald näher. Jean-Pauls Familie stammte ursprünglich aus dem Kanton Fribourg. Sein Vater war Arzt und arbeitete in der katholischen Mission auf Timor in Indonesien, wo Jean-Paul mit seiner Familie lebte und aufgewachsen war, bevor er zum Studium der Chemie nach Zürich geschickt wurde. Durch Jean-Paul lernte Traugott Dinge kennen, die sein Fenster zur Welt weit aufstiessen: die heimlich gehandelten Schriften des französischen Jesuiten und Geologen Teilhard de Jardin. Die indonesische Küche. Das Zürcher Nachtleben. Einige brisante Gerüchte über Wolfgang Pauli. Von letzteren beiden ist unklar, was welches zuerst beeinflusst hatte. Waren sie durch die Besuche im ersten Stock des Odeons auf Wolfgang Paulis private Interessen gestossen oder hatte sie die hinter vorgehaltener Hand getuschelten Gerüchte über Pauli ermutigt, sich überhaupt erst in ein solches Etablissement zu begeben? Gewiss ist nur, dass manche brillanten Geister der Naturwissenschaften sich gern in schummrigen Lokalen bei einigen Drinks in Gesellschaft von Cabaret-Tänzerinnen und freizügigen Mädchen den Kopf lüfteten.

Jean-Paul stammte zwar aus streng katholischen Verhältnissen, aber seine Erfahrungen in der fremden Kultur und sein erstes (heimliches) Liebesverhältnis mit seiner indonesischen Kinderfrau hatten ihm den Mut, Neues zu wagen, sozusagen in die Wiege gelegt. Anders als Traugott, der nur die Enge und Abgeschlossenheit eines Schweizer Alpentals und die Wände des Knabeninternats kannte, und für den die Stadt Zürich bereits die grosse Welt bedeutete, kannte Jean-Paul keine Schüchternheit im Umgang mit weltmännischen Themen und Orten. An einem Samstagabend, nachdem sie den ganzen Tag über Gleichungen gebrütet hatten, um sich für die nächste Prüfung vorzubereiten, sagte Jean-Paul unternehmungslustig:

»Freund, lass uns ausgehen. Ich habe da einen Tipp bekommen.«

»Das kostet zu viel«, warf Traugott ein, der sich nichts darunter vorstellen konnte.

»Traugott, man lebt nur einmal. Von meiner Gotte habe ich eine hübsche Geldnote zum Geburtstag geschickt bekommen. Die verprassen wir jetzt. Mein Weihnachtsgeschenk für dich, bevor du über die Feiertage nach Flüelen und ich zu meiner Gotte nach Clarens fahre.«

Sie fetteten ihre Schuhe ein, zogen ein frisches Hemd an und kämmten sich das Haar. Anschliessend gingen sie zu Fuss über den Hirschengraben, am Schauspielhaus vorbei, auf der Rämistrasse Richtung Bellevue hinunter. Es war kalt und Schneeflocken segelten vom undurchdringlich schwarzen Himmel auf ihre Köpfe herab. Bevor sie die Tür des Odeons aufstiessen, schüttelten sie ihre Haare aus und klopften sich die Schneeschicht von den Schultern. Im Innern des Lokals beschlugen sich Traugotts Brillengläser, sodass er die laute Gesellschaft im Café Odeon zunächst nur wie im Nebel wahrnahm. Die Schwaden blumiger Düfte, die ihm in die Nase stiegen, liessen ihn taumeln. Rasch hob er seine beschlagene Brille von der Nase und rieb sie mit einem Taschentuch trocken. Er wusste nicht, wie ihm geschah. Von Frauenparfums hatte er so viel Ahnung wie von Frauen. Nämlich keine. Seine Mutter tupfte sich an den Feiertagen jeweils einen Spritzer Kölnisch Wasser auf die Innenseite der Handgelenke, wovon seine Schwestern auch etwas abbekamen. In Traugotts Geruchswelt gab es ausser Mutters Kölnisch Wasser und dem Weihrauch in der Kirche vor allem die Küchengerüche: grillierte Schweinskoteletten, Zwiebeln in heisser Butter, Bratkartoffeln, Tomatensauce und der Duft von Vanilleeis und warmem Marmorkuchen. Was ihm aber hier, im Zustand der Vernebelung, im Odeon entgegenschlug, war neu. Es verstörte und faszinierte ihn. Stiess ihn ab und zog ihn an. Seine Hände begannen zu schwitzen, während er den Mantel neben Jean-Pauls Jacke in die überfüllte Garderobe hängte. Jean-Paul, der eher zu den kleineren Männern gehörte, hob den Kopf wie ein Pfau, streckte sein Rückgrat, räusperte sich hörbar und ging im Zigarettenqualm zwischen den voll besetzten Tischen auf einen freien Tisch in der Ecke zu. Traugott folgte ihm wie ein Schatten, im Gehen mit dem Taschentuch immer noch seine Brillengläser reibend. Obwohl er alles verschwommen sah, ahnte er, dass er in Teufels Küche gelandet war. Frauen mit toupierten Haaren, Beinen in Seidenstrümpfen und Stöckelschuhen aus Lack, in denen sich die Lichter des Kronleuchters spiegelten. Frauen mit Seidenhandschuhen bis zu den Ellbogen, die verspielt ihre Frisur abtasteten, während der Schmuck, den sie trugen, Spektralfarbensternchen in seine Augen streute. Manch eine trug ein so ausgeschnittenes Dekolleté, dass der Ansatz ihrer Brüste zu erkennen war. Traugott musste leer schlucken. Er wusste kaum, wohin er seine Augen richten sollte, um nicht im Anblick der verführerischen weiblichen Formen zu ertrinken.

Jean-Paul grinste, als er Traugotts Aufgewühltheit bemerkte: »Du wirst schon noch auf den Geschmack kommen, mein Freund.«

Traugott lachte hilflos. Im Innern ritt ihn bereits das schlechte Gewissen. Doch vor der Hybris brennender Neugier ging es in die Knie wie ein braver Soldat, dem der Gegner gerade die Waffe aus der Hand schlug.

»Zum ersten Mal hier?«, erklang eine Stimme neben ihm. Ein Mädchen, kaum älter als er, setzte sich zu ihm auf die Eckbank. In der Hand hielt sie ein Glas, in dem eine Kirsche schwamm. Das Mädchen duftete nach Alkohol, Zitrone, Jasmin und Rose. Er nickte verlegen. Sie lachte ein Champagnerlachen.

»Keine Angst, ich beisse nicht! Wie heisst du denn?«

»Traugott«, murmelte er berauscht.

»Was für ein Name!«, sie senkte die Stimme und flüsterte ihm ins Ohr, »du bist also ein Gott, dem ich trauen kann«, wieder lachte sie glockenhell auf, ganz entzückt über ihren Einfall.

»Sag das nicht, das ist ein Frevel«, entgegnete Traugott matt.

»Keine Sorge, ich bin gläubig«, gab das Mädchen zurück, »du siehst aus wie ein antiker Gott, so wie man sie in Büchern über griechische Statuen sieht.«

»Du schaust dir Bücher über griechische Skulpturen an?«, fragte Traugott ganz perplex.

»Klar, warum nicht?«, gab sie zurück, »ein Freund hat mir welche gezeigt.«

»Wie heisst du?«, wagte Traugott zu fragen.

»Regula, aber du kannst mich Regi nennen«, sie trank aus dem Glas und liess die Kirsche im Mund zergehen. »Lädst du mich zu einem Drink ein?«, sie hob ihr Glas, »leer!«

Erneut packte ihn eine Welle aus Scham und Verlegenheit: »Das würde ich ja gern, weisst du, aber mein Freund hat mich mitgenommen, ich hatte ja keine Ahnung, dass ...«

Jemand warf eine Münze in die Juke Box und Elvis Presley flutete mit »Love me tender« das Lokal mit Sehnsucht.

»Macht nichts, schöner Traugott, vielleicht beim nächsten Mal. Du kommst doch wieder, nicht wahr?«, Regula erhob sich beschwipst. Indem sie eine Bewegung machte, als wolle sie sich im Takt der Musik in den Hüften wiegen, vertrat sie sich den Fuss und glitt aus dem Schuh. Kichernd liess sie sich auf die Bank zurückfallen, legte das eine Bein über das andere, massierte einen Moment lang ihren Fuss und streifte sich dann den Schuh wieder über.

»Verflixt, eine Fallmasche«, murmelte sie und zupfte mit ihren lackierten Fingernägeln vorsichtig am Seidenstrumpf.

Gebannt schaute Traugott zu. Ein Flashback katapultierte ihn in seine Kindheit zurück. Plötzlich sah er sich wieder, wie er als kleiner Junge unter dem Tisch die Strumpfbeine seiner Mutter gestreichelt und an den feinen Dingern gezogen, was jeweils ihren Unwillen hervorgerufen hatte. »Hör auf, Traugottli, meine Strümpfe gehen kaputt!« Unverhofft durchströmte ihn ein Gefühl von Geborgenheit. Wie gern hätte er das Bein des Mädchens berührt. Stattdessen wandte er den Blick ab, wobei er bemerkte, dass Jean-Paul lässig mit einer Blondine schäkerte. Der hatte es gut. Regi war auf ihren hohen Absätzen an einen anderen Tisch gestelzt. Traugott blickte ihr nach oder vielmehr ihren Beinen, die sie lasziv übereinandergeschlagen allen Anwesenden präsentierte. Wohl wissend, welche Begierden sie damit entfachte. So sehr Traugott sich bemühte, seine Aufmerksamkeit auf etwas anderes zu lenken, auf das Mahlgeräusch der Kaffeemaschine, das Klirren der Gläser, das Schäumen des Biers beim Zapfen, auf den kalten Luftzug, der hereinwehte, wenn die Tür aufging, auf das Stimmenmeer, das sich mit amerikanischem Rock n' Roll vermengte, es gelang ihm nicht. Die Geste einer Frau, die ihre Beine übereinanderschlägt, um einen hochhackigen Schuh an ihren Fuss zu stecken, wurde zum Bild des erwachenden Eros in ihm. Wie eine Schnecke streckte er vorsichtig seine Fühler aus, zog sie jedoch bei der geringsten Berührung wieder ein.

Altdorf, Staatsarchiv, September 2021

Im Namen der Republik! Die zwischen Dr. Wolfgang Ernst Friedrich Pauli und Lina Margarethe Käthe Pauli geb. Deppner am 23. Dezember 1929 vor dem Standesamt Berlin-Schöneberg II geschlossene Ehe wird aus dem Alleinverschulden der Beklagten gemäss § 115 a.b.G.B. dem Bande nach für getrennt erklärt.
Entscheidungsgründe: Es wurde festgestellt, dass der Kläger am 6. Mai 1929 aus der römisch-katholischen Kirche ausgetreten ist, dass sein Wiener Magistrat zur Kenntnis genommen wurde. Die Beklagte, geborene Deppner, trat am 29. Oktober 1929 aus der evangelischen Kirchgemeinde aus, was ihr vom Amtsgericht Berlin Schöneberg bescheinigt wurde. Der Kläger wurde am 31. Mai 1900 nach römisch-katholischem Brauch getauft. Die Beklagte wurde im evangelischen Glauben getauft.
Der Kläger beantragt die Trennung der Ehe aus dem alleinigen Verschulden der Beklagten, vorbringend, dass die Beklagte Ende Februar 1930, als sie beide in Paris sich aufhielten, ihn gebeten habe, er möge ihr gestatten, nach Berlin zwecks ihres

kranken Knies zu reisen, er habe sich damit einverstanden erklärt, und es sei vereinbart worden, dass die Beklagte nach Vollendung seiner Vortragsreise Ende April 1930 wieder zum Kläger nach Zürich zurückkehren sollte. Bald nach ihrer Ankunft in Berlin habe sie jedoch den Kläger verständigt, dass sie einen anderen Mann liebe und nicht mehr zu ihm zurückzukehren gedenke. Diesem Vorsatz sei sie auch treu geblieben, als er im Mai in Berlin mit ihr zusammengetroffen sei. In diesem Verhalten der Beklagten sei der Tatbestand des boshaften Verlassens im Sinne des Gesetzes gelegen. Die Beklagte brauchte den Vorwand, sich zur Heilung des kranken Knies nach Berlin begeben zu wollen, in Wahrheit jedoch hatte sie die Absicht, mit Dr. Paul Goldfinger zusammenzukommen und nicht mehr zu ihrem Ehemann zurückzukommen. Was auch geschah. Da somit der Trennungsgrund des boshaften Verlassens im Sinne von § 115 a.b.G.B. erwiesen erscheint, ist die Trennung der Ehe aus alleinigem Verschulden der Beklagten auszusprechen.
Landesgericht für ZRS, Wien.
Abt. 20. am 26. November 1930
Rechtsanwalt
Dr. Rudolf Grünfeld
Verteidiger in Strafsachen
Wien IX, Schwarzspanierstrasse 15   29. November 1930

Sehr geehrter Herr Professor!
Ich bin in der angenehmen Lage, Ihnen mitteilen zu können, dass heute bereits das Urteil vom Landgericht Wien mir zugestellt wurde. Aus diesem Urteil belieben Sie zu entnehmen, dass die zwischen Ihnen und Frau Käthe Pauli geschlossene Ehe aus dem Alleinverschulden der Beklagten für getrennt erklärt wurde. Die Begründung ist so klar und eindeutig, dass dieselbe eines näheren Kommentars nicht bedarf. Sobald die Formalitäten mit dem Ehebandsverteidiger erledigt sind und

ich die Verzichtserklärung einer Berufungsverhandlung vor dem Oberlandesgericht Wien von Ihrer Frau bekommen habe, besteht die Hoffnung, dass die Sache noch in diesem Jahr zur endgültigen Erledigung kommt.
Ich empfehle mich Ihnen, sehr verehrter Herr Professor, mit besten Grüssen und in gewohnter aufrichtiger Wertschätzung als Ihr sehr ergebener
R. Grünfelder

Mit den Fingerspitzen fahre ich über die Papieroberfläche der leicht vergilbten Dokumente. Die Einschläge der Schlagbuchstaben sind als feine Vertiefungen zu spüren, auch die Erhebung der Tintenspur der Signaturen. Falls ich mich richtig erinnere, soll Pauli seine erste Frau, eine Tänzerin, in einem zwielichtigen Lokal kennen gelernt haben. Auch mein Vater suchte gern solche Lokale auf. Auch er hatte ein Faible für Frauen mit der Figur einer Tänzerin. Diskret. Sehr diskret. Ob Pauli, der berüchtigte Salonlöwe, ihn (indirekt) dazu animiert hatte? Nach der Scheidung – oder schon vorher? – stürzte Pauli in Alkohol und Depressionen ab wie in eine Gletscherspalte. Die Depressionen, die er mittels Jungscher Psychoanalyse behandelte (seine Anima, seine weibliche weiche Seite, lag angeblich unter seiner männlichen Kopflastigkeit und Aggressivität verschüttet), wurde er vielleicht los, das konnte ich nicht erfahren. Alkohol aber schien, seinen Gesichtszügen nach zu urteilen, sein Begleiter geblieben zu sein. Auf der Porträtfotografie, die vor mir steht, erkenne ich einen Mann in seinen Fünfzigern, der hinter der Fassade aus Sarkasmus Schwermut verbirgt. Sein Kassandra-Blick, der Äonen alt zu sein scheint, seine dramatischen Augenringe und die scharfe Querfalte im Kinn verraten den Geist des Genies. Myriaden von neuronalen Verbindungen, die unablässig feuern. Ein ruheloser Geist. Getrieben, um seiner Schwermut zu entfliehen. Getrieben, um zu verstehen. Einer, der die Widersprüche im Universum und die Widersprüche in sich selbst mittels Rausch und

Betäubung auszuhalten und auszuschalten versuchte. So stelle ich es mir vor. Antimetaphysisch geboren – aber metaphysisch gestorben im Zimmer Nummer 137. Ein Grund für Paulis Schmerz muss auch der frühe Tod seiner Mutter gewesen sein. Aus Wut und Verzweiflung hatte sie sich das Leben genommen, als ihr Mann sie für eine jüngere Frau verliess. So sagt man. Doch vielleicht ertrug sie sich selbst und das ganze Drumherum einfach nicht mehr. Pauli war Mitte Zwanzig gewesen, als seine Mutter sich umbrachte. Im selben Lebensabschnitt wie Traugott, als auch dieser seine zweite Mutter Josy verlor.

Flüelen, 24. Dezember 1957

Zu Heiligabend kamen alle nach Hause in die Rose. Gret, inzwischen verheiratet, brachte ihren stattlichen Mann Alois und ihre Kinder mit. Alois, ein Geschäftsmann in Zürich, hatte Gret während seiner Militärzeit in Flüelen kennen gelernt, wo er ihretwegen häufig in der Rose aufgetaucht war, um sich von ihr einen Kafi Schnaps servieren zu lassen. Heute durfte Traugott zusammen mit ihren Kindern auf dem Hintersitz des neuen schicken Audi mitfahren, der nun als Wahrzeichen gesellschaftlichen Aufstiegs auf dem Parkplatz vor der Rose stand, wo ihn alle sehen konnten. Leonz bestaunte den modernen Wagen bei ihrer Ankunft ausführlich. Dass seine älteste Tochter, die schöne blonde Gret, sein Augapfel und Trost, einen wohlhabenden Städter geheiratet hatte, lag nicht nur an Gottes Gnaden, sondern auch an seinem Verdienst. Nur er allein wusste, wie viel er getan und unterlassen hatte, um diese drei Kinder in Würde und Anstand gross zu bringen. Jetzt legte er seinem Schwiegersohn die Hand auf die Schulter und öffnete die Tür zum Restaurant. Auf einem Schild stand »heute geschlossen«:

»Willkommen zu Hause, Schwiegersohn.«

Das Haus war geschmückt mit Lametta und Tannenreisig. Auf dem Buffet stand ein Adventskranz mit flackernden Kerzen aus Honigwachs und in der Ecke prangte ein mit Glaskugeln behangener Christbaum, dessen Silberspitze bis zur Decke reichte. Es duftete nach Zimt, Vanille und Tanne. Ursina, die als Einzige noch bei den Eltern lebte, weil sie sich bis anhin für keinen Mann hatte entscheiden oder einen passenden finden können, half im Haushalt tüchtig mit. Zusammen mit Marili, der Serviertochter, die zur Familie gehörte, hatten sie die Tische zu einem Bankett zusammengeschoben, ein weisses Damasttuch darüber geworfen und waren dabei, die Tafel festlich zu decken. Rex, der Schäferhund, wedelte freudig erregt mit dem Schwanz und drückte den Kindern seine feuchte Schnauze ins Gesicht, was Geschrei auslöste.

»Er macht euch doch nichts. Rex ist ein ganz Braver«, beruhigte Leonz seine Enkelkinder und tätschelte dem Tier den Rücken. Marili und Ursina eilten mit Tellern, Besteck und Gläsern hin und her, während im Ofen in der Küche die Rindszunge schmorte und in einer grossen Bratpfanne auf dem Gasherd die Kartoffeln brutzelten.

»Wo ist Mutti«, fragte Traugott, während er seinem Vater die Hand drückte.

»Sie hat sich noch ein wenig hingelegt«, gab Leonz zurück. Ein feines Zittern in seiner Stimme liess Traugott aufhorchen.

»Stimmt etwas nicht?«

»Sie trinkt viel Wasser in letzter Zeit …«, gab Leonz vage zur Antwort.

Durst. Unstillbarer Durst. Kannen voll mit Wasser, die getrunken werden, als gälte es, einen inneren Brand zu löschen. Eine nach der anderen. Das löste in dieser Familie schlimme Erinnerungen aus.

»War sie beim Doktor?«

Leonz nickte schweigend. Traugott fühlte, wie etwas seinen Hals zuschnürte. Rasch ging er durch die Hintertür ins Treppenhaus in den oberen Stock hinauf. Vor dem Elternschlafzimmer holte er tief Luft, dann klopfte er an.

»Herein«, sagte Mutter mit gewohnter Stimme. Erleichtert atmete Traugott auf und trat ein. Im Festtagskleid lag sie auf dem Bett. Ihr graues Haar adrett zu einem Dutt frisiert. In den Ohrläppchen die goldenen Kreolen. Auf dem Nachttisch ein leerer Krug. Ein leeres Glas, an dem noch ein Tropfen schimmerte.

»Mein Junge«, sagte Josy, eine Träne kullerte über ihre Wange, »mein lieber Junge.« Denn Traugott war Josys Liebling. Das einzige Kind ihrer Schwester, das sie als Mutter akzeptierte.

Jetzt sah Traugott, dass sie blass war. Ihre Hände kalt. Er nahm sie zwischen seine und setzte sich zu ihr auf den Bettrand.

»Wie geht es dir?«, fragte er vorsichtig.

»Nur ein bisschen müde von der Arbeit«, erwiderte sie besänftigend. »Wie schön, dass du da bist. Erzähle mir vom Studium. Gefällt es dir in der Stadt?«

»Das Studium ist toll. Weisst du, ich habe das Glück, von den ganz grossen Geistern der Wissenschaft zu lernen. Aber die Zürcher sind ein eigenartiges Volk. Auf der Strasse hetzen sie blicklos aneinander vorbei. Und wenn du jemanden anhältst, um nach dem Weg zu fragen, zucken sie zusammen, als ob man sie ausrauben möchte. Am Anfang grüsste ich hier und da noch jemanden, natürlich nicht im Gewimmel, aber in einer Seitenstrasse oder so, wo es wenig Passanten gibt. Doch die Leute schauten mich jedesmal an, als ob ich verrückt wäre. Als Auswärtiger geht man durch Zürich, ohne mit einer Menschenseele ein Wort zu wechseln. Ohne wahrgenommen zu werden. Als ob man Luft wäre. Wer keine Freunde und Familie hat, vereinsamt in dieser Stadt.«

»Traugott, ohne Familie ist der Mensch überall verloren. Die Familie ist der heilige Ring, den Gott uns gibt, um unsere Freuden zu teilen. Und um die schweren Dinge, mit denen Er uns prüft, gemeinsam zu tragen. Die Ehe, Grund und Boden der Familie, ist ein Sakrament. In ein paar Jahren wirst auch du eine Familie gründen.«

»Mutti«, sagte Traugott leise, »ich bin Gott dankbar, dass *du* meine Mutter bist.«

»Weisst du, Traugottli, deine Mutter Agnes war ein besserer Mensch als ich. So fein, so zart, voller Güte für alle. Ihr Tod war eine Katastrophe für euch armen Kinder und euren Vater«, sie hielt inne und schloss einen Moment lang die Augen, »ich habe versucht, sie nach bestem Wissen und Gewissen zu ersetzen, Gott weiss, ich habe es versucht …«

»Ich kann mich nicht an sie erinnern«, sagte Traugott, »für mich bist du meine Mutter. Dich liebe ich. Dir danke ich von ganzem Herzen.«

Josy drückte Traugott die Hand und wandte das Gesicht ab, um ihre Rührung zu verbergen. Sie fühlte sich in letzter Zeit seltsam getrennt von allem. Als läge sie unter einer Schneedecke:

»Mein Junge, mein lieber Junge«, murmelte sie und streichelte seine Hand.

Eine Weile verharrten sie in schweigender Eintracht. Aus dem Untergeschoss klangen die Stimmen der anderen. Zwischendurch ein Bellen von Rex. Weihnachten erfüllte das Haus, das Dorf, ja das ganze Land mit Glanz und Gloria. In der Ecke des Restaurants stand die Krippe, die Leonz geschnitzt hatte: eine kleine Holzhütte mit Holzfiguren. In der Mitte lag das Jesuskind im Stroh, umgeben von Maria und Josef, den drei heiligen Königen Caspar, Melchior und Balthasar, einem Esel und einigen Schäfchen. Fasziniert standen die Kinder davor und bestaunten das heilige Kind.

»Das Jesuskind lehrt uns Nächstenliebe, Demut und Dankbarkeit«, erklärte ihnen Grossvater Leonz. Doch die Kinder schenkten ihm keine Aufmerksamkeit, denn sie verstanden seine Worte nicht. Vielmehr stellten sie sich vor, dass die Holzfiguren zum Leben erwachten. Dass die Tiere anfingen, Heu zu fressen, die Könige ihre Geschenke auspackten, das Baby schrie und Maria es in den Arm nahm, um es zu wiegen und ihm »Heilige Nacht« vorzusingen, während Josef, der Stiefvater, alle beschützte, indem er mit der Laterne vor die Hütte trat, um nach dem Rechten zu sehen.

»Bitte fülle mir nochmals den Krug«, sagte Josy zu Traugott, »in einer Viertelstunde komme ich dann zu euch hinunter.«

Als Traugott nach dem Weihnachtsabend, den sie alle zusammen am Esstisch zugebracht hatten, das einzige Mal im Jahr, wo die Familie beisammensass, in seinem alten Kinderbett lag, betete er innig ins Dunkle hinein:

»Gottvater im Himmel, wenn es dich gibt, mach Mutti gesund. Lass sie weiterleben. Ich bitte dich, erhöre mich.«

Drei Wochen später, als Traugott wieder in Zürich zurück war, vernahm er am helllichten Tag im Studentenheim an der Leonhardstrasse ein lautes Poltern und Krachen, von dem er nicht sagen konnte, woher es rührte. Er fragte Jean-Paul und noch andere Studenten, ob sie es auch gehört hätten. Aber alle verneinten. Ausser Traugott hatte den seltsamen Lärm niemand bemerkt. Am selben Abend wurde Traugott ans Telefon im Korridor des Studentenheims gerufen. Sein Vater Leonz war am Apparat und teilte ihm mit gefasster Stimme mit, dass Josy heute Nachmittag friedlich, mit einem Lächeln auf den Lippen, in die geistige Welt hinübergegangen sei. Als Traugott ihn unter Tränen nach der Uhrzeit ihres Todes fragte, stellte sich heraus, dass er genau zu diesem Zeitpunkt das Krachen im Haus gehört hatte.

Zur Beerdigung trafen alle Kinder und Kindeskinder erneut in Flüelen zusammen. Auf dem Friedhof der neuen Kirche nahmen sie von Josy Abschied. Die Weihnachtsstimmung war verflogen und den rauen Schneestürmen des Januars gewichen. Josy wurde im Familiengrab beigesetzt wie ihre Schwester Agnes neunzehn Jahre davor. Ein Steinmetz hatte ihren Namen, ihr Geburts- und Todesjahr in frischen goldenen Lettern unterhalb jene von Agnes gemeisselt. Wenigstens sind sie jetzt zusammen, dachte Traugott, dessen Schwester Ursina neben ihm stand und ihm untergehakt hatte. Die Nähe zu Ursina half ihm, aufrecht zu bleiben. Ein einmaliges Schluchzen folgte auf die Empfindung, die einem Messerstich in die Brust glich. Dann verstummte er. Fasste sich. Das Gefühl von Trostlosigkeit gefror im Schneegestöber der Schneeflocken, die auf die frisch gehobenen Erdschollen, die lila Erikablümchen und den Strauss dunkelroter Rosen fielen und sie allmählich mit kleinen Eiskristallen bedeckten. Da war nichts. Nur Stille. Nur Sehnsucht. Nur Schmerz. Die tiefhängenden Wolken verwandelten das Tal in eine kalte Welt aus Grautönen. Gret weinte heftig. Anders als Traugott und Ursina hatte sie als älteste der drei Kinder nie ein Hehl daraus gemacht, dass sie Josy keine Minute als Mutter akzeptierte. Josy war *nur* Tante. Unerwünschte Tante. Leonz hielt seine älteste Tochter im Arm. Sein Blick folgte einem Raubvogel, der hoch über dem Friedhof seine Runden zog. Ab und zu zerschnitt sein spitzer Schrei das Geschwätz in Traugotts Kopf.

»Warum?«

»Erwarte keine Antwort. Es gibt viel zu viele Fragen, aber kaum Antworten.«

»Wozu so viele Fragen, wenn es keine Antworten gibt?«

»Vielleicht haben wir sie einfach noch nicht gefunden.«

»Ungewissheit scheint eine Konstante zu sein.«

»Wozu?«

»Wüssten wir alles, würde uns nichts mehr antreiben.«

»Wir würden noch bequemer werden. Noch überheblicher.«

»Traue keinem, der es weiss.«

»Aber wir wollen wissen und verstehen. Unwissenheit ist unerträglich.«

»Unser Geist möchte sich ausdehnen, sich in alles hineindenken.«

»*Wer* ist denn unser Geist?«

»Er wohnt in unserem Gehirn.«

»Und in unserem Bauch.«
»Und in unserem Herzen.«
»Unser Geist ist mit dem All verbunden. Ist ein Teil davon.«
»Du meinst Gott?«
»Der Hauch Gottes oder so. Nichts Getrenntes.«
»*Wer* weiss das?«

Die Kirchenglocken ertönten. Sie klangen in den Ohren der Trauernden wie das Donnern von Lawinen. Himmlisches Donnern. Himmlische Lawinen. Nach dem Trauergottesdienst, an dem das ganze Dorf teilgenommen hatte wie eine Schar entmutigter Raben. Nach dem Schütteln zahlloser Hände. Nach zahllosen Beileidbekundungen. Nach der Rückkehr in die Rose, wo eine unerträgliche Leere sich breitgemacht hatte, ohne Rand, ohne Geländer, ohne Grenzen. Nach dem wortlosen Abschied vom Vater, von den Schwestern, Verwandten und Bekannten. Nach der Rückkehr ins Studentenheim stürzte Traugott sich ins Studium wie ein Rettungsschwimmer, der sich selbst vor dem Ertrinken retten will. Gott war vielleicht tot. Seine Mutter jedoch lebte ihn ihm weiter. Das *spürte* er.

Altdorf, Staatsarchiv, November 2021

Vor dem Einschlafen höre ich auf YouTube meditative Musik. Beruhigende Vorträge weiser Menschen. Loslassen. Das Leben ist ein Fluss. Schmerz zulassen und beobachten. Healing by feeling. 85 Prozent des Wohlbefindens sind rein körperlich. Nur 15 Prozent psychisch. Heisst psychisch *nicht*körperlich? Schmerz wäre nicht Schmerz, wenn er so einfach wegzuatmen wäre. Also Zeit. Geduld. Nein! Geduld bringt Rosen auf das Grab. Nimm dich nicht so wichtig! Sei ein Fluss. Sei ein Stein. Sei ein Baum. Sei ein Vogel. Sei ein Wurm. Sei ein Murmeltier. Sei, was du willst. Sei einfach und urteile nicht. Zeit. Vertraue in die Zeit, die alles zusammenfügt und wieder auseinandernimmt und wieder zusammenfügt usw. usf. Es darf gelacht werden. Es darf geweint werden.

Ich lese in einem Buch von Teilhard de Jardin, dem Jesuiten und Paläontologen, dessen wissenschaftlichen und philosophischen Betrachtungen zu seiner Lebzeit von der Katholischen Kirche verboten wurden. Er sieht im menschlichen Bewusstsein die Spitze der Evolution. *Im menschlichen Individuum werde die Materie ihrer selbst bewusst.*

Covid 19, das jüngste Corona-Virus, hält die bis vor seinem Erscheinen normalen Aktivitäten noch immer auf Sparflamme – keine Ansammlungen, keine Konzerte, keine Einladungen, keine Ausstellungen, keine Partys. Es ist, als ob es keine Zeit gäbe. Wenn sich nichts ereignet, gibt es auch nichts zu erzählen. Und wo es nichts zu erzählen gibt, steht das Leben still wie im Schloss von Dornröschen, nachdem sie von der Nadel gestochen wurde. Alle tragen noch immer Masken, gleichgültig, ob sie sich mögen oder nicht, die Maske, oder vielmehr die Angst, verbindet alle über den gesamten Globus hinweg. Die Angst verbindet uns mehr als die Liebe. Faktum. Ein unsichtbares winziges Etwas bedroht die Menschheit. Aber wir sind zähes Material, so schnell bringt uns – die Menschheit – so ein Winzling nicht um. Vorher bringen wir uns gegenseitig um. Gleichgültigkeit, Hass, Gier, Neid und Profilneurosen sind um ein Zigfaches effizienter als das bisschen DNA/RNA-Nukleinsäure. Könnte es sein, dass wir umso heftiger gegen Mikroben kämpfen, je machtloser wir gegenüber unseren eigenen schlechten Eigenschaften sind? Hauptsache, wir meinen, wirkungsvoll zu sein. Oh Gott, nur nicht hilflos! Mit aller Härte gegen Mikroben vorgehen, vermittelt uns das Gefühl, Kontrolle zu besitzen. Auch jene Leute, die gegen die Schutzmassnahmen kämpfen, die der Staat ihnen vorschreibt oder aufzwingt, fürchten sich im Grunde vor dem Verlust der Kontrolle. Jeder will selbst entscheiden, ob er sich der Gefahr aussetzt oder nicht. Hauptsache *selbst*. Hauptsache, niemand schreibt anderen etwas vor. Was hat dieses *Selbst* mit dem Bewusstsein zu tun? Bin *Ich-selbst* ein Atom in der Krone der Schöpfung? Bin ich ein Atom im Atem Gottes?

> »*Im Anfang schuf Gott den Himmel und die Erde.*
> *Und die Erde war öd und wüst, und Finsternis auf der Fläche des Abgrundes, und der Geist Gottes schwebend über der Fläche der Wasser.*«
> *Erstes Buch Moses, Genesis, 1. Kapitel, 1.1. -1.2.*

Der schwebende Geist Gottes. Fängt an dieser Stelle das Problem an? Könnte *Er* auch geisteskrank sein? Was aber meint geisteskrank eigentlich?

Flüelen, 28. Juni, 1914

Vier Wochen vor Ausbruch des Ersten Weltkriegs verschwand Kari, genannt Carl Z., ohne eine Nachricht zu hinterlassen. Er hatte mit seiner Frau Sophie inzwischen fünf Kinder gezeugt. Das jüngste, der blondlockige Heireli, war im letzten Herbst, im Alter von fünf Jahren, in den Dorfbach gefallen, als er mit einem Stecken einen Molch herausfischen wollte, und war in den Urnersee hinausgeschwemmt worden. Carl, der auf sein Söhnchen hätte aufpassen sollen, war in der Wirtschaft bei Wein und Kartenspiel versumpft. Hatte nicht bemerkt, dass der Kleine das Lokal verlassen und zum Bach hinuntergelaufen war. Als ein paar Hafenarbeiter die Kinderleiche in den nassen Kleidern zur Familie brachten und dort wie ein Kunstwerk aus Butter auf den Küchentisch legten, barst nicht nur ein fürchterliches Wehklagen aus dem Gebälk, das das Hausdach trug, auch die Ehe zwischen Sophie und Kari brach endgültig entzwei wie jenes Schiff, das im Jahr davor auf hoher See vom Kurs abgekommen und von einem Eisblock gerammt worden war.

Alle hatten mit Schaudern davon gehört. Sophies Seele ging zusammen mit ihrem jüngsten Kind unter wie jenes Wrack im Eismeer. An Heirelis Begräbnis weinte sie keine Träne. Stand da mit unbeweglichem Gesicht und abgewandt von ihrem Mann, der wie üblich nach Alkohol roch und untröstlich schluchzte. Sie sah nur noch das tote Kind vor sich. Heireli mit dem gebrochenen blauen Blick und das Seewasser, das aus seinen mit Algen verhangenen Locken und Kleidern auf den Boden tropfte. Seine weissen kalten Hände voller Schlick. Sein verstummter Kindermund. Sophies letzter Trost wurde auf dem Friedhof Flüelen in einem Erdloch versenkt. Oh, Gott, was tust du mir noch an? Womit habe ich das verdient? Die Erinnerung an den Heugaden tauchte auf. Sie war die Antwort. Sophie wusste es.

Es war im Hochsommer gewesen. Damals. Die Mauersegler brüteten in ihren Nestern unterhalb des Dachvorsprungs. Eifrig schwirrten die Vögel hin und her. Apfel- und Birnbäume waren verblüht und an ihren Stellen wuchsen kleine harte Früchte. Die Landschaft eine einzige Idylle. Die vierzehnjährige Sophie wollte im Stall nach dem Kälbchen sehen, das am Tag davor zur Welt gekommen war. Auf wackligen Beinen schaute es mit den allertreuherzigsten Augen in die Welt, als Sophie ihm die Milchflasche gab. Im Gaden nebenan wollte sie ihm noch ein Büschel frisches Heu holen. Um es damit zu putzen. Jener Mann half ihr die Leiter auf die Tenne hinauf, wo ein Haufen verwelkendes Gras lag. Sie lachten und schäkerten. Erst als der Mann sie auf den Grashaufen niederwarf und ihren Rock hochschob, verging ihr das Lachen. Sie verstand nicht, was er da machte, aber sie fühlte sich nicht wohl dabei. »Lass mich los! Was tust du da?« Sie versuchte, sich zu entziehen. Doch sein Griff war hart. »Alles ist gut«, presste er hervor. Sie biss sich vor Schmerz in die eigenen Finger. Unendliche Scham. Niemals hätte sie mit jemandem darüber gesprochen. Über das *Ereignis,* das sich noch viele Male wiederholte.

Leonz, sein Bruder Josef und ihre beiden Schwestern umringten die Mutter vor dem Grab ihres Brüderchens. Wie Jungtiere drückten sie sich an sie, klammerten sich stumm an ihren pechschwarzen Rock. Indes war Kari in der Familie unwiderruflich zum Aussenseiter geworden. Niemand kümmerte sich um ihn. Furchtbare Schande. Furchtbare Schmach. Ein Versager. So dachten sie und wussten noch gar nicht, wie recht sie hatten.

Dabei hätte alles gut oder besser verlaufen können, wäre Carl nur nicht Kari geblieben.

Wenige Tage nach Karis Verschwinden stand der Polizeichef in Begleitung einiger Männer im Anzug vor der Rose und verlangten die Rosenwirtin zu sprechen. Leonz war vierzehn Jahre alt, als er die Beamten hereinbat und seine Mutter rief, die im Hinterhof beschäftigt war. Seit Heirelis Tod trug sie nur noch Schwarz. Ihr Gesicht glich einer Maske aus Gips. Selbst wenn sie ein mechanisches Lächeln andeutete wie in diesem Moment, blieb ihr Blick hart und leer. Als wäre sie aus ihrem Körper ausgezogen. Emigriert. Als sie die Wirtschaft betrat, schauten vom Stammtisch einige Gäste neugierig zu ihnen hinüber, also winkte Sophie die Herren in das Hinterzimmer, ein Jasszimmer mit Fenstern aus Flaschenböden, wo alle am Tisch mit einer Schiefertafel in der Mitte Platz nahmen. Leonz begleitete seine Mutter wie ein Mann.

»Grüss Gott, Herr Furrer, was bringt Sie hierher?«

»Gute Frau, wir haben schlechte Nachrichten. Leider.«

Sophie erwiderte nichts, abwartend schaute sie den Polizeichef an. Ihr Ausdruck war undurchdringlich.

»Der Vater?«, fragte Leonz vorsichtig, »ist ihm etwas zugestossen?«

»So könnte man es auch nennen«, fuhr der Beamte fort.

»Was darf ich Ihnen servieren?«, unterbrach Sophie kalt und erhob sich wieder.

»Für mich einen Kaffee mit Milch.«

»Und Sie?«

»Dasselbe.«

»Ich nehme gern einen Schwarzen mit Zucker.«

»Und ein Glas Wasser.«

Sophie nahm alles auf und rauschte in ihrem hochgeschlossenen Kleid hinaus.

»Lebt er noch?« Leonz spürte wie die Scham ihm die Röte ins Gesicht trieb.

»Wir wissen von nichts anderem.«

»Wo ist er?«

»Ja, das würden wir auch gern wissen.«

»Sie wissen nicht, wo er sich aufhält?«, Leonz war verwirrt.

Sophie kehrte mit einem Tablett voller Tassen zurück und verteilte sie.

»Er ist also am Leben«, murmelte Leonz. Es klang nicht erleichtert, vielmehr verstört.

»Der Teufel soll ihn holen«, sagte Sophie.

»Jaaa, Frau Sophie, doch leider kommen wir nicht darum herum, Sie in Kenntnis zu setzen, dass …«, der Beamte nahm einen Schluck Kaffee. Er wand sich, der leidgeprüften Frau auch noch diese Hiobsbotschaft überbringen zu müssen, aber er hatte keine Wahl. In diesem Beruf brauchte es Nerven wie Lederriemen.

»Wir sind von Amtes wegen beordert«, er räusperte sich, »Ihnen mitzuteilen, dass Sie vor dem Konkurs stehen.« So, jetzt war es draussen. Herr Furrer nahm erneut einen Schluck Kaffee.

»Die Rose gehört ab sofort der Kantonalbank Uri«, fügte ein Bankbeamter hinzu und schob ein Dokument über die Tischfläche.

Sophie nahm es mit Herablassung und reichte es an Leonz weiter: »Lies, was da steht.«

Leonz hatte bis anhin noch nie etwas mit Geldsachen zu tun gehabt, doch anhand der zusammengestellten Zahlen begriff er rasch, dass die Rose, genauer Haus, Garten, Garage und Nebengebäude, hoch verschuldet waren. Kein Rappen mehr auf dem Konto, nur Zahlen mit einem Minuszeichen davor. Sie waren arm wie die Kirchenmäuse. Sophie starrte mit leerem Blick vor sich hin. Eigentlich war sie nicht überrascht. Eigentlich konnte sie nichts mehr überraschen.

USA, 1899 bis 1908

Während dieser Jahre war Sophies Bruder Leopold in den Vereinigten Staaten von Farm zu Farm gezogen und hatte in deren angegliederten Müllereien Pferdegöpeln gebaut, Dreschmaschinen, die mehr Korn in kürzerer Zeit droschen als ein Dutzend Männer zusammen. Das Wissen über diese Maschine hatte er während der Überfahrt von Hamburg nach New York von einem Göpelmeister aus Bayern erworben und akribisch in einem Notizbuch festgehalten. In Amerika war er dem Bayer als Gehilfe gefolgt, bis er selbst sattelfest war. Danach zog er erfolgreich allein weiter. Heuerte hier und da einen Helfer an und scheffelte eine rechte Menge Geld. Als reicher Mann kehrte er nach neun Jahren in der Fremde heim nach Flüelen und baute dort wie geplant gleich nach dem Achsen über dem Urnersee das erste Touristenhotel, den Flüelerhof. Wie versprochen holte er seine Schwester Sophie und deren Mann Carl, um Teil des Projekts zu werden. Sophie war zuständig für die Ausstattung der Innenräume, vor allem für die Bettwäsche, die Tischtücher, Servietten und Vorhänge. Carl wurde mit seinem Händchen für Technisches bei der Installation der Hotelküche, der Lagerräume, der Bäder und des Kohlenkellers eingesetzt. Doch schon bald kam es zwischen den Männern zu Reibereien, Carl fühlte sich von den Geschwistern zurückgesetzt. Er hatte keine Lust mehr, länger Prinzgemahl zu spielen und den Casserollier zu machen, sondern wollte sein eigenes Unternehmen. Das teilte er Sophie, die mit dem dritten Kind schwanger war, in aller

Deutlichkeit mit. Nicht ohne anzumerken, dass auch er jederzeit nach Amerika aufbrechen und dort zu Vermögen kommen könnte, wenn er nur wollte. Nachdem Leopold eine Einsicht hatte, kaufte er im Zentrum des Dorfs das Restaurant Rose und übertrug seinem Schwager vorerst nur die Pacht, denn er sollte beweisen, dass er sich gut benahm und redlich um Frau und Kindern kümmerte. Eine verheiratete Frau hatte damals nichts zu berichten. Rechtliche Dinge lagen in der Obhut des Ehemanns. Die ersten Jahre arbeiteten sie Tag und Nacht, um aus der vergammelten Beiz, die bis vor kurzem eine Kneipe für die italienischen Gastarbeiter am Gotthard gewesen war, ein hübsches Lokal und in den oberen zwei Stockwerken Gästezimmer herzurichten: Holzbetten mit doppelten Matratzen, Kommoden mit Waschschüssel und Krug aus Porzellan mit blauen Blumen, Federdecken und Kissen mit karierten Bezügen, an der Wand ein Kruzifix, neben der Tür eine Schale mit Weihwasser. Carl konnte seine mannigfaltigen Fähigkeiten und Ideen unter Beweis stellen und Sophie erlebte zum ersten Mal ein zartes Gefühl, *jemand* zu sein.

Bald nach der Eröffnung des Hotel-Restaurant Rose verflog Sophies Optimismus jedoch wieder. Carl gewöhnte sich rasch an, mit den Kunden am Tisch ein Gläschen, dann zwei, dann drei und so weiter zu trinken und sich in aufschneiderische Behauptungen einzulassen, was nicht selten zu Handgreiflichkeiten führte. Nachdem er eines Abends in alkoholischer Wut eine volle Flasche Bier auf den Boden geknallt hatte, was einer kleinen Explosion gleichkam, und danach aus dem Lokal gestampft war, wandte sich Sophie, trotz heftiger Scham, an ihren Bruder Leopold und bat ihn um Hilfe. Sie hoffte, wenn Kari rechtmässiger Besitzer der Rose würde, könnte das seinem Stolz vielleicht guttun und sein Verhalten verbessern.

Altdorf, Staatsarchiv, November 2021

Die Familie Z. hat einen Sinn für Historisches. Nicht wenige von Vaters Verwandten haben ihre Heimat auf wissenschaftliche Art und Weise erforscht und dargestellt. Sie haben Bücher über die Innerschweizer Geologie, über die Mentalität der Urner Bevölkerung, die Besuche von Goethe während seiner Reisen nach Italien und über die Schweizer Kollaborateure mit den Nazis verfasst. Die einen waren Meteorologen, andere Soziologen, wieder andere haben die Pflanzen der Urner Alpenwelt oder Bergkristalle studiert und eingeordnet. Einer sammelte Ammoniten und Trilobiten, zeichnete Dorforiginale und erzählte in Kurzgeschichten ihre Eigenheiten. Nicht wenige zeigten Begabung im Schnitzen, Töpfern und Malen. Die geistige Tätigkeit wurde von der älteren Generation zunächst als Hobby betrieben und im Lauf der Zeit zur Profession entwickelt, während die Jüngeren an die Universitäten in die grösseren Kantone ausschwärmten. Am Sonntagmorgen besuchte man, wie es sich gehörte, die Messe auf Lateinisch, aber hauptsächlich, weil man sich dort mit den Leuten traf, nicht weil man sehr fromm war, und schon gar nicht, weil man verstand, was der Pfarrer predigte. Denn der Katholizismus der Familie Z. kann mit einem Gartenzaun verglichen werden: Die Religion gab das Äußere, die Umzäunung, vor, aber innerhalb der Gehege blühten allerlei unorthodoxe Vorstellungen und Ideen. Unerhörte Wesenheiten aus Wissenschaft verwoben und verflochten mit Fantasie und Magie. Geistiges Schaffen war ihnen Voraussetzung und Pflicht. Überzeugt, dass das Leben – im Grunde – eine Gnade, ein göttliches Geschenk sei, wo nicht nur die Gesinnung, sondern vor allem die *Tat*, die aktive Auseinandersetzung mit den Wundern der Natur, gefordert war. Denn Forschung und Kunst galten als *Lobpreisungen* Gottes schlechthin.

Benedictus Deus.
Gott sei gepriesen.
(WER?)
Benedictum Nomen Sanctum eius.
Gepriesen sei Sein heiliger Name.
(HEILIGER NAME?)
Benedictus Iesus Christus, verus Deus et verus homo.
Gepriesen sei Jesus Christus, wahrer Gott und wahrer Mensch.
(WAHR?)
Benedictum Nomen Iesu.
Gepriesen sei der Name Jesu.
(SEIN NAME?)
Benedictum Cor eius sacratissimum.
Gepriesen sei Sein heiligstes Herz.
(HEILIGST?)
Benedictus Sanguis eius pretiosissimus.
Gepriesen sei Sein kostbares Blut.
(BLUT?)
Benedictus Iesus in sanctissimo altaris Sacramento.
Gepriesen sei Jesus im allerheiligsten Sakrament des Altars.
(SAKRAMENT DES ALTARS?)
Benedictus Sanctus Spiritus, Paraclitus.
Gepriesen sei der Heilige Geist, der Tröster.
(HEILIGER GEIST?)
Benedicta excelsa Mater Dei, Maria sanctissima.
Gepriesen sei die erhabene Gottesgebärerin, die allerseligste Jungfrau Maria.
(GOTTESGEBÄRERIN?)
Benedicta sancta eius et immaculata Conceptio.
Gepriesen sei ihre heilige und unbefleckte Empfängnis.
(HEILIG UND UNBEFLECKT?)
Benedicta eius gloriosa Assumptio.
Gepriesen sei ihre wunderbare Himmelfahrt.
(HIMMELFAHRT?)

Benedictum nomen Mariae, Virginis et Matris.
Gepriesen sei der Name der Jungfrau und Mutter Maria.
(IHR NAME?)
Benedictus sanctus Ioseph, eius castissimus Sponsus.
Gepriesen sei der heilige Joseph, ihr reinster Bräutigam.
(REINSTER BRÄUTIGAM?)
Benedictus Deus in Angelis suis, et in Sanctis suis.
Gepriesen sei Gott in Seinen Engeln und Heiligen.
Amen.
(AMEN?)

Verfasst vom italienischen Jesuiten Luigi Felici, 1797, ausgenommen die Fragen in den Klammern.

Wie oft hat Traugott Z. die Laudes Divinae sprechen müssen? In den Internaten täglich? Wöchentlich? Hat dieses Gebet seine neuronalen Vernetzungen beeinflusst? Aber was wird hier eigentlich ausgedrückt? Fünfundzwanzig Jahre nach dem Tod meines Vaters verstehe ich die Sprache, in der er aufwuchs, nicht mehr.

Meine Urgrosseltern Kari Z. alias Carl Z. und Sophie sind jedenfalls weder reinst noch unbefleckt gewesen. Ihre Flecken waren hartnäckig. Keine Seife der Welt konnte sie abwaschen. Sowohl mein Grossvater Leonz wie mein Vater Traugott haben ihre Eltern bzw. Grosseltern zeitlebens nie erwähnt. Gerade mal so, als ob sie keine Vorfahren gehabt hätten. Doch mir dämmert es: Ich bin ein Ergebnis von Flecken.

Auf einer Kassette lausche ich den Erzählungen zweier Cousins von Traugott Z., die ich einst nach seinem Tod aufzeichnete. Von ihnen hatte ich erstmals von Sophie und Kari gehört. Diese Urgrossmutter, die von drei Männern sieben Kinder hatte, davon zwei in Sünde (was die letzteren fünf mit Kari ihr angeblich nie verziehen hatten), und dieser Urgrossvater, der Haus und Hof verspielt und versoffen, hierauf Frau und

Kinder ihrem Schicksal überlassen hatte und sich kurz vor dem Ersten Weltkrieg aus dem Staub machte.

Folgender Brief, auf einer Schreibmaschine getippt, liegt vor mir auf dem Tisch. Wo, um Himmel Willen, soll ich ihn einordnen?

Lesgewangminnen, Ostpreussen, 25.5.1919

Meine lieben Kinder
Nun endlich will ich etwas von mir hören lassen, es sind nun bald fünf Jahre seither verflossen, dass ich von zu Hause verreist bin, und das mit schwerem Herzen wie das für jeden Vater gewesen wäre, aber ich sah, dass es in denen Verhältnissen wie sie damals gewesen sind, nicht mehr weiter gehen konnte – Liebe Kinder, Ihr wisst das alle, was das für ein Schmerz war für mich, das könnt Ihr euch denken, so die Heimat zu verlassen, aber das verdanke ich alles verschiedenen Herren von Flüelen, aber es wird noch einmal die Zeit kommen, wo ich Zeit habe, ihnen dafür zu danken, was sie an mir ausgeübt haben.
Ich weiss es ganz genau, dass an der ganzen Familientrennung nichts wie einige Herrn die Schuld waren, lieber Leonz, ich hätte euch mehrmals gerne geschrieben, aber ich dachte, Ihr würdet ja kein grosses Interesse daran haben, nachdem ich auch sehen musste, dass Ihr alle auf die Mutterseite eingenommen wart, alles das habe ich vergessen, nur euch liebe Kinder habe ich nie vergessen, viele Fragen sind verflossen aber nicht – dass ich nicht an euch dachte, es war immer meine Hoffnung, euch wieder einmal gesund zu treffen in der Heimat.
Auch ich danke dem lieben Gott, dass ich immer gesund war und auch mein grösstes Glück war. Seit der Stunde bis heute war ich immer gesund und es ging mir immer gut, habe gute Stellen gehabt, wo ich mein schönes Scherflein verdient habe, das war immer mein Gedanke.

Wenn das Schicksal drückt ohne Leid gibts keine Freude, darum sei getrost im Leide. Wenn in letzter Jahresstunde denk ich, die Zeit heilt jede Wunde. Lieber Leonz, deine Photographie habe ich erhalten und hatte grosse Freude, dich wieder einmal zu sehen, wenn auch nur auf dem Papier und danke dir recht herzlich dafür.
Ich muss einmal schliessen, ich werde dir das nächste Mal mehr schreiben und theile auch mit, wenn ich gesund bleibe, dass ich euch längstens bis Weihnachten einmal besuchen werde, bitte schreibe mir auch bald einige Worte, am besten ist aber, den Brief einschreiben lassen. Indessen bleibt recht wohl auf ein Wiedersehen,
die herzlichsten Grüsse
von eurem Vater
Carl Z. Oberschweizer, Gut Lesgewangminnen
Kreis Ragnitz, Ostpreussen, Deutschland

Altdorf, Staatsarchiv, September 2021

Endlich entdecke ich eine Schachtel mit der Aufschrift: *Wechselwirkungskosmologie.* Hier liegt also Vaters Erfindung. Wartet sie auf ihre Entdeckung? Ich nehme ein beliebiges Blatt und beginne querzulesen:

Das Gedankenuniversum, eine Einführung
Wien, 8. bis 10. Februar 1991
Wie eine Kosmologie entstanden ist, interessiert nur den Entdecker. In den vergangenen Jahren habe ich einen Bewusstseinswandel durchgemacht. Zeit ist ja eine Bewusstseinsform. Hierzu ein Bild: Nehmen Sie einen Maler, zum Beispiel Pierre Bonnard, er malt und übermalt und übermalt. Bringen Sie ihm nun bei, wie er in Gedanken malen kann, dazu geben Sie

ihm Wechselwirkungen, also die aufeinander einwirkenden Kräfte, die allen physikalischen Prozessen zugrunde liegen. Er malt jetzt subtiler, seine Farben und Formen sind jetzt das, was er will. Glauben Sie, dass er nun zur Kleckserei zurückkehren möchte? So ist das auch mit der Naturwissenschaft, einschliesslich der Medizin. Die Naturwissenschaften haben bisher nur die unterste Schicht, nämlich das sichtbare Universum gesehen. Die unsichtbaren Anteile harren noch ihrer Wahrnehmung und Analyse.

Lassen Sie mich konkreter werden: Das Universum besteht aus hundert Milliarden Galaxien, jede aus rund hundert Milliarden Sternen plus Planeten. Etwa neunzig Prozent davon sind dunkle Materie, nur zehn Prozent sind also sichtbar. Das Universum scheint demnach beinahe leer. Doch der Schein trügt. Was leer aussieht, besteht aus Gedanken. Es handelt sich um das Gedankenuniversum. Ich frage: Was ist leichter? Mit einer Idee eine Gewehrkugel anzuhalten oder mit einer Gewehrkugel eine Idee zu treffen? Dabei ist eine Gewehrkugel an sich eine dichte Form von Idee. Sie wissen es selbst. Doch der Moment ist gekommen, wo wir uns unsere Ignoranz nicht mehr leisten können. Das Lebewesen Erde steht nämlich vor dem Kollaps. Ja, Lebewesen, denn kosmologisch gibt es nichts Totes. Es gibt nur stetige Umwandlung zwischen unterschiedlich bewussten Zustandsformen. Alles ist in seiner Wesenheit psychischer, ideeller Natur. Kriege sind genauso psychischer Natur wie Liebe und Freundschaft, ebenso sind es das Gravitationsfeld der Erde wie alle anderen Erdfelder. Wasserstoffatome und alle anderen Atome bestehen, vereinfacht gesagt, aus Gedanken oder Bewusstsein. Wie sonst könnten unsere Gehirne Gedanken entwickeln? Alles ist mit allem unaufhörlich in Wechselwirkung. Der Mensch nimmt also nicht nur mit Handlungen, sondern genauso mit Gedanken und Emotionen auf alles Einfluss, sowie umgekehrt alles auf ihn einwirkt. So kann ich vereinfacht sagen: Die Ursubstanz des Universums, der Grund von allem, ist psychischer Natur. Doch halt, denken Sie nicht, ich würde auch nur einen Augenblick den sicheren Boden der Physik verlassen. Meine Aussagen beruhen nämlich auf nichts anderem als auf physikalischen Untersuchungen an der Ionenhäufigkeitsverteilungen der Funkenmassenspektren von Festkörpern. Über 30.000 Spektren von weit über 1000 Kristallen wurden untersucht, bis sie mikroskopische Gesetzmässigkeiten zutage förderten: die Magnetflussquantisierung am Einzelatom, die Bose-Einstein-Kondensation im Funkenmassenplasma, der Nachweis der Elliptizität der Keplerbahnen, die exzitonische Hochtemperatur-Supraleitung im Funkenplasma und last but not least das Atomgedächtnis.

Mir schwirrt der Kopf, die Wechselwirkung zwischen dem vorliegenden Text und mir ist offenkundig. Ich brauche eine Pause. Mein Blick schweift aus dem Bürofenster und prallt am Berghang des Gitschen ab wie ein Gleitsegler, der die Balance verloren hat. Es fällt mir schwer, Vaters Gedankenkosmos nachzuvollziehen.

Ich denke, also bin ich?
Ich bin, weil ich denke?
Es denkt, also ist Es?
Es ist, weil Es denkt?

Gedankenverloren zeichne ich auf ein Blatt Papier kleine und grosse Ringe, die übereinander lappen und kritzle die Zwischenräume voll. Die Archivarin, die so gern auf Bergspitzen klettert, kommt mit einem Korb Nüsse herein:
»Die ersten Baumnüsse aus unserem Garten. Nimm!«
Ich greife hinein und nehme eine Hand voll heraus.
»Da, der Nussknacker«, sie reicht ihn mir.
Ich knacke die Holzschalen auf. Die Nüsse sehen aus wie kleine bleiche Gehirne.

»Danke, sie schmecken köstlich.«

»Heute ist mir etwas Komisches passiert«, beginnt die Archivarin, »ich erwachte zu spät, weil mein Wecker nicht geklingelt hat. Also hetze ich aus dem Haus, laufe Richtung Busstation und sehe den Bus von weitem anrollen. Mit einem Blick auf das Nummernschild, stelle ich erfreut fest, dass es der richtige Bus, nämlich die Nummer 137 ist und nicht der 69er, der auch dort hält. Ausser Atem erwische ich ihn. Doch, oh nein, am Ende der Strasse biegt der Bus nach links ab und nicht nach rechts. Und wie ich nochmals auf das Nummernschild blicke, erkenne ich verdutzt, dass ich im 69er bin. Wie zum Kuckuck war das möglich! Habe ich nicht mehr alle Tassen im Schrank? Ich hatte ganz sicher die Nummer 137 gesehen! Das macht mir Sorgen.«

»Vielleicht ist ein Wunsch manchmal so heftig, dass er die Wirklichkeit übermalt«, erwidere ich vorsichtig. Eigentlich ist es eine Frage.

Konsterniert zuckt sie mit den Achseln und geht in ihr Büro zurück, nicht ohne die Nüsse auf meinem Schreibtisch liegen zu lassen; den Nussknacker nimmt sie jedoch mit. Ich fahre mit meiner Arbeit fort, sortiere die Unterlagen. Welcher Wunsch hatte Traugott Z. angetrieben? Die Frage will mir nicht aus dem Kopf. Was hat ihn dermassen befeuert? Wie eine Kosmologie entstanden sei, interessiere nur den Entdecker, schreibt er zu Beginn seiner Einführung. Nein, stimmt nicht. Ich versuche die ganze Zeit nichts anderes, als ihn zu verstehen. Versuche nachzuvollziehen, weshalb er sein ganzes Leben in diese Kosmologie – seine Lehre des Kosmos – investiert hat. Stur weitergemacht hat, als ihm bereits einige Winde entgegenschlugen. Nicht nur von seinen Vorgesetzten und Berufskollegen, selbst von seiner Ehefrau, die ihn und seine Kosmologie irgendwann nicht mehr aushielt, ja geradezu daran zugrunde zu gehen drohte.

»Ich möchte ein Haus mit Garten, wo die Kinder spielen und ich aquarellieren kann!«

Aber Traugott Z. schaute sie nicht einmal an, begriffsstutzig schüttelte er den Kopf, während er weiterhin in seinem Buch las und gleichzeitig vor sich hinredete: »Wozu braucht man ein Haus mit Garten? Es reicht doch, in einer netten Wohnung zu leben, die nicht weit vom Arbeitsplatz entfernt liegt. Die Häuser mit Garten, die bezahlbar sind, liegen sowieso viel zu weit weg vom Zentrum.« Nie mehr in die Peripherie. Auf keinen Fall. Er blieb im Zentrum. Seine Berufung erforderte das. Ist es ihm eigentlich je in den Sinn gekommen, dass seine Frau mehr war als ein hübsches Geschöpf, das ihm das Leben ein wenig angenehmer machte, unter anderem weil sie ihn vor den Kindern, dem Haushalt und dem ganzen Trallalla bewahrte, damit er sich ungestört seiner Kosmologie widmen konnte?

»Aquarellieren kannst du doch am Küchentisch«, fügte er noch hinzu.

Dass es ihr ernst sein könnte mit dem Haus mit Garten, daran dachte er keine Sekunde.

Zürich, November 1988

Der Vorsteher des Instituts für Festkörperphysik sass mit einer Tasse Kaffee am frühen Morgen an seinem Bürotisch und baute mit einem Brieföffner, der einem japanischen Säbel glich und den er in Kyoto auf einer Konferenz geschenkt bekommen hatte, den Stoss an Briefen ab, der sich vor ihm auftürmte. Er schlitzte einen Briefumschlag nach dem andern auf und legte jene mit hübschen Briefmarken und schönen Stempeln für die Sammlung seines Sohnes beiseite. Im Normalfall ging es um Anschaffungen neuer Forschungsgeräte, um Teilnahmen an Konferenzen im In- und Ausland oder um Reorganisation von Büros und Inventar sowie um die Kommunikation mit anderen Departementen oder Medien. Obwohl Rivalitäten und Animositäten unter den Wissenschaftern gang und gäbe waren, so verliefen sie doch meistens einigermassen zivilisiert. Jedenfalls kam es selten so weit, dass ein Fall solche Ausmasse annahm, dass der Vorsteher sich damit abgeben musste. Als er jedoch den Brief eines jungen, aufstrebenden Physikers aus der Privatindustrie, der vor einigen Jahren bei ihm abgeschlossen hatte, in den Händen hielt, verspürte er ein Unbehagen. Er hasste es, sich mit zwischenmenschlichen Problemen zu befassen, er war der Typ, der sich mit Zahlen und Berechnungen auskannte und um allzu Menschliches lieber einen grossen Bogen machte.

Sehr geehrter Herr Institutsvorsteher
Ich sehe mich genötigt, in einer Sache an Sie zu gelangen, die sicher nicht weltbewegend ist, doch die mir und einigen Kollegen nach etlichen Diskussionen auf dem Magen liegt. Kurz, wir machen uns Sorgen um den Ruf des Instituts und der schweizerischen Forschung allgemein, die doch höchste internationale Anerkennung geniesst.
Stein des Anstosses sind die skurrilen Beiträge des Physikers Traugott Z., die im Jahresbericht von Jahr zu Jahr mehr Platz einnehmen. Der nicht fachkundige Leser könnte den Eindruck gewinnen, dass Herr Z. eine der zentralen Forschungsrichtungen verkörpert. Wir sind der Ansicht, dass in dieses Publikationsorgan nur Beiträge gehören, hinter denen die Herausgeber, also auch Sie, vorbehaltlos stehen können. Herrn Z.s Arbeiten zu seiner Kosmologie zählen wohl schwerlich dazu.
Ich finde es richtig und verdienstvoll, dass das Institut Herrn Traugott Z. weiterhin beschäftigt. Ebenso richtig finde ich, dass er seine Arbeiten publiziert. Aber der Jahresbericht vom Institut hat eine internationale Ausstrahlung. Ich wiederhole: Der Ruf des Instituts steht auf dem Spiel, ja der schweizerischen Forschung allgemein.
Ich masse mir nicht an, mich in Ihre Angelegenheiten einzumischen, aber da ich mehrmals mit viel Stirnrunzeln auf die Artikel des Herrn Z. angesprochen wurde, fühle ich mich verpflichtet, Sie davon in Kenntnis zu setzen. Es ist mir bewusst,

dass es nicht einfach ist, Herrn Z. zu helfen und zugleich den Schaden, den er anrichtet, zu verhindern.
Ich vertraue darauf, dass es Ihnen gelingt, das richtige Vorgehen zu finden.
Mit freundlichen Grüssen, A. Meier

Der Institutsvorsteher stöhnte. Er hatte kein Interesse, sich durch die Beiträge seiner Mitarbeiter zu lesen und auch noch deren Schwachstellen aufzuspüren. Er setzte voraus, dass Leute, die offiziell am Institut angestellt waren, über einen Fähigkeitsausweis verfügten, der nicht dauernd hinterfragt werden musste. Doch ja, er musste es zugeben, auch ihm war die Kosmologie des Traugott Z. schon befremdlich vorgekommen. Er wusste, dass Traugott Z. ein fähiger, wenn nicht gar ein besonders talentierter Physiker war. Aber die Kosmologie, die er da entwickelte, driftete unzweifelhaft vom Gebiet der Festkörperphysik in unwägbare Dimensionen ab. Das war auch ihm nicht entgangen. Er legte das Schreiben in die oberste Schublade und fuhr fort, die anderen Briefe zu lesen. Doch der Fall liess ihn nicht los. Deshalb setzte er sich zwei Stunden später selber an die Schreibmaschine – das war keine Angelegenheit für die Chefsekretärin – und schrieb ein paar Worte an seinen Kollegen Professor Q., der das Laboratorium leitete, legte eine Kopie von Meiers Beschwerde bei, und warf den Umschlag in den Korb für die interne Post. Vielleicht wusste Q., was in diesem Fall am klügsten zu tun war. Dann, bevor er in die Mittagspause aufbrach, machte er nochmals eine Kopie des Briefs und adressierte sie an Traugott Z. Sollte er ruhig selbst dazu Stellung nehmen. Das war vielleicht das Beste.

Als der Institutsvorsteher nach der Mittagspause, die er mit zwei Professoren vom Chemie-Institut verbracht hatte, ins Büro zurückkehrte, fand er ein Fax vor:

Lieber Collega
Auch ich hatte mit Herrn Z.s Elaboraten schon Probleme. Seine Vorträge an den Positronen-Konferenzen wurden schlicht als Spinnereien aufgenommen. Obwohl ich Z.s Gedankenflügen in kosmische Regionen nicht folgen kann, steht für mich fest, dass er von Positronenphysik keine Ahnung hat. Seine selbst gebastelte Terminologie, die jedes Verständnis verunmöglicht, lässt die Vermutung aufkommen, dass er nicht verstanden werden will. Ich finde, wir sollten in der nächsten Sitzung mal darüber reden. Natürlich ist mir das menschliche Problem in dieser heiklen Angelegenheit voll bewusst. Wir müssen da sehr behutsam vorgehen.
Mit herzlichem Gruss, S.B.

Hinterendingen an der Flur, November 1988

Am selben Abend fuhr Traugott Z. mit der Bahn zu seinem neuen Wohnort, der an der Peripherie des Kantons Zürich lag. Das Schicksal hatte ihn gegen seine Bestrebungen doch noch aus dem Zentrum hinausgespült. Doch er hatte sich überraschend gut damit arrangiert und erkannt, dass er auch im Zug lesen und nachdenken konnte. An den Stationen stiegen meistens dieselben Passagiere ein oder aus. Darunter eine junge Frau mit langem Barbiehaar, die seine Aufmerksamkeit fesselte. Sie mochte um die zwanzig sein und irgendwo ihre täglichen acht Stunden arbeiten, denn sie war immer in demselben Zug. Manchmal trug sie das Haar offen, manchmal keck zu einem Pferdeschwanz zusammengebunden. Wie viele in ihrem Alter trug sie Bluejeans und T-Shirts und, wenn es kühl war, eine Lederjacke darüber. Er versuchte, sich immer so zu stellen oder zu setzen, dass er sie aus den Augenwinkeln diskret betrachten konnte. Bei sich nannte er die junge Frau zärtlich *das Blond-*

chen. Ihre Anwesenheit im Zug, die Art und Weise wie sie ihre Beine übereinanderschlug, wie sie verträumt aus dem Zugfenster blickte, machten ihm den Arbeitsweg zu einem Vergnügen. War sie einmal nicht da, erschien ihm die Welt ohne Reiz und Freude. Er bemerkte, wenn sie neue Schuhe oder neue Ohrringe trug oder wenn sie an ihren Nägeln kaute. Sie wirkte so zerbrechlich, so zart auf ihn, dass er sie am liebsten in den Arm genommen hätte, um sie vor allem zu beschützen. Gelegentlich kam es vor, dass sich ihre Blicke wie zufällig trafen. In diesen Momenten schlug Traugotts Herz höher, denn er fühlte, wie sich leise eine Verbindung anbahnte. Wenn er sie im Profil sah, erinnerte sie ihn an ein Bild seiner leiblichen Mutter Agnes. Eine Welle aus Zuneigung ergriff ihn. Einmal lächelte er ihr verhalten zu. Doch sie wandte den Kopf ab und schaute weg. Offenbar fühlte sie sich nicht betroffen. Das wird sich noch ändern, dachte er hoffnungsfroh. Die blonde Frau erschien ihm wie ein Engel, wie ein Zeichen des Himmels, dass er sich auf dem richtigen Weg befand.

Mit der Post in der Hand, die er kurz zuvor aus dem Briefkasten gefischt hatte, betrat Traugott Z. seine neue Wohnung in Hinterendingen an der Flur, die er nach der Scheidung erworben hatte. Die Wohnung war gross und besass eine weitläufige Terrasse mit Sicht auf Felder und Wälder und die fernen blau schimmernden Berge. Einerseits genoss er die Stille beim Nachhausekommen, anderseits gähnten ihn die leeren Zimmer an. Er ging in die Küche, öffnete eine Flasche Wein und setzte sich mit dem Glas ins Wohnzimmer in seinen Lesesessel. An der Wand hingen zwei Porträts. Sie zeigten seine Mutter Josy, die Danioth 1950 in Öl gemalt hatte, und eine Schwarzweissfotografie seines Vaters Leonz mit dem Gewehr in der einen und einem Pokal in der anderen Hand. Traugott Z. murmelte einen Gruss in ihre Richtung. »Ich brauche eure Unterstützung«, fügte er noch hinzu. Aus der Innenseite seiner Westentasche zog er das Schreiben des Institutsvorstehers hervor, das er heute Nachmittag im Büro nur rasch überflogen hatte. Er ahnte, dass sich hier ein »Unwetter« anbahnte. Traugott gehörte zu den Menschen, die Angriffe sofort konterten. Dass ihn niemand verstand, war er sich seit Kinderzeiten gewohnt. Dass er der Einzige war, der sich für Dinge interessierte, die beim grössten Teil der Menschheit bestenfalls ein Achselzucken auslösten, ebenfalls. Doch er liess sich nicht für verrückt erklären. Schliesslich war er mit seinen Ideen nicht allein. Es gab sehr wohl noch andere Wissenschaftler, die den Mut hatten, die vermeintlich zuverlässigen Theorien über die Materie in Frage zu stellen, um unerhörte Entdeckungen zu machen. Einer von ihnen war der Immunologe Jacques Benveniste, dessen Entdeckung über einen angeblichen Gedächtniseffekt des Wassers gerade weltweit die Wogen hochgehen liess. Sein Artikel im berühmten Wissenschaftsmagazin Nature löste die heftigsten Debatten aus. Benveniste und sein Team wurden allenthalben als Scharlatane, Pseudowissenschaftler und Verrückte diffamiert, während andere seine Entdeckung als bahnbrechend bejubelten.

Bevor Traugott Z. sich seinem Konflikt mit dem Institut zuwenden wollte, fühlte er sich gedrängt, einen Leserbrief zu Benvenistes Forschungsergebnissen zu schreiben. Dazu setzte er sich an seine Schreibmaschine und begann so fliessend zu tippen, als würde ihm jemand den Inhalt diktieren:

Entdecker feiner Effekte haben es nicht leicht, Entdecker feinster Effekte sogar sehr schwer. Zwar haben manche schon irgendwann einmal etwas Verdächtiges oder Unübliches beobachtet, ihm aber keine Bedeutung beigemessen, weil die Anomalie danach nicht sofort wieder auftrat, da sie durch andere Faktoren verschüttet wurde. In der chemischen Atomwelt kann man plötzlich ein Gefühl bekommen, dass »etwas los« ist, dabei handelt es sich zunächst bloss um eine unbewusste Registrierung. Tritt das Phänomen anschliessend nochmals

auf, kann es zu einer Ahnung kommen. Zur Gewissheit wird es jedoch erst, wenn das Phänomen mit anderem übereinstimmt und wiederholt auftritt. Doch eine Theorie dazu liegt noch nicht vor.
Marie Curie sagt man nach, sie habe für ihre Entdeckungen 25.000 chemische Analysen gemacht. Ich selbst analysierte 30.000 Massenspektren. Unter der Vielzahl feiner Effekte, die dabei gefunden wurden, gab es einen sehr wichtigen, der jedoch nur zweimal voll ausgebildet auftrat, sodass er nach allen Kanten genau untersucht werden konnte. In weiteren sechs Fällen trat er schlecht bis mittel ausgeprägt auf. Nun kommt aber etwas Entscheidendes, für den Laien vielleicht Unverständliches, hinzu: Es genügt dem Forscher, dass ein feiner oder feinster Effekt mindestens zweimal, lieber natürlich mehrmals, auftritt, um die Vermutung entstehen zu lassen, dass das Phänomen real ist bzw. de facto existiert. Theoretisch würde bereits ein einmaliger Auftritt reichen, doch dann müssten viele andere Bedingungen erfüllt sein. Die Wechselwirkungskosmologie zeigt, nebenbei bemerkt, dass im absoluten Sinne nichts reproduzierbar, sprich, alles immer neu ist. Ein kaum wahrnehmbares Phänomen braucht allerdings eine Theorie, die wahr ist oder zumindest wahr scheint, weil sie sich bewährt. Doch eine solche Theorie ist zum Zeitpunkt einer Entdeckung noch nicht vorhanden. Deshalb stossen neue Entdeckungen notwendigerweise auf Skepsis. Hätten die kontrollierenden Experten fünf Jahre im Labor von Benveniste ausgeharrt, wären sie vermutlich auch zur Überzeugung gelangt, dass da »etwas los« ist. Aber sie hatten nur wenige Wochen Zeit für ein halbes Dutzend Versuche, die den Effekt dann nicht bestätigten. Hinzu kommt das Faktum, dass die menschliche Psyche im homöopathischen Prozess eine wichtige Rolle spielt, da sie ebenfalls eine unendlich feine, intelligente Sonde ist. Wenn die Fachleute nun argumentieren, dass es sich bei der Homöopathie-Wirkung lediglich um Illusion

handle, so übersehen eben diese Fachleute, dass auch Illusionen Gedankenformen und damit ernstzunehmende feldphysikalische Realitäten sind. Information wird in diesem Fall dissipationsfrei übertragen. Ein lächelndes Gesicht glüht ja auch nicht, sondern es strahlt, wenn es einem anderen Menschen Sympathie kundtut. Es wäre sogar äusserst einfach, dieses Lächeln verlustfrei über den ganzen Erdball weiterzureichen, wir hätten dann binnen Kürze einen anderen Planeten. Kurz, ich finde die Benveniste-Publikation gut, ehrlich und mutig, auch wenn die Nachweise noch nicht voll erbracht sind und die Theorie dazu noch unausgereift ist. Klare wissenschaftliche Beweise brauchen manchmal sehr, sehr lange, vielleicht Generationen, bis sie erbracht werden können. Wissenschaft in diesem Bereich ist nichts für Ungeduldige.

Zufrieden mit seinem Schreiben, lehnte er sich zurück und nippte am Glas. Sein Blick schweifte aus dem Fenster, vor dem sich die Nacht über den Vorort legte. Der verlorene Lichtschein einer Strassenlampe streute auf seine Terrasse. Es war still. Nur ein paar vage Geräusche aus den Nachbarwohnungen waren zu vernehmen. Nachdem er sich in der Küche noch ein Wurstbrot zubereitet hatte, legte er schliesslich den Brief, den ihm der Institutsvorsteher heute Nachmittag geschickt hatte, vor sich auf den Küchentisch. Im Neonlicht sah die Briefkopie aus wie das Packpapier im Dorfladen, wo er den verblüfften Verkäufer jeweils bat, ihm Früchte und Gemüse einzupacken, die nicht mehr ganz frisch waren. Es störte ihn, dass solches im Abfall landete, also *vergeblich* gewachsen und transportiert worden war und sein Ziel verfehlt hatte.

Nachdem Traugott die Anwürfe von diesem A. Meier sorgfältig gelesen hatte, lachte er leise auf. Wer war dieser Meier, dass er sich seinetwegen so grosse Sorgen um den Ruf des Instituts, ja sogar der ganzen Schweiz machte? Neben dem Ärger, den die Zeilen in Traugott Z. natürlich auch auslösten, fühlte er sich sogar gebauchpinselt. Seine Kosmologie wurde also zu einem Stein des Anstosses. War das nicht besser, als nicht wahrgenommen zu werden? Aber genau darin lag des Pudels Kern: Dieser Meier gönnte ihm seine Entdeckungen nicht, da er selbst nichts Besonderes vorzuweisen hatte. Traugott seufzte tief. Konnte es nicht einfach Ruhe geben? Musste ihn dauernd irgendetwas Unerwünschtes von der Arbeit ablenken? Gerade jetzt, wo er unerhörten Dingen auf die Spur kam. Dingen, die unverkennbar deutlich machten, dass der Mensch, als das lebendige Werkzeug Gottes, in der Verantwortung für die Schöpfung stand.

Die Menschen sind Teilchen im Kosmos, die sich aufgrund ihres richtigen oder falschen Denkens selbst organisieren und so den Werdegang der Erde mitbestimmen. Wobei der Mensch das Richtige vom Falschen spätestens seit Kain und Abel unterscheiden kann. Warum fällt es dem Menschen so schwer, diese privilegierte Position zum Besten von allem und allen zu nutzen? Welche Kräfte hindern ihn immer wieder daran?

Diese Zeilen schrieb Traugott auf einen Block Papier, der auf dem Tisch lag, um seine Einfälle festzuhalten. Er seufzte erneut. Alles war komplex, unscharf, erdrückend. »Das Blondchen« ging ihm durch den Kopf. Ihr lieblicher Anblick, wie sie während der Fahrt scheinbar gedankenlos aus dem Zugfenster blickte. Ihre Erscheinung zog ihn an wie der Nordpol die Magnetnadel von einem Kompass. Er schenkte sich nochmals Wein nach. Anita, seine älteste Tochter, fiel ihm als Nächste ein. Sie hatte ihn neulich gefragt, ob sie für eine Weile bei ihm wohnen dürfe, bis sie ein Zimmer in einer neuen Wohngemeinschaft gefunden habe. Aber er wollte sie nicht. Die Familienphase lag hinter ihm. Er wollte frei sein. Endlich frei sein. Zudem könnte die Mitpassagierin noch denken, Anita wäre seine Freundin. Das fehlte gerade noch! Bei diesem Gedanken musste er grinsen. Aber dann fühlte er, wie sich der Schatten des Briefes von diesem Meier wie ein bleiernes Tuch auf ihn herabsenkte. Was, wenn das ernsthafte Probleme nach sich zog? Womöglich seine Anstellung gefährdete? Er spürte Übelkeit hochsteigen. Schwerfällig erhob er sich und ging ins Badezimmer, wo er sich die Zähne putzte und dabei sein Spiegelbild betrachtete: Ein gutaussehender Mann von dreiundfünfzig Jahren mit leicht angegrauten Schläfen und himmelblauen Augen blickte ihn an. Wer bist du? Wer ist es, der dich sieht? Was habe ich mit mir zu tun? Sein Schädel brummte. Zu viel Wein getrunken. Im Bett schlief er sofort ein und träumte von der blonden Frau, wie sie neben ihm im Zug sass und sich verliebt an ihn schmiegte, während er seinen Arm um sie gelegt hatte. Um vier Uhr früh schreckte er aus dem Schlaf. Er spürte, wie ihm jemand hämisch ins Gesicht blies. Kalte Angst schnürte ihm den Hals zu. Er tastete nach der Lampe und knipste sie an. Vor ihm der Kleiderschrank. Neben ihm Leere. Er stand auf und erleichterte sich im WC vom Druck auf die Blase und wusch sein Gesicht mit kaltem Wasser. In der Küche trank er am Küchenfenster stehend ein Glas Wasser. Anders als im Sommer schwirrten in dieser Jahreszeit keine Nachtfalter im Licht der Strassenlaterne vor dem Haus. Dafür zeigten zitternde senkrechte Fäden an, dass es regnete. Als er den Nachtmahr abgeschüttelt hatte, ging er ins Bett zurück und schlief ein.

Zürich, Juli 1968

Durch die bürgerliche Stadt fegte der Zorn der Jungen wie ein Frühlingssturm. Am 31. Mai trat Jimmy Hendrix im vollbesetzten Hallenstadion auf. Er trug Blumenhemd und Twisterhose und auf der Hutkrempe einen Blumenkranz. *Flowerpower* eroberte Zürich. Seine Stimme grub sich tief in die Eingeweide der Konzertbesuchenden. Sein Zungenspiel auf der E-Gitarre versetzte die Kids auf Kiff und LSD in Ekstase und lud sie mit Energie auf, darauf aus, die Welt umzustürzen. Nach dem Konzert lieferte sich die Zürcher Jugend eine Strassenschlacht mit der Polizei. Die neue Generation hatte die Nase voll vom Schweigen ihrer Eltern und Grosseltern. Vom Schweigen der Täter. Vom Schweigen der Opfer. Ihr Erwachen im Sumpf von Gehorsam, Gier, Lügen und Heuchelei glich einem Vulkanausbruch, der die Vorstellungen und Gepflogenheiten der braven Bürgerinnen und Bürger niederriss. Rot wie ein Lavastrom ergoss er sich über die Stadt. Kirchtürme und Podeste fielen um wie Bauklötze. »Heidegger war ein Nazi«, schrieben Studierende an die Wandtafel der Zürcher Universität. Scham wurde verpönt. Nacktheit zum Status von Anstand erhoben. Es lebe die Revolution! Antikrieg. Freie Liebe. Besitzlosigkeit. Brüderlichkeit. Love & Peace. Sex, Drugs and Rock'n'Roll. Was die Alten predigten, war falsch, *musste* falsch sein. Denn sie hatten versagt. Hatten die Aufklärung und die Würde des Menschen verraten. Millionen von Mitmenschen vergast. Die Moral vergast. Genug war genug. Nieder mit der Poesie. Zur Satisfaktion aller Rebellen streckte Mick Jagger stellvertretend der ganzen Welt die Zunge heraus. Die Söhne und Töchter der Kolonialisten verbündeten sich mit den Unterdrückten. Zogen nach Indien, nach Afrika, nach Asien. Schufen mit ihnen Weltmusik. Weltkultur. Trance. Glaubten an den Weltfrieden. An die Demokratie. An die Verbindung. Richtig war jetzt auch, was die Alten verboten hatten.

Zürich erlebte die Globuskrawalle. Schaufenster zerbrachen. Autos gingen in Flammen auf. Man prügelte sich wie zu archaischen Zeiten. Nieder mit dem Alten. Nieder mit der Ignoranz. Das Zeitalter einer besseren Menschheit war angebrochen. Daran glaubten sie.

Aber Traugott Z. und seine junge Frau Ruth bekamen davon nur am Rand etwas mit. Sie waren vollauf mit der Bewältigung von Beruf und Familie beschäftigt. An einem Sechseläutenmontag vor acht Jahren hatte Traugott seine Frau zum ersten Mal gesehen. Sozusagen entdeckt. Eben sein Phsyikstudium abgeschlossen, hatte er schon einen Vertrag mit einer Uhrenfabrik in La Chaux-de-Fond in der Tasche, um in einem Team mitzuwirken, das sich der Entwicklung einer elektronischen Uhr widmete. Zürich war in fröhlicher Aufregung. An manchen Orten waren die Tramlinien unterbrochen, damit sich kostümierte alte Männer mit Napoleonhüten und Rokokoperücken auf Pferden und Kamelen, auf mit Blumen geschmückten Wagen, fahrenden Trotten und rollenden Schiffen von der am Strassenrand stehenden Bevölkerung feiern lassen konnten. Frauen eilten in den Umzug hinein, um bestimmten Männern Blumensträusse zu bringen. Männer warfen Säcke voller Bonbons über die Leute. Marschmusik. Trommeln und Trompeten. Fahnen, die im Wind flatterten. Es roch nach gebrannten Mandeln und Würsten. Traugott war unterwegs mit seiner ersten Spiegelreflexkamera, die er von den Eltern zum Abschluss des Studiums geschenkt bekommen hatte. Der traditionelle Umzug, an dessen Ende am Bellevue auf einem Scheiterhaufen ein Riesenschneemann aus Pappe verbrannt wurde, war ein gutes Sujet, um die Kamera zu testen. Traugott hatte noch immer keine Erfahrung mit Frauen. Sie waren für ihn Wesen von einem anderen Stern. Reizende Geschöpfe, die er nur von weitem sah und an denen etwas Sündhaftes war. Ein solches Geschöpf stand nun plötzlich drei Schritte neben ihm, als er hinter einer Reihe von Zuschauern anhielt, um einen Blick auf die Parade zu erhaschen. Verstohlen musterte er ihr edles Profil. Sie trug einen kurzen Pferdeschwanz aus schwarzem Haar und einen hellen Wollmantel mit Pelzkragen. Ganz versunken schaute sie auf das Treiben in der Bahnhofstrasse und bemerkte nicht, dass Traugott sie fotografierte. Lange standen sie dort. Traugott wartete, bis die Menge sich langsam auflöste. Er gab sich einen Ruck und sprach die junge Frau an.

»Entschuldigen Sie«, er errötete und versuchte seine Aufregung zu unterdrücken, »ich habe ein paar Fotos von Ihnen gemacht. Wenn Sie mir Ihre Adresse geben, kann ich sie Ihnen schicken.«

Ruth, die eine verträumte schüchterne Person war, fühlte sich von dem jungen Mann, der ebenfalls schüchtern zu sein schien, sofort angesprochen. Er machte ihr einen intelligenten Eindruck. Also schrieb sie ihm ihre Adresse auf einen Zettel, sagte Danke und ging weiter. Beschwingt. Irgendwie ahnte sie, dass dies eine schicksalshafte Begegnung gewesen war.

Inzwischen hatten sie drei Töchter, von denen die jüngste noch ein Baby war. Die permanenten Bedürfnisse der Kinder, ihr Geschrei, die Unordnung, die sie verursachten, und die Übermüdung erlaubten den jungen Eltern keinen Moment, Zeitung zu lesen oder Radio zu hören, geschweige sich mit den Geschehnissen in der Welt draussen auseinanderzusetzen. Deshalb ging die 68er-Revolution an ihnen vorbei wie ein Zug an einer Provinzstation. Ohne Halt. Traugott überliess den Kinderalltag seiner Frau, die ihre Stelle als Sekretärin aufgegeben hatte und seit der weissen Hochzeit in Uri Hausfrau war. Sie wohnten jetzt in einer kleinen Wohnung in der Nähe von Zürich. Ruth kochte, putzte, nähte und sang den Kindern abends vor dem Einschlafen Lieder vor. Traugott kniete sich derweil in eine aussichtsreiche Karriere als Physiker in der Forschung. Auch im Militärdienst brachte er es, ganz in der Tradition der Urner, bis zum Oberleutnant. Es war eine glückliche Zeit. Eine Zeit, in der sie Tag und Nacht eingespannt waren. In der sie wussten, was zählte. Und abends kaum noch wussten, wie sie hiessen. Weil sie sich im Einsatz für Beruf und Familie vorübergehend auflösten. Doch das Lernen und Lachen der Kinder, die ersten Erfolge bei der Arbeit bereiteten so viel Freude und Zuversicht, dass sie die chronische Erschöpfung in Kauf nahmen.

Aber dann ereignete sich im Leben der jungen Familie etwas Unerwartetes. Auf einem zehnstündigen Militärmarsch brach Traugott zusammen. Tuberkulose lautete die Diagnose. Von heute auf morgen wurde er zur Genesung für ein Jahr nach Arosa in ein Lungensanatorium verbannt, während seine Frau mit drei kleinen Kindern und ihrer dementen Mutter ohne ihn zu Hause blieb. Dort oben in den Bergen führte der breiige Bluthusten der Patienten ihm eine neue Kakophonie der Vergänglichkeit vor. Und dort oben führte ihn eine Fernsehsendung auf den Mond. Denn kurz bevor er als geheilt entlassen wurde, betraten die Amerikaner Neil Armstrong und Buzz Aldrin als erste Menschen den Mond. Der Mathematiker Bruno Stanek moderierte am 21. Juli 1969 live mit ruhiger klarer Stimme die schwarzweissen Aufnahmen der ersten Mondlandung, die vom Schweizer Fernsehen ausgestrahlt wurden. Etwas Ungeheuerliches vollzog sich hier. Der Mensch wuchs im wahrsten Sinne des Wortes über sich selbst hinaus. Traugott Z., der inzwischen nicht mehr hustete, verfolgte alles, was mit der Mondlandung zu tun hatte, mit brennendem Interesse. Hustete jemand während der Sendung, strafte er sie oder ihn mit bösen Blicken und bat sie den Raum zu verlassen, damit er ja kein Wort verpasste. Dank der Tuberkulose, die ihn ins Abseits der Bündner Bergwelt gezwungen hatte, erlebte er nun mitten in der Nacht mit, wie der Mensch ins All reiste. Wie der Mensch den Mond besuchte und wieder heil auf die Erde zurückkehrte. Es war a-t-e-m-beraubend. Die Welt war völlig aus dem Häuschen. Allerdings dauerte es nicht lange, bis Zweifel an der Echtheit der Mondlandung aufkamen. Das Aussergewöhnliche wird nicht nur gern als ein Wunder Gottes gesehen, sondern kann auch die Zweifelnden wecken. Die Vermutung, es könnte sich um eine heimliche Hollywood-Inszenierung handeln, die das Image der USA als Weltmacht zementieren sollte, wurde zwar von der NASA und ihren Mitarbeitern ignoriert, keine offizielle Instanz wollte sich mit diesen Anschuldigungen ernsthaft auseinandersetzen, doch der Samen des Misstrauens befruchtete weiter viele Köpfe. Selbst unter den Lungenkranken löste die Debatte um die Echtheit der Mondlandung manch bösen Hustenanfall aus. Ein junger blasser Vikar aus Engelberg, der das Ganze für eine Erfindung des Teufels hielt, erstickte sogar daran. Traugott Z. hielt sich zurück. Menschlicher Kleinkram interessierte ihn nicht. Er war hellauf begeistert von den Bildern der Himmelskörper im All. Vor allem das Bild der Erde, wie sie hinter dem Mond aufging, hatte es ihm angetan. Nicht allein die Schönheit der Geometrie der Gestirne, vor allem der ferne Blick von aussen auf die Heimat der Menschheit regten ihn an, über Zusammenhänge nachzudenken. War es denkbar, die atomaren Zusammenhänge auf der Erde auf die Körper im Universum anzuwenden? Wenn alles aus Einem hervorgegangen war, dann müssten ergo in der Mikro- wie in der Makrowelt dieselben Naturgesetze gelten. Dann wären die Menschen wie Atome in einem Organ des Universums. Infolgedessen müsste das Universum sich selbst bewusst sein. Und Gott als Urkraft, die alles erschafft und wieder verwirft, müsste universales Bewusstsein *sein*. Bewusstsein, das im Gehirn des Menschen als Gipfel der Schöpfung zu Erkenntnis führt. Ja, und wenn das physikalisch – naturgesetzmässig – zutraf, dann wäre alles mit allem auf unterschiedlichen Bewusstseinsebenen über alle Zeiten hinweg verbunden. Dann gäbe es keinen Tod. Keinen Zufall. Bloss unaufhörliche Transformation von einem Zustand in einen anderen und anderen und anderen bis in alle Ewigkeit.

Flüelen, 22. Dezember 1921

Leonz bewahrte den Brief vom Vater aus Lesgewangminnen in einer Kartonschachtel unter seinem Bett auf. Darin lagen noch ein Taschentuch mit den Initialen C. Z., ein noch immer riechender Schnupftabakbeutel und einige Bierdeckel, auf die Karl gekonnt Tiere und Gestalten gezeichnet hatte, um die *umghyrigen* Sagen zu illustrieren, die er den Kindern manchmal, wenn er gerade gut gelaunt und noch nicht allzu betrunken war, mit theatralischem Talent erzählt hatte. Leonz und seine jüngeren Geschwister hatten die Enttäuschung ihrer Mutter übernommen. Eine Enttäuschung, die sich in Scham und Hass gegen diesen Taugenichts von Vater verwandelt hatte.

»Dass mir dieser Sauhund nie mehr unter die Augen kommt!«

Der Schmerzensschrei der Mutter war den Kindern in Mark und Bein gefahren, nachdem auskam, dass Kari sich ohne ein Wort der Erklärung davongestohlen hatte, weil seine Spielschulden nicht nur die Existenz der Familie bedrohten, sondern auch sein Leben auf freiem Fuss.

Aber manchmal, wenn niemand anders zugegen war, holte Leonz die Schachtel unter dem Bett hervor und schnupperte an den Sachen darin wie ein Hund, der ein Terrain wiedererkennt. Der Tabaksbeutel roch vertraut, selbst das Taschentuch wies noch einen Hauch von Vaters Rasierwasser auf, das Leonz an ihm gemocht hatte. Wenn Leonz die Zeichnungen auf den Bierdeckeln betrachtete, überfiel ihn ein Moment lang sogar Sehnsucht nach seinem Vater. Doch er sprach mit niemandem darüber. Es wäre Verrat an der Mutter gewesen. Seit er Vaters Brief aus Lesgewangminnen erhalten hatte, glücklicherweise ohne dass Mutter Wind davon bekam, packte ihn jedesmal eine schlimme Unruhe, wenn es ausserhalb der Polizeistunde unten an die Haustür klopfte. Oft war es nur ein Betrunkener, der spät noch Einlass begehrte. Dann öffnete einer von ihnen ein Fenster und rief hinunter:

»Die Wirtschaft ist geschlossen. Geh nach Hause. Gott behüte dich!«

Nachdem Kari 1914 nach Ostpreussen abgehauen war, um dort auf einem riesigen Landwirtschaftsgut anzuheuern, hatten die Urner Behörde und die Bank beschlossen, der leidgeprüften Sophie und ihren Kindern die Wirtschaft Rose zu überlassen, damit sie weiterhin darin arbeiten und mit den Jahren die Schulden abzahlen konnten, die ihr Mann verursacht hatte. Man hätte gegen die christliche Moral verstossen, hätte man die arme Frau und ihre Kinder einfach auf die Strasse gestellt. Die Suche nach dem Hallodri, wie ihn der Polizeichef bei sich nannte, wurde wiederum durch den Ausbruch des Ersten Weltkriegs verhindert und danach wegen dringenderer Fälle auf die lange Bank geschoben.

Flüelen, 23. Dezember 1923

Neun Jahre später, es ging gegen Mitternacht, fuhr im matten Schein einer Strassenlaterne vor der Rose ein Pferdegespann vor, das auf einem Anhänger eine Ladung Holz transportierte. Ohne dass die Pferde anhielten, plumpste ein hagerer Mann wie ein Sack voll Knochen von der obersten Palette herab und klopfte sich mit ungeschickten Bewegungen den Schnee vom Mantel, während das Klappern der Hufe auf den vereisten Pflastersteinen verhallte. Mit Mühe schwang er einen Militärrucksack um die Schultern. Leise fiel Schnee auf seinen zerbeulten Filzhut, an dem ein Abzeichen des Uristiers steckte. In der hohlen Hand zündete er eine Zigarre an. Doch beim ersten Zug musste er so schrecklich husten, dass er sich an die Hauswand lehnen musste, um nicht hinzufallen. Die roten Tropfen, die dabei in den Schnee fielen, blieben in der Dunkelheit unsichtbar. Er zögerte, bevor er mit dem Eisenring an die Haustür schlug. Als er nach oben blickte, wirbelten ihm Schneeflocken in die Augen. Im zweiten Stock brannte noch Licht hinter einem Fenster. Das Haus sah noch gleich aus wie vor neun Jahren. Man hätte meinen können, es sei alles beim Alten geblieben. Ein schwaches Lächeln erschien in seinem gefurchten Gesicht. Tatsächlich, der Schnee roch hier anders als in Ostpreussen. Er roch nach Heimat. Endlich gab er sich einen Ruck und klopfte mit dem Messingring dreimal an die Eingangstür, an der ein Weihnachtskranz aus Tannenreisig hing. Die Schläge lärmten in die stille Dunkelheit hinaus. Kurz darauf wurde oben das Fenster geöffnet.

»Wer da?«, rief Sophie ärgerlich herunter.

»Ich bin's«, gab Kari kaum hörbar zurück.

Obwohl sie ihn neun Jahre nicht mehr gesehen und gehört hatte, wusste sie sofort, dass er es war. Vor Schreck schloss sie das Fenster gleich wieder, trat zurück und liess sich im Nachthemd aufs Bett sinken. Ihr Herz galoppierte. Aufgewühlt liess sie ihren grauen Haarzopf durch die rauen Hände gleiten. Um Himmels Willen! Verschwinden soll er! Verschwinden! Dahin, wo er herkam!

Erneut schlug Kari mit dem Ring an die Haustüre. Die Kinder erwachten alle. Emmi, die Jüngste, steckte den Kopf aus dem Fenster.

»Wer ist da?«, rief sie mit heller Mädchenstimme.

»Euer Vater«, hustete Kari matt.

»Wir haben keinen Vater«, rief das Kind zurück.

Rasch herrschte im Haus grosse Aufregung. Die Kinder stürmten zur Mutter ins Schlafzimmer.

»Ein Fremder steht unten vor dem Haus. Er sagt, er sei unser Vater«, wisperten die Jüngeren ausser sich. Entschlossen stieg Leonz, ihr ältester Bruder, in seine Hose, zündete eine Laterne an und ging die Treppen hinunter. Auch er fühlte sein Herz klopfen. Unwillentlich griff er sich an die Kehle, als er den grossen Schlüssel drehte und die Haustür einen Spalt öffnete. Schneegestöber wehte herein. Als der Vater darunter hervorkam, erschrak Leonz. Kari war ausgezehrt und seine Wangen unter dem ungepflegten Bart hohl wie zwei schwarze Gruben. Seine Stimme so heiser, dass man ihn kaum verstand.

»Vater?«, sagte Leonz tonlos.

Da machte Kari einen Schritt auf ihn zu und fiel dem Sohn schluchzend um den Hals. Es schüttelte ihn so heftig, dass er kein Wort zustande brachte. Leonz führte den geschwächten Mann in die Diele, wo er ihm half, sich auf eine Holzbank zu setzen. Nach und nach traten die anderen Kinder hinzu. Argwöhnisch und neugierig zugleich schauten sie ihn an – den Sauhund, wie ihn die Mutter nannte, falls selten einmal das Gespräch auf ihn gebracht wurde. Dieser alte Mann sollte ihr Vater sein? Erbärmlich sah er aus. Fast wie ein sterbender Hund.

Plötzlich ertönte in ihrem Rücken Sophies Stimme. Kalt. Ohne Mitleid:

»Was willst du hier?«

Kari griff nach der Hand von Leonz, der schweigend neben ihm stand.

»Euch sehen«, keuchte er.

»Nach neun Jahren feiger Abwesenheit willst du uns auf einmal sehen? Wie nett«, entgegnete Sophie eisig.

Kari konnte sich kaum aufrecht halten. Er sah aus, als läge eine unendlich schwere Last auf ihm.

»Darf ich bleiben? Bitte.«

Zwischen der Mutter und ihren Kindern gingen Blicke hin und her. Die Kinder nickten.

»Für heute Nacht«, sagte Sophie, »dann verschwindest du wieder.«

Erneut schluchzte Kari auf:

»Gott vergelt's euch.«

»Lass Gott aus dem Spiel. Mit solchen wie du einer bist, hat Gott nichts zu schaffen.«

Dann stieg sie die Treppen in den zweiten Stock hinauf und bereitete dem unerwünschten Gast ein Bett vor. Die Kinder mussten ihren Vater stützen, damit er es bis nach oben schaffte. Leonz half ihm, die schweren Schuhe auszuziehen und befreite ihn vom feuchten Mantel. Emmi stellte ein Glas Wasser auf den Nachttisch.

Als Kari im Bett unter der karierten Decke lag, hauchte er mit geschlossenen Augen ein Wort, das er mehrmals wiederholte. Es schien ihm etwas Wichtiges zu sein. Leonz hielt das Ohr an seinen Mund. Doch Karis Stimme war so kraftlos geworden, dass man nur noch das Rasseln und Pfeifen in seiner Brust vernahm. Leonz schickte sich als Letzter an, das Zimmer zu verlassen. Die Mutter hatte die jüngeren Kinder ins Bett zurückgejagt und war auf ihr Zimmer gegangen. Leonz vergewisserte sich, dass er mit seinem Vater allein war. Er stellte die Laterne auf den Nachttisch, schwach beleuchtete sie Karis Umrisse, netzte seine Finger in der Weihwasserschale neben der Tür und zeichnete seinem Vater ein Kreuz auf die Stirn: Im Namen des Vaters, des Sohnes und des Heiligen Geistes. Die Schlagader an Karis Hals pulsierte heftig, ansonsten regte er sich kaum mehr. Vorsichtig nahm Leonz die Hand seines Vaters in die seine und drückte sie an seine Wange.

»Willkommen zu Hause, Vater«, murmelte er mit Tränen in den Augen.

Am anderen Morgen war Kari tot. Er sah nicht viel anders aus als am Abend zuvor. Aus einer Mundecke lief eine Spur von verkrustetem Blut. Gemeinsam wuschen Sophie und die Kinder ihn, stutzten und kämmten seinen Bart und zogen ihm das saubere Sonntagsgewand an, das Leonz gehörte. Da Vater und Sohn eine ähnliche Gestalt besassen, passte es. Das Versehbesteck, das dem Elternpaar einst zur Hochzeit geschenkt worden war, wie die Tradition es verlangte, also das Sterbekreuz, das Stehkreuz, die Schalen und Mundtücher für die letzte Ölung, blieb jedoch unangetastet im Schrank. Ohne das Ritual des letzten Sakraments wurde Kari in einen Sarg gebettet und wenig später mithilfe des Kirchensigrists und des Friedhofsgärtners, der in dieser Jahreszeit nicht viel zu tun hatte, in der eiskalten Totenkapelle neben der Kirche aufgebahrt.

In bedrückter Stimmung bereiteten Sophie und ihre Kinder anschliessend zu Hause, in der warmen Stube, den Christbaum vor. Sie schmückten ihn mit Kugeln und Kerzen. Keines redete. Alle waren befangen. Nur einmal seufzte die Mutter laut auf:

»Jetzt hat der Sauhund uns auch noch Heiligabend verdorben.«

Altdorf, Staatsarchiv, Dezember 2021

Heute ist der letzte Arbeitstag vor den Weihnachtsferien. Zwei Mitarbeitende fehlen schon, da sie mit Corona im Bett liegen. Die eine offenbar schlimm, mit hohem Fieber und schwerem Husten; der andere hat nur leichten Schnupfen und eine Geschmacksstörung. Mich erstaunt, wie unterschiedlich die Leute auf den Virus reagieren. Leute, von denen ich es nie erwartet hätte, sind in heller Panik und schotten sich gegen alle und jeden ab. Andere hingegen, die ich bis anhin für eher ängstlich hielt, pfeifen auf sämtliche Vorsichtsmassnahmen, sogar auf die vorgeschriebenen. Während die einen sich unverzüglich impfen lassen, weil sie Vertrauen in die Erklärungen der Medizinwissenschaft haben, wehren sich andere gegen die Impfung, weil sie fürchten, mittels einem eingeschleusten Minichip kontrolliert oder sogar umgebracht zu werden. Wilde Theorien wuchern in den Köpfen der Leute. Wie Pilze schiessen *Spezialistinnen und Spezialisten* aus dem Boden, stellen sich wichtigtuerisch vor eine Bücherwand und teilen ihr *Wissen* per Video auf den Sozialen Kanälen mit der ganzen Welt. Mich interessieren die Debatten nicht besonders, vielmehr wundere ich mich über all jene, die es so genau wissen. Sie wissen, dass der Staat sie manipuliert. Sie wissen, dass die Menschheit reduziert werden soll, weil wir zu viele seien auf der Erde. Sie wissen, dass die mRNA-Impfung tödliche Folgen hat. Sie wissen, wer dahintersteckt und daran Unsummen an Geld verdient. Sie *wissen*, dass alles nur eine Lüge ist, denn – ha! – der Virus existiert gar nicht. Familienmitglieder geraten miteinander in Streit, Ehen brechen auseinander, Freundschaften gehen kaputt, weil die einen es besser *wissen* als die anderen. Weiss, weiss, weiss. Mit der Zeit fällt auf, dass diejenigen, die *es* wissen, rasch wütend werden. Wissen und Wut scheinen hier zusammenzugehen. Wissen. Wut. Wahn. Wahnsinn gegen Wahnsinn.

Ich entdecke ein Schreiben von Traugott Z., das er im Dezember 1988 an die Redaktion einer wissenschaftlichen Zeitung schrieb:

Sehr geehrter Herr Prof. B.
In der Tat ist Ihre Zeitung durch meinen Beitrag ein bisschen aus dem Gleichgewicht geraten. Diese Ver-schiebung trifft den Nagel auf den Kopf, denn nur Ver-rückte haben neue Ideen, wie Bernhard Shaw weiss. Doch die Sache hat einen Haken, denn es handelt sich hier nicht nur um neue Ideen, sondern um neuartige physikalische Gesetzmässigkeiten. Man kann den Realitäten gegenüber zwar die Augen verschliessen, aber deshalb macht man sie nicht inexistent. Denn die Gesetze sind die Könige aller, der Sterblichen wie der Unsterblichen (Pindar). Meine Tätigkeit ist pure Physik, wenngleich nicht ganz die altgewohnte. Noch gibt es keine Psychophysik für Gedankenstrukturen, wohl aber die Physik für konträre Aspekte. Nennen wir nur einmal die Medizin und Biophysik. Vielleicht macht schon bald niemand mehr Festkörperphysik, dafür alle Medizin und überlebensstrategisch bedingte Umweltphysik. Auch hier wird es ganz unbequeme Fakten zu behandeln geben.

Der gestelzte Ton, den ich dem Schreiben zu entnehmen meine, scheint darauf hinzuweisen, dass Traugott Z. gekränkt war. Offenbar wusste er etwas, das seine Berufskollegen einfach nicht begreifen konnten. Er war verärgert. Was er wohl unter dem Begriff *Gedankenphysik* verstand? Er habe, so schreibt er 1987 an einen anderen Professor, die Hochtemperatur-Supraleitung bis 20.000 Kelvin, die er 1977 *als Prozess* bei der Analyse von Plasma entdeckt habe, auf das Universum ausgedehnt, was zur Geburt der Wechselwirkungskosmologie geführt habe.

Forschungsinstitut Zürich, Februar 1988

Traugott Z. sass in seinem Büro am Schreibtisch, als es sachte an die Tür klopfte. Q. trat ein. Mit hängenden Schultern. Draussen auf dem Platz trafen sich gerade die Studenten für die Zehnuhrpause. Am Himmel über dem Hönggerberg attackierten einige Krähen einen Mäusebussard, der sich in ihr Territorium gewagt hatte. Immer wieder nahmen sie Anlauf und flogen von mehreren Seiten her auf ihn los. In Kreisen stieg der Bussard zunächst höher, aber irgendwann wurde es ihm zu viel und er flog fort. Daraufhin liessen sich die Krähen siegesgewiss auf das Dach des Architektur-Gebäudes nieder. Krah krah krah.

»Wir müssen reden«, sagte Q. sichtlich gequält.

»Schiess los«, erwiderte Traugott. Er tat, als hätte er nicht die geringste Ahnung.

»Ich muss drei Etatstellen abgeben …«

»Und?«

»In einer Woche ist Abteilungskonferenz.«

»Was hat das mit mir zu tun?«

»Du stehst auf der Abschussliste«, so jetzt war es draussen. Q. seufzte.

Traugott schwieg und schaute auf die Krähen, die auf dem Nachbardach herumstolzierten.

»Nicht nur du, B. G. und sein Gehilfe müssen auch dran glauben.« Plötzlich wurde Q.s Stimme vorwurfsvoll: »Ich habe viele schlaflose Nächte gehabt. Ich stehe mit leeren Händen da. Deine zwanzig Arbeiten versteht niemand! Du kannst damit niemanden überzeugen! T. hat dich mehrmals interpelliert, hat dir mehrmals klar gemacht, dass du nichts von Quantenphysik verstehst. Auch B. ist gegen dich. Als er kürzlich hier war, meinte er: Was? Der ist immer noch da? Sie sind alle gegen deine Arbeiten. Was soll ich tun? Mir sind die Hände gebunden. Ja, gut, der J. sagt, du seist der Einzige am Institut, der neue Ideen habe. Aber er hat dich nie eingeladen. Auch die Genfer haben dich nicht eingeladen. K. v. C. hat zwar zu deinen Gunsten gesagt, du hättest Kontinuität, das müsse man dir lassen. Aber, schliesslich sind alle der Meinung, dass deine Physik niemandem etwas nütze. Verstehst du? Der Ruf des Instituts steht auf dem Spiel! Du nutzt der Festkörperphysik nichts. Auch mir nichts. Jetzt muss ich überlegen, wie ich mich amputiere.« Q. wurde schrill. Fast hätte man meinen können, er fange an zu weinen. »Ich habe dich immer in Schutz genommen. Sonst hätte ich dich nicht zehn Jahre hierbehalten können. Ich habe dir immer gesagt, schreib endlich eine verständliche Arbeit und überzeuge sie, dass du der Nobelpreisträger in spe bist. Doch jetzt ist es zu spät. Du hast noch ein Jahr und drei Monate. Du kannst anfangen, dich umzuschauen. Ich weiss, du bist ein guter Physiker, sogar ein Allround-Physiker. Es wird kein Problem sein, für dich eine neue Stelle zu finden. Aber an deiner Kosmologie musst du dann in deiner Freizeit arbeiten. Schau, der Leitung geht es hier nicht um die Physik, sondern um den Stellenabbau. Abgesehen von deinen Unterrichtsstunden bist du ein Privatgelehrter. Verstehst du? Du nutzt niemandem etwas. Geh und hol dir Referenzen von E. und auch von P. R., damit kannst du dir ein Stipendium für die USA verschaffen. Davon kannst du eine Weile leben. Ach ja, eine Frühpensionierung solltest du auch noch abklären, geh damit zu D.« Q. verstummte. Eine Weile herrschte Stille im Raum. Dann erhob sich Q. schwerfällig und ging zur Tür. Bevor er Traugotts Arbeitsraum verliess wie ein geschlagener Hund, sagte er noch: »Nicht wir, die Professoren, wollen dich spedieren. Es ist der Schulrat, der den Stellenabbau fordert.«

Kollegium Schwyz, 1954

Traugott hatte sämtliche Maturaprüfungen mit Bravour bestanden. Am Abend fand in der Aula des Kollegiums die Maturfeier statt, zu der auch Familienangehörige eingeladen waren. Traugotts Eltern, Leonz und Josy, mussten ihr jedoch fernbleiben, da im Hotel zu viel los war. Das bekümmerte Traugott nicht besonders. Die Melancholie, die ihn anwehte, hatte damit nichts zu tun, dachte er. Viel eher war es das zum ersten Mal bewusst wahrgenommene Gespür für das Verrinnen der Zeit. Das Verrinnen des eigenen Daseins. Sechs Jahre waren ihm das Kollegi und seine Mitschüler Heimat gewesen. Nicht nur physische, sondern vor allem geistige Heimat. Obwohl alle Maturanden aufgeregt und gespannt waren zu erfahren, was sie in der Welt *draussen* erwartete, war es doch manchen auch eng in der Brust. Traugott hatte seinen Koffer gepackt und unten im Gepäckdepot eingestellt, wo er es morgen vor der endgültigen Abreise wieder in Empfang nehmen würde, um damit die Heimreise anzutreten. Seine Kollegen waren johlend ins Dorf gezogen, um in einer Kneipe Kafi Schnaps zu trinken. Endlich durften sie.

Er jedoch wollte lieber allein sein. Die Sommerferien standen bevor. Wiesen und Bäume leuchteten in sattem Grün. Auf den Weiden bimmelten die Glocken der Kühe im hohen Gras. Über Schwyz strahlten die Mythen im Silberlicht. Traugott ging zu Fuss Richtung Altes Klösterli. Ein geschlossenes Frauenkloster, das in Abgeschiedenheit am Hang über dem Dorf thronte. Er mochte diese kleine Klosterkirche, die in der Nähe eines Bauernhofs lag, wo man als Wanderer ein Glas frischen Apfelsaft vom letzten Herbst bekommen konnte. Vor dem Altar kniete im Halbstundentakt, rund um die Uhr, eine tief verschleierte Nonne. Regungslos. Innigst. Tief ins Gebet versunken. Wie Schneedünen lagen die Falten ihres langen weissen Schleiers über ihrem gebeugten Rücken. Sie knieten für alle, die nicht beteten. Nicht glaubten. Sie, diese Frauen des Verzichts, waren die Messenger zwischen den Menschen und ihrem Schöpfer. Die Schlichterinnen. Die Verbinderinnen. Die Opfer zum Wohle der Welt.

Doch etwas war mit Traugott geschehen. Er verstand nicht, was es war. Obwohl ihn die sakrale Stimmung in der Kirche tröstete, kam er nicht mehr umhin festzustellen, dass er eine grosse Leere verspürte. War sie ausserhalb von ihm oder war sie in ihm? Er konnte es nicht mit Gewissheit sagen. *Gottvater im Himmel, Jesus Christus, Heiliger Geist! Wenn es Dich gibt, zeige Dich mir.* Traugott liess sich auf die hinterste Bank nieder und kniete mit gefalteten Händen auf der Holzplanke. Seine Knie schmerzten. Es war unangenehm, doch der Schmerz gab ihm Halt. *Ich knie, also bin ich.* In seinem Kopf wurde die Leere immer grösser. Bald nahm sie die ganze Welt ein. Die *Leere*. Auf dem Altar flackerten zwei Kerzen wie zwei Lebewesen.

Schweren Herzens brach Traugott nach einer Weile auf. Er bekreuzigte sich. Bevor er das Kirchenportal hinter sich schloss, warf er nochmals einen sehnsüchtigen Blick auf die ins Gebet versunkene Nonne. Ihr habt es gut, dachte er.

Als er zurück im Kollegi war, suchte er Pater Ignatius auf, den er während all der Jahre ins Herz geschlossen hatte. Der Abschied von diesem bescheidenen Diener fiel ihm am schwersten. Dessen Leidenschaft für die Natur und ihre kuriosen Erscheinungen waren Traugott zum Leitbild geworden. Es gab noch unendlich viel zu entdecken. Ein Trost. Pater Ignatius war sichtlich gerührt, als Traugott in sein Kabinett trat.

»So, Junge, nun ist es an dir, der Welt zu dienen. Du hast einen gut bestückten Rucksack, der dir auf deinem künftigen Weg nützen wird.«

»Sie werden mir fehlen«, erwiderte Traugott niedergeschlagen.

»Du wirst mir auch fehlen. Aber in der Schweiz haben wir viele Züge. Du kannst mich jederzeit besuchen kommen. Ich freue mich schon jetzt darauf zu erfahren, wohin das Schicksal dich führen wird.«

»Glauben Sie wirklich, dass es ein Schicksal gibt? Eine Vorbestimmung?«, fragte Traugott.

»Ja. Vorbestimmung und freier Wille sind auf wundersame Weise miteinander verwoben. Wie, das verstehen wir Menschen nicht. Dafür sind wir nicht gebaut.« Er tippte sich mit dem Zeigefinger an die Stirn.

Traugott schaute sich wie üblich die Vitrinen an, jedoch ohne wirkliches Interesse, in seinem Kopf plagte ihn dieselbe Frage, die ihn seit Längerem umtrieb. Der Pater arbeitete an seinem Pult. Mit einer Füllfeder beschriftete er neu eingeklebte Pflanzen. Plötzlich platzte Traugott heraus:

»Pater Ignatius, ich habe Zweifel.«

»Welche Zweifel, mein Sohn?«

»Ich spüre Gott nicht mehr. Ich fürchte, ich habe meinen Glauben verloren.«

Traugott hatte erwartet, dass sich Pater Ignatius enttäuscht von ihm abwenden würde. Doch zu seiner Überraschung erschien ein warmes Lächeln auf dessen Gesicht.

»Traugott, nomen est omen, Dein Name ist dein Schicksal. Vertraue. Das ist alles, was du tun musst. Vertrauen.«

»Wie kann ich etwas vertrauen, das ich nicht sehe, nicht spüre, nicht höre und nicht anfassen kann?«

»Vertraue deinem Schöpfer blind, taub, stumm und lahm. ER wird sich dir zur rechten Stunde zu erkennen geben. Bis dahin handle in Seinem Sinne mitsamt oder trotz deiner Zweifel. Denn Er hat uns die Fähigkeit zum Zweifeln gegeben, damit wir davon Gebrauch machen können. Ohne Zweifel keine Gewissheit. Verstehst du?«

Traugott zuckte mit den Schultern. Der alte Mann konnte ihn nicht überzeugen. Pater Ignatius erhob sich und öffnete einen seiner Wandschränke. Er suchte in einem Stoss Bücher herum und zog endlich ein dünnes Büchlein daraus hervor.

»Da, das gebe ich dir mit auf den Weg. Nimm es und behalte es«, er reichte dem Jungen einen schmalen blauen Einband, auf dem mit goldenen Lettern stand: *Gericht über Zarathustra*. Vision von Reinhard Johannes Sorge, 1921.

Traugott schlug es auf und las laut die ersten Zeilen vor:

Verleugnet ein Kind denn die Brust, die es sog?
Oder ein Felsen das Wasser, das aus ihm springt?
Oder ein Bettler, von dem er die Fülle empfing?

Blind, Zarathustra, blinde Augen!
Blind vor Licht, im Licht blind.

Flüelen, Juli 1958

Nachdem Leonz auch Josy, seine zweite Frau, verloren hatte, blieb ihm nur noch Ursina, die im Restaurant arbeitete und ihm den Haushalt führte. Doch Ursina wurde langsam unglücklich. Ihre Schwester und ihre Freundinnen waren alle schon verheiratet und hatten kleine Kinder. Ursina fürchtete nichts mehr, als eine alte Jungfer zu werden, im Urnerland war ihr bis anhin kein Mann begegnet, dessen Frau sie hätte sein wollen. Heimlich las sie deshalb in der *Neuen Zürcher Zeitung*, die sie am Wochenende am Kiosk kaufte, die Annoncen: *Er sucht Sie*. Es war schon nach Mitternacht, als sie erschöpft von der Arbeit im Restaurant – diesen Sommer waren besonders viele Touristen im Land – abends in ihrem Bett im schwachen Schein der Wandlampe, die Inserate studierte. Unter allen möglichen Szenarien (Bergbauer sucht Bäuerin, Italiener sucht Schweizerin, Wirt sucht Wirtin usw.) stach ihr eines besonders ins Auge.

Ingenieur (geb. 1930) aus dem Baselbiet sucht nette Schweizerin, die ihn nach Amerika begleitet, um in der neuen Welt mit ihm eine Familie zu gründen. Wenn Sie sich angesprochen fühlen, schreiben Sie an die Redaktion mit der Chiffre 1959.

Aufgeregt setzte sich Ursina an ihren kleinen Schreibtisch und schrieb auf ein hübsches Blatt Papier, auf der in schnörkeligen Buchstaben ihre Initialen standen:

Lieber Herr Ingenieur, ich wünsche mir nichts sehnlicher, als mit einem netten Mann nach Amerika auszuwandern. Die Berge meines Heimatkantons sind zwar schön, aber ich fühle mich von ihnen erdrückt. Noch arbeite ich im Gasthof meiner Eltern, aber auch das habe ich gründlich satt. Wenn Sie interessiert sind an einer unternehmungslustigen, tüchtigen, hübschen Frau, melden Sie sich. Ich freue mich auf Ihre Antwort. P.S. Ihre Chiffre ist die kommende neue Jahreszahl. Vielleicht ein gutes Zeichen?

Zum Schluss heftete sie ein Passfoto an den Brief, das sie extra zu diesem Zweck beim Dorffotografen hatte machen lassen. Es zeigte das ebenmässige Gesicht einer helläugigen Frau mit toupiertem Bubikopf und tropfenförmigen Ringen in den Ohrläppchen. Am Halsansatz erkannte man, dass sie ein weisses Sommerkleid mit aufgedruckten Rosen trug.

In jener Nacht war Ursina so aufgeregt, dass sie kein Auge zutun konnte. Hin und her gerissen zwischen den Vorstellungen des bevorstehenden Abenteuers, der wochenlangen Schifffahrt über den Atlantik sowie dem schlechten Gewissen, ihren Vater allein zu lassen, pochte ihr Herz bis in den frühen Morgen hinein. Doch als die Kirchenglocken die siebente Morgenstunde einläuteten, kam ihr plötzlich eine Idee. Wie gerädert, aber voller Tatendrang sprang sie aus dem Bett und eilte zuerst einmal zum Postamt, um dort ihren Brief an den unbekannten Ingenieur aufzugeben. Hierauf ging sie bei Mutter Keller vorbei, die in einer düsteren Parterrewohnung im Schindelhaus neben der Rose wohnte. Man nannte die alte Frau Mutter Keller, weil ihre erwachsenen Kinder noch immer bei ihr wohnten. Erika, die Tochter, hatte sogar einen Jungen, dessen Vater niemand kannte und über den im Dorf gerätselt und getuschelt wurde. Einmal hiess es, er gleiche dem Vikar, ein andermal war jemand felsenfest überzeugt, dass er der Sohn des verheirateten Dorfdoktors war. Erika schwieg stoisch. Nur Mutter Keller wusste noch, wer der Vater ihres Enkels war. Natürlich war es ein Verheirateter. Natürlich stand er nicht zu seinem ausserehelichen Kind, was dem Jungen natürlich ein Leben lang zu schaffen machte. Doch Erika war eine lustige, stolze Frau und ermunterte ihren Sohn, den sie abgöttisch liebte, sich nicht um das Geschwätz der Leute zu kümmern: »Es ist nicht wichtig, was die Nachbarn über uns reden, solange wir rechtschaffene Bürger sind. Und das sind wir! Vergiss nie, dass du ein Kind der Liebe bist. Andere sind oft nur Kinder der Pflicht, im Grunde beneiden sie dich, jawohl.« Erika arbeitete in Altdorf im Hotel Hirschen als Serviertochter. Das eilige Hinundherlaufen mit einem vollen Tablett in den Händen hatte ihr die Körperhaltung eines schnell laufenden Vogels beschert. Überhaupt war die Eile eine Art Markenzeichen von ihr. Neben der Arbeit im Speisesaal des Hirschen, den Hausarbeiten zu Hause und ihren mütterlichen Pflichten blieb nicht viel Zeit übrig, doch in dieser strickte sie haufenweise Socken, Handschuhe und Pullover, die sie, ausgenommen der Sachen für ihre Familie, dem kirchlichen Weihnachtsbasar schenkte. Erika hatte eine Schwäche: Sie liebte Schundromane. Geschichten über Ärzte, Schiffskapitäne und Adelige und deren Intrigen und Liebesdramen. Jedes Wochenende eilte sie zum Bahnhofskiosk, kaufte sich das neuste Heft und verschlang die Geschichte auf sieben Tage verteilt vor dem Einschlafen. Die Schundromane trösteten Erika aber nicht nur durch ihren immer gleichen strengen Alltag, sie lehrten sie auch ein ganz passables Deutsch. Erika war nämlich bekannt dafür, gute Briefe schreiben zu können, womit sie im Bekanntenkreis gelegentlich ein paar Franken dazu verdiente.

Ursina mochte Erika. Doch seit heute Morgen sah sie in ihr plötzlich nicht nur die liebenswürdige Nachbarin, sondern die *ledige* tüchtige jüngere Frau. Ursina hatte Glück. Erika hatte Spätdienst und war noch zu Hause, als sie die Wohnung betrat, wo auch tagsüber eine Lampe brannte. Mutter Keller sass in der Stube im Nachthemd, mit Wollsocken an den Füssen auf dem Sofa und löffelte mit zitternden Fingern eine heisse Schokolade. In der Ecke tickte eine Standuhr.

»Was führt dich so früh am Morgen zu uns?«, fragte Erika, die in einem Becken in der Küche Wäsche wusch. Sie hatte ihre braunen Locken mit einem Tuchfetzen aus dem Gesicht gebunden und die Ärmel ihres geblümten Hausmantels hinter die Ellbogen geschoben. Es roch nach Seife und Javelwasser.

Ursina warf einen unsicheren Blick auf Mutter Keller, aber sie war ausser Hörweite.

»Erika, ich muss dir etwas sagen.«

»Ja? Was ist denn?«

»Ich möchte weg von hier.«

»Wohin?«

»Ich weiss noch nicht. Ich weiss nur, dass ich weg will.«

»Du hast es doch gut bei deinem Vater, in eurem Hotel.«

»Ja, schon, aber Vater redet plötzlich davon, das Hotel verkaufen zu wollen. Ohne Mutter mag er nicht mehr weitermachen. Sie hat doch die Hauptarbeit geleistet.«

»Warum erzählst du das alles mir?«

»Schau, ich kann nicht gehen, ohne Vater in guten Händen zu wissen.«

Erika fuhr sich mit dem Arm über die Stirn. Sie verstand überhaupt nichts. Sie kannte Herrn Leonz, der im Urnerland ein beachtliches Ansehen besass. Er war Vater, Grossvater, mehrfacher Götti, Hotelier, Laienrichter, Schützenkönig und Restaurator von Antiquitäten. Zudem war er in manchem Firmenrat, in vielen Vereinen Präsident und bei der Feuerwehr engagiert. Dass er zum zweiten Mal Witwer wurde, verlieh ihm darüber hinaus einen Hauch tragischer Grösse.

»Falls ich weggehe, braucht er jemanden, der sich um ihn kümmert. Er wird nächstes Jahr sechzig. Er hat noch nie allein gelebt. Das macht mir Sorgen.«

Allmählich dämmerte Erika, worauf Ursina hinauswollte. Nicht umsonst hatte sie so viele Liebesromane gelesen. Aha! Was für ein verwegener Gedanke. Ein feines Lächeln huschte über ihr Gesicht.

»Du meinst, ich soll mich um ihn kümmern, wenn du nicht mehr da bist?«

»Würdest du das tun?«, Ursina hob erfreut den Kopf, »wenn du einen Kuchen machst, könntest du gelegentlich auch ihm ein Stück davon rüberbringen. Er wird es dir entgelten. Marili wird ihm weiterhin die Wäsche machen, aber sie ist nicht mehr die Jüngste, wie du weisst. Einfach ein Auge auf ihn haben, so stelle ich mir das vor.« Ursina gab sich Mühe, unschuldig dreinzuschauen. Erika wusste zwar nicht, wie sie das auch noch bewältigen sollte, aber plötzlich sah sie Herrn Leonz mit neuen Augen. Er war zwar siebenundzwanzig Jahre älter als sie, aber eigentlich eine stattliche Erscheinung. Sein dichtes blondes Haar war inzwischen grau meliert, seine hellblauen Augen hingegen wirkten noch jung und voller Tatkraft. Seltsam, noch nie hatte sie ihn aus dieser Perspektive gesehen, doch jetzt kam es ihr auf einmal vor, als wäre sie für diesen Mann bestimmt. Nicht Ursina, das Schicksal hatte heute an ihre Türe geklopft. Ihre Geschichte war bereits geschrieben, bevor sie begonnen hatte. So ist das machmal, wenn die bestimmte Stunde schlägt, dachte Erika hoffnungsfroh. Was für eine Aufregung. Ein neues Kapitel begann. Es würde das beste ihrer beiden Leben werden.

»Sei unbesorgt, Ursina, ich werde mich um ihn kümmern.«
»Sicher?«
»So wahr mir Gott helfe.«

Staatsarchiv Altdorf, Februar 2022

Die Spatzen schreien es von den Dächern: Die Maskenpflicht wird aufgehoben. Plötzlich sieht man sich wieder. Aber noch immer schrecken viele zurück, wenn ihnen im wörtlichen Sinn jemand zu nahe tritt. Die *Unsichtbaren* sind *immer überall.* Die Masken- und Impfgegner hingegen sind verwirrt, weil sie plötzlich nicht mehr wissen, gegen wen sie ihren Widerstand richten sollen. Also lästern sie rückwirkend weiter und übertragen ihre Ängste vor den finsteren Mächten, die über uns walten, bald auf neue Zielscheiben. Die Vorsichtigen und Konformen andererseits gehen die neue Freiheit zögerlich an. Zur Sicherheit tragen die meisten weiterhin eine Reservemaske bei sich. Denn etwas hat man immerhin gewonnen: die Erkenntnis, dass die Maske nicht nur recht gut vor Corona schützt, sondern auch vor anderen unerwünschten Mikroben. Sich abschotten nützt tatsächlich, doch der Preis ist ziemlich hoch. Leben ohne Krankheit und Tod ist nicht leben, sondern Stagnation. Stillstand. Leere. Es gilt, fortlaufend eine Balance zwischen Schutz und Risiko zu finden. Es hört nie auf. So oder so. Diese Dinge gehen mir durch den Kopf, während sich die Dossiers von Traugott Z.s geistigem Nachlass zusehends füllen und in dem Papierberg allmählich Ordnung einkehrt. Da ich mit den zahllosen mathematischen Berechnungen und den mir vollends undurchschaubaren Zeichnungen und Modellen nichts anfangen kann, konzentriere ich mich vor allem auf Briefmaterial und Prosatexte, obwohl auch letztere oft schwer verständlich sind, da sie mit Begriffen gespickt sind, die, ausser Traugott Z., bisher noch niemand anderer verwendet hat.

Was zum Kuckuck hat ihn bloss bewogen, in einer Sprache zu sprechen, die ausser ihm niemand verstand? Der folgende Essay stellt eine Ausnahme dar, hier schreibt er einigermassen nachvollziehbar:

Die Wechselwirkungskosmologie eröffnet Perspektiven auf einen Bereich, der bis anhin von der Physik komplett ausser Acht gelassen wurde. Das Vorhandensein von Bewusstsein kann nicht nur Gegenstand der Neuropsychologie oder Philosophie sein, denn da Bewusstsein an Materie gebunden ist, muss es zwangsläufig mittels physikalischer Gesetze beschreibbar sein, wenngleich die Komplexität des Ganzen das menschliche Gehirn derart überfordert, dass eine endgültige Beschreibung, die Vorhersagekraft besitzt, mit grosser Wahrscheinlichkeit nie zustande kommen wird. Trotzdem, um Teilhard de Chardin zu zitieren: Der Mensch muss sich durch zuverlässige Tatsachen vergewissern, dass die Kuppel (oder der Kegel) aus Raum und Zeit, in die ihn sein Schicksal hineingestellt hat, nicht eine Sackgasse ist, in der das Leben dieser Erde sich selbst zerdrücken und ersticken wird, sondern dass diese Form des Kosmos der Sammlung einer Kraft dient, die dazu ausersehen ist (mittels der durch Konvergenz freigewordenen Energie) die nötige Stärke zu gewinnen, um alle noch vor ihr liegenden Schranken, welcher Art sie auch immer seien, zu durchbrechen. (Die Entstehung des Menschen. C.H. Beck: München 1961, S. 110 f.)

Teilhard und Traugott gehen also von einem übergeordneten Ziel aus. Zufall sieht nur wie Zufall aus, ist aber – ihrer Ansicht nach – Trugschein. Aufgrund unserer kognitiven Beschränkungen. Was aber soll das gemeinte Ziel denn sein? Die Weltformel – The Theory of Everything? Das Nirwana? Das Paradies? Ewige Liebe? Oder die Auflösung von allem? WAS ist das Ziel? Oder sind etwa mehrere Ziele gemeint? In einem Umschlag finde ich ein Dutzend Briefe von einer Frau Dr. Gita S. aus Kerala, Indien. Sie scheint die Direktorin einer Akademie für ethische Wissenschaft an der Universität von Kerala gewesen zu sein. Neugierig fange ich an, ihre Briefe zu überfliegen.

Sehr geehrter Herr Dr. Z.   Kerala, September 1992
Mit allergrösstem Interesse habe ich den Artikel über Ihr Forschungsthema gelesen und möchte Ihr mutiges Vorgehen in der Entschlüsselung und Einbeziehung auch nicht-akademischer Gebiete in die Naturwissenschaft sehr begrüssen. Dank sei auch Ihrem Institut gesagt, das in meinem Umfeld besonders hochgeschätzt wird, für seine ethische Aufgeschlossenheit, Ihre Forschung zu unterstützen.
Das Wissen (vielfach philosophisch getarnt) alter Kulturen, zahllose Hinweise in den Religionen, metaphysische Erkenntnisse und das Gedächtnis, das der Materie, sprich der Natur, innewohnt, haben nun in Ihrer Kosmologie ein gemeinsames Fundament gefunden. Das ist der grösste wissenschaftliche Fortschritt seit Beginn unseres materiellen Zeitalters.
Vergeben Sie mir bitte, ich bin nur ein Mensch, der sich erdreistet, so gut es geht, wissenschaftliches Erwachen zu verfolgen. Ihre Forschung bewegt mich ausserordentlich, denn Sie verbinden erstmals Naturwissenschaft mit Religion und Ethik.

Kerala, April 1993, Gita S. schreibt: Dr. T. Z. postuliert, dass jeder Raum-Zeit-Punkt auf Erden mit jedem anderen Raum-Zeit-Punkt im Kosmos durch Allbewusstsein und Allkohärenz korrespondiert und dass diese Korrespondenz mathematisch beschreibbar ist. Die Wechselwirkungen betreffen alles Existierende, insbesondere die Zeit (Vergangenheit, Gegenwart, Zukunft), die Atome bzw. Partikel, Planeten, Galaxien, unsere Erde und ihre tellurischen Verwerfungen, Farben, Töne, geologischen und dermatologischen Raster, Eschatologien, Akupunktur, menschliche Chakren, Kundalini, Auras, Gedankenformen usw. Seine Voraussetzung gegenseitiger kosmischer Interaktionen ist von höchster Bedeutung für unsere heutige Welt. Stellen Sie sich vor, wenn man mit einer Generationenlänge von vierzig Jahren rechnet, dann hat ab der christlichen Zeitrechnung jeder Mensch 1.000.000.000.000 .000 Vorfahren. Z.s mathemati-

scher Nachweis zeigt, dass jede und jeder voll verantwortlich war/ist/sein wird für ihre/seine Gedanken und Aktionen, die je nachdem den Kosmos Richtung Harmonie oder Zerstörung führen. Die Wechselwirkungskosmologie fordert deshalb implizit einen ethischen Imperativ oder die Verbindung von Ethik und Wissenschaft. Auf diese Weise entsteht die Verbindung zwischen Quanten-Theorie und Struktur-Theorie. (...)

Lieber, sehr geehrter Herr Dr. Z.   Kerala, September 1993
Nun gibt es einen, der alles, was zuvor gespalten und zerstückelt wurde, wieder zu einem ganzen beseelten Gebilde zurückführen kann. Die Welt (sofern sie mitmacht) muss von Ihnen erfahren, dass es doch noch Hoffnung gibt. Alles ist heute materieverankert, dabei ist doch die Materie der Aberglaube der Physik.
Sie schreiben, dass Kunst und Literatur entbehrlich seien. Obwohl uns diese mit Sicherheit am wenigsten geschadet haben, müsste an eine neue Kosmoskultur gedacht werden. Keine Bildchen mehr malen – mit Worten oder Farben –, sondern irdische und kosmische Wechselwirkungen suchen zum Wohle aller.

Ihre Hoheit, Maharaja of Benares
Kerala, 20. November 1993
Das neue Jahr nähert sich und ich habe die Ehre, Ihnen meine besten Wünsche für 1994 zu schicken. Ebenso wünsche ich, dass alle Menschen, die unter Ihrem Einfluss stehen, Ihren spirituellen Rat in diesen chaotischen Zeiten, in die sich die Menschheit hineinmanövriert hat, befolgen werden.
Sie erinnern sich, dass wir eine Gruppe von Dienern der Menschheit sind, die sich dafür einsetzt, dass an allen Ausbildungsstätten Ethik thematisiert wird. In diesem Zusammenhang erlaube ich mir, Sie auf den Schweizer Forscher Dr. Traugott Z. aufmerksam zu machen, der mathematisch nachweisen kann, dass alles mit allem verbunden ist und in Wech-

selwirkung steht. Das entspricht der physikalischen Grundlage für Ethik und Moral. Damit kann die Notwendigkeit für ethisches Erwachen der Menschheit zur Rettung unseres kranken Planeten wissenschaftlich bewiesen werden. Dr. Z. bestätigt ebenso die mathematische Realität der Chakren, des Kundalini, der Wiedergeburt und der überwältigenden Energie des Urstoffs Avyakta. In seiner Kosmologie finden sich auch die Kalpas, die das Zeitalter Brahmas angeben, sowie das Dritte Auge. Wie Sie wissen, wird die Existenz des Dritten Auges von der modernen Wissenschaft als Unsinn abgetan. Dr. Z. bezeichnet das Dritte Auge jedoch als wunderbarer Effekt der Evolution, dem bis anhin viel zu wenig Beachtung geschenkt wurde.

Als Nächstes fällt mir ein handgeschriebener Brief von Dr. Gita S. in die Hand. Die anderen Briefe waren mit Maschine getippt. Ihre Schrift ist ein Schlachtfeld voller Schnörkel und Kritzeleien, sie verwendet viele Unterstreichungen, Klammern und Ausrufezeichen. Es scheint, die Schrift einer alten Frau zu sein. Im Juli 1994 schreibt sie:

Ihr Schreiben erreicht mich im Krankenhaus. Ursachen vielleicht kosmische Substanzen. Eine Wolke ging nach Australien, eine nach Kerala, eine nach Westen. Wirkung: grimmige Schmerzen auf der ganzen rechten Seite (linkes Gehirn!) – bin zum physischen Wrack geworden, alle Arbeit gestoppt. Was ich vom Krankenhaus aus noch für Sie versuchen kann, ist Verbindung mit Russland anzuknüpfen. Eine Universität in Moskau untersucht neue Denkansätze auf den Gebieten der Physik, Technik und Medizin. Wenn Sie kein Plagiat befürchten, schreiben Sie bitte an T. P. Postfach 329, Genf (Kosmologitscheskaya Aktivnost).

Sehr geehrter, lieber Herr Dr. Z.   Februar 1995
Vielen Dank für Ihren Brief und Ihre hochinteressante Abhandlung über die Brahma-Konstante. Die indische Regierung hat für die Sozialarbeit eine neue Richtung eingeschlagen: Die Regierung tritt zurück und lässt N.G.O.s (Non-Governemental Organisations) planen und wirken. Die Regierung wird nur noch als Finanzgeber zur Verfügung stehen. Mr. Vi ist ein stiller Regierungsbeobachter. Er ist der Sekretär des Prime Ministers, während Mr. Ve von der Regierung gewählt wurde, um die N.G.O.s zu beaufsichtigen. Beiden Herren habe ich von Ihrer interaktiven Kosmologie berichtet. Es wird sich zeigen, zu welchem Denkprofil die beiden gehören. Die Tür steht offen. Bitte schreiben Sie mich ab. Das Krankenhaus ist zu meiner letzten Station geworden, ich spüre es deutlich. Bin von wilden Schmerzen gequält. Ich hoffe, bald zu sterben. Viel Glück! Ihre G. S.

Zürich, 1. April, 1994

Von oben herab gesehen glich der Sackbahnhof einem Gehege mit Zweibeinern, die in alle Richtungen aneinander vorbei hasteten. Züge trafen ein, entleerten sich, füllten sich und fuhren wieder weg. Mitten in dem Gedränge versuchte Traugott Z., sich einen Weg zu seinem Perron zu bahnen, wo sein Zug nach Hinterendingen in drei Minuten abfuhr. Entschuldigung, Entschuldigung. Plötzlich entdeckte er Bea, die junge Tänzerin, in die er vor drei Jahren ein bisschen verliebt gewesen war. Aber da er sie aus den Augen verloren hatte, weil sie ein Engagement in einer anderen Stadt annahm, geriet sie in Vergessenheit. Jetzt, wo er sie nur wenige Meter weiter weg stehen sah, wie sie in Begleitung einer anderen Frau auf die Tafel der Abfahrtszeiten blickte, machte sein Herz einen kleinen Hüpfer. Lass den Zug abfahren, sagte er sich und strebte auf die beiden Frauen zu.

»Wo soll's denn hingehen, meine Damen?«, fragte er mit einem breiten Lachen.

»Nein, das gibt's ja nicht, Traugott!«

Bea schien sich ebenfalls zu freuen, aber anstelle ihm die Hand zu schütteln, schob sie die andere Frau vor:

»Meine Mutter Gloria.«

Traugott lächelte Gloria freundlich, aber unverbindlich an, denn er war an Bea interessiert. Doch Gloria nahm seine Hand und hielt sie einen Moment lang locker in der ihren wie ein Paar Handschuhe.

»Ich habe von Ihnen gehört. Meine Tochter hat mir von Ihren Forschungsinteressen erzählt. Nicht wahr, Bea?«

Bea nickte. Noch immer stand sie einen halben Schritt hinter ihrer Mutter.

»Darf ich die beiden Damen zu einem Drink einladen?«, fragte Traugott beschwingt, »mein Zug ist nämlich gerade abgefahren.«

»Unserer geht erst in einer Stunde. Gern, warum nicht?«, erwiderte Gloria.

»Im Schweizerhof gibt es ein nettes Café.«

Zu dritt durchquerten sie die Shopville. Im Café war es ruhig. Ein junger Mann mit weissem Schürzchen um die Hüften nahm ihre Bestellung auf.

»Wir haben etwas zu feiern«, sagte Gloria munter, »Bea und ihr Freund Roland haben gestern ihre Hochzeit angekündigt.«

Als hätte Gloria eine Nadel in einen Ballon gesteckt, ging ihm (geräuschlos) die Luft aus. Der Reiz, der ihm gerade noch Flügel verlieh, sackte wie ein Fetzen Gummi zu Boden.

»Wie schön, das freut mich«, sagte Traugott betont herzlich. Eigentlich meinte er es auch. Doch die kleine Schamspritze, die in sein Herz stach, liess ihn ein wenig erröten. Er versuchte es zu verbergen, indem er sich abdrehte und beim Kellner drei Gläser Champagner bestellte.

»Wer ist der Glückliche, wenn ich fragen darf?«

»Roland B. ist ein bekannter Theaterkritiker. Auf diesem Weg haben sie sich kennen gelernt«, sagte Gloria stolz.

»Theaterkritiker? Das muss ein Aprilscherz sein«, entgegnete Traugott ironisch. Wie konnte eine junge talentierte Frau wie Bea ihr Leben mit einem Theaterkritiker verbringen wollen? Was für eine flüchtige Welt so eine Bühne doch war. Eng und mit künstlichen Gefühlen bespielt. Dass Frauen immer wieder auf solche Männer hereinfielen. Enttäuschung stieg in ihm auf, nahezu Ärger.

»Roland ist viel mehr als ein scharfsinniger Kritiker. Er hat Literatur studiert und Bücher über Shakespeare, Joseph Roth und Jelinek geschrieben. Mit den menschlichen Höhen und Tiefen kennt er sich aus. Sie haben seine Essays bestimmt auch schon gelesen, jeden Freitag schreibt er im Feuilleton«, fügte Gloria lächelnd hinzu.

»Da muss ich passen, das ist nicht mein Gebiet.«

»Ich lade dich gern zur Hochzeit ein«, sagte Bea endlich mit einem lieben Lächeln.

»Danke, danke, das ist nett, aber wie du weisst, kann ich mir solche Extravaganzen nicht erlauben. Mir läuft nämlich nicht nur der Zug, sondern auch die Zeit davon. Ich habe eine weltbewegende Entdeckung gemacht, die ich zu Papier bringen muss. Das Ganze ist unendlich komplex und erfordert meine gesamte Aufmerksamkeit.«

»Das Leben wird Ihnen auch noch davonlaufen, wenn Sie nicht aufpassen«, sagte Gloria sanft.

Beas Mutter irritierte ihn. Gleichaltrige Frauen waren in der Regel nicht von Interesse. Sie waren ihm zu befehlshaberisch. Oft wussten sie alles besser. Er kannte welche am Institut. Gut, das waren Wissenschaftlerinnen, Emanzen (!), die waren am schlimmsten.

Seit seiner Scheidung gefielen ihm jedenfalls junge Frauen. Sie hatten noch etwas Verspieltes, waren schutzbedürftig und zugleich inspirierend in ihrer Neugier auf das Leben. Ihre hoffnungsfrohe Zuversicht vermittelte ihm ein Gefühl von Leichtigkeit.

»Das Leben kann niemandem davonlaufen, Madame, denn der Tod ist nicht das Ende, nur ein besonders sichtbarer Akt der Transformation in einen anderen Zustand. Leben und Tod sind dasselbe«, erklärte Traugott ruhig.

»Nun, ich habe nicht gerade an den Tod gedacht«, gab Gloria zurück, »es gibt ja noch etwas davor, oder nicht?«

»Woran denken Sie denn?«

In diesem Moment schaltete sich Bea ein: »Mama, Traugott wäre vielleicht ein Tanzpartner. Was meinst du, willst du ihn fragen?«

»Tanzpartner?«

»Meine Mutter hat angefangen, Walzer zu tanzen. Sie braucht noch einen Tanzpartner. Jemand, der Lust hat, diese Schritte zu lernen und sie auf Bälle zu begleiten.«

Gloria lächelte verlegen: »Du hast ja gehört, dass Herr Z. keine Zeit hat.« Sie schlug ihre Beine übereinander und beugte sich nach vorne, um einen Fussel auf ihrem Schuh zu entfernen. Ihre hautfarbenen Strümpfe schimmerten golden. Ein unerwartetes Entzücken erfasste ihn. Hatte er diese schönen übereinandergeschlagenen Beine nicht schon einmal gesehen? Sie kamen ihm seltsam vertraut vor.

»In der Tat, für solche Vergnügen bleibt mir eigentlich keine Zeit«, erwiderte er verwirrt.

»Du kannst es dir doch überlegen. Tanz ist wie Sport. Irgendetwas muss man seinem *Körper* zuliebe tun, sonst wird man ein Schrotthaufen«, meinte Bea aufmunternd.

Zwei Wochen später begleitete Traugott Gloria in die erste Tanzstunde. Danach gingen sie im Zeughauskeller essen, wo er den ganzen Abend über seine Kosmologie referierte. Während sie ihm zuhörte, entdeckte er verhohlen ihr üppiges rotbraunes Haar, die gepflegten rosa lackierten Fingernägel, das dezente Makeup, das ihre Augen und Lippen betonte, und ihre makellosen Zähne. Seine Hand spürte noch ihren schlanken Rücken, den er beim Tanzen berührt hatte, die Textur des Kleiderstoffs. Der dezente Duft ihres Parfums schwebte wie eine winzige Wolke Wohlbehagen in seiner Nase. Sie hat etwas von meiner Ex, ging ihm durch den Kopf. Sie ist eine richtige Frau, doch sieht sie jünger aus, als sie ist. Ein freudiger Schreck fuhr ihm in die Glieder, als er feststellte, dass sie einander gefielen.

Staatsarchiv Altdorf, März 2022

Langsam, aber sicher ist ein Ende meiner Arbeit im Archiv abzusehen. Die Dossiers sind mit schwarzem Filzstift in sauberen Buchstaben und Ziffern angeschrieben. Die Titel geben Auskunft über das Thema der enthaltenen Dokumente und die Jahre ihrer Entstehung. Nach und nach werden die Dossiers in spezielle Kartonschachteln, die eine Buchbinderei massgerecht und aus besten Materialien für das Staatsarchiv herstellt, abgelegt. Inzwischen türmen sich die Schachteln an der Wand, geordnet nach Datum und Signatur. Ich *bilde* mir ein, Vaters Dasein käme erst jetzt zur Ruhe. Egal, ob seine Kosmologie ein Hirngespinst oder ein Geniestreich ist. Egal, ob jemand sich dafür interessiert oder nicht: Hier liegt sein *Lebenswerk*. Hier herrscht Ordnung in den Spuren. Die Spuren eines Gottessuchers.

Jetzt liegen noch vereinzelte Papiere auf dem Tisch, von denen ich nicht weiss, wo ich sie ablegen soll. Darunter ein Nachruf auf Traugotts Tante Matilda, die damalige Wirtin im Adler in Isenthal, die Mutter seines geliebten Cousins Walter, der im Urnersee ertrank. Mir scheint, Traugott hat ihn aufgrund von Informationen seines Vaters Leonz verfasst, der ihm auf zwei Seiten Papier in nüchternen Worten einige Stichworte über ihr Leben geschrieben hatte. Zum Schluss hatte Leonz hinzugefügt: *Beiliegend einige Angaben für den Nekrolog von Tante Matilda. Unter anderem, was Bruno ihr alles Gutes getan hat, darf nebenbei doch erwähnt werden.* 1968, im Jahr als Tante Matilda starb und die bedeutendste gesellschaftliche Revolution den Gipfel ihrer Proteste feierte, war Traugott ein junger Wissenschaftler, Ehemann und Vater, dessen Zukunft vor ihm lag wie ein lichtdurchfluteter Korridor.

*Es muss für Frau Matilda M. jeweils eine recht eindrückliche und tief ins Herz greifende Sprache gewesen sein, wenn an den schönen Sommermorgen die Sonne über die östlichen Hänge des Isenthals klomm und in überschäumender Lust das Dörfli, in dem Matilda sechsundvierzig Jahre geliebt und gearbeitet hat, in ein gleissendes Strahlenbad tauchte. Wie leicht und froh muss es dann im Gemüt geworden sein, wenn die tausend und abertausend Tautröpfchen auf zarten Kronen und in schlaftrunkenen Kelchen zu neuer blitzender Lebensfreude erwachten, wenn im Nu das nächtlich Bedrohliche des überhängenden Horä verscheucht wurde, und das unheimliche Raunen des Isenthaler Baches sich allmählich in ein lustig klingendes Rauschen verwandelte. Nicht lange ging's, und die ersten Sonnenstrahlen blinzelten neckisch durch die Jalousien vom Restaurant »Adler«, um gleich darauf die Herzen der Bewohner in der Vorfreude auf den neuen Tag höher schlagen zu lassen. Diese liebliche Seite des Isenthaler Sonnentags hat dem feinfühlenden und milden Wesen von Matilda M. in hohem Masse entsprochen. Wer weiss? Vielleicht ist diese stille Beziehung zur Natur die treue und aufmunternde Begleiterin auf dem von so vielem Leid beschwerten Lebensweg gewesen und erklärt das Geheimnis ihrer Unverzagtheit trotz schmerzlichster Verluste und schwerer Drangsal.
Matilda wurde 1892 als drittes von zehn Kindern in Unteryberg bei Schwyz geboren. Kaum fünfzehnjährig wurde sie als Hilfe in fremde Haushaltungen gegeben, um zum Unterhalt*

ihrer Familie beizutragen. Nach Stellen bei Dr. I. in Altdorf, später bei Direktor K. in Flüelen, wechselte sie anschliessend ins Gastgewerbe, in den »Löwen« in Buochs. Dort begegnete Matilda 1924 dem Bergführer Jost, mit dem sie ins Isenthal zog, um dort ab 1927 mit ihm den »Adler« zu führen. Zwei Knaben hatte das glückliche Paar geboren, als 1929 der Tod mit furchtbarer Faust ans junge Heim schlug und der Frau den Mann, den Kindern den Vater raubte. Von einer schleichenden Krankheit geplagt und von den Hypotheken des begonnenen Werks bedrängt, stürzte sich die Witwe, ihre Kraft vervielfachend, in die gähnende Lücke. Allein hätte sie dies wohl kaum geschafft. Zum Glück stand ihr die Schwester, die treue, noch ledige Josy, zur Seite. Nach etlichen Aufenthalten im Krankenhaus erholten sich Matildas Seele und Körper allmählich und sie heiratete ein zweites Mal. Bruno K., der das schwere Amt des Vaterersatzes nicht nur willig, sondern mit Freude annahm und in der Folge meisterlich verwaltete, wurde ihr grosser Halt. Für Josy sollte es eine ernste Lehre gewesen sein, denn schon bald darauf raffte der Tod ihrer beider Schwester Agnes hinweg und hinterliess eine ähnliche Bresche über drei Kindern. Ohne zu zögern, opferte sie sich gleich Bruno K. und machte sich an die bittere Ernte. So wurde Josy die Rosenwirtin in Flüelen. Diese Schicksalsschläge verbanden die beiden Schwestern Josy und Matilda ein Leben lang. Die nächsten Jahre kehrte etwas Ruhe ein. Matilda führte mit ihrem zweiten Mann den »Adler«, wo alljährlich Touristen aus nah und fern einkehrten, um Ausflüge ins Urirotstockmassiv zu unternehmen und sich von Matildas unterybrigem Humor, den sie sich auf wundersame Art bewahrt hatte, anstecken zu lassen. Erinnert sei hier nur an Frau Merian und Herrn Ruf, den 800 Schweizer Berggipfel starken Juwelier, beide aus Basel. Alles schien sich zum Guten gewendet zu haben, die Knaben wuchsen zu Jünglingen heran und aus der Ehe wurde Liebe. Aber eben, es schien nur so! Kein Isenthaler wird den 4. Dezember 1949 vergessen, die Nacht nach dem Winterschiessen in Attinghausen, als der sturmgepeitschte See mit ruchlosem Griff das Boot der heimkehrenden Schützen gerade vor der Mündung des Isenthaler Baches, beim sogenannten Bachegg, und, wie zum Hohn, nur 50 m vom Ufer entfernt, zum Kentern brachte. Es waren dieselben Fluten, die nur Stunden zuvor, im Tal drin, ihr unheimliches Gurgeln ausgestossen hatten. Unter den fünf Leichen am Ufer des plötzlich wie von Schuldbewusstsein still gewordenen Sees fand Matilda auch ihren Sohn Walter. Und wieder stand Matilda gesenkten Hauptes vor der aufgehenden Sonne, um mit Hiob zu schluchzen. Doch als gottesfürchtiger Mensch schaffte es Matilda auch diesmal weiterzumachen. 1955 übergaben sie und ihr Mann Bruno dem verbliebenen Sohn das Restaurant »Adler«. Nur zwei Jahre später, 1957, musste Matilda auch noch ihre geliebte Schwester Josy zurückgeben. Nun, nach Jahren der Zurückgezogenheit, ist Matilda, mit den Tröstungen des Glaubens versehen, ihrem vielfachen Widersacher Tod selbst erlegen. Ein schweres Leiden hatte ihren Körper heimgesucht. Aber die fast übermenschliche Liebe zu ihrem Mann und zur Familie ihres Sohnes schenkte Matilda bis zum Schluss ein weises Lächeln und eine vorbildliche Zähigkeit. Man kommt nicht darum herum, an die sanfte Rache einer starken Seele zu glauben. Wieder ging die Sonne strahlend über dem Isenthal auf, als an diesem Wintermorgen Matilda M. zur letzten Ruhe getragen wurde. Diesmal aber, um in die Erinnerungen der Hinterbliebenen einen unvergänglichen Glanz hineinzuweben. T. Z., Isenthal, 10. Januar 1968

Mein Blick gleitet hinauf zu den Berggipfeln, die noch verschneit sind. Bald werde ich dieses Büro verlassen, dem Chef den Schlüssel zurückgeben, die Schachteln mit den Spuren von Traugott Z. werden sortiert in einem der hohen Metallgestelle im Archiv versorgt werden. Wer weiss, ob sie jemals wieder von jemandem geöffnet werden.

1997, ein paar Monate nach Vaters Tod, meldete sich ein Amerikaner bei mir und bat, mir einen Besuch abstatten zu dürfen. Ich hatte damals kleine Kinder und studierte nebenbei. Meine Hände und mein Kopf waren voll. Mein Freiraum null. Meine Nerven lagen blank. Nur so kann ich mir heute erklären, warum ich mir den Namen und die Adresse jenes Amerikaners nicht gemerkt habe. Alles, woran ich mich noch erinnere, ist ein Mann zwischen fünfzig und sechzig, ein beleibter Typ mit viel Haar in verbeulten Cordhosen mit einer Weste, die Ellenbogenschoner hatte. In unserem Wohnzimmer, das ich kurz vor seiner Ankunft noch rasch vom herumliegenden Kinderspielzeug befreit hatte, sass er mir auf einem Stuhl gegenüber und beschwörte mich höflich und zurückhaltend:

»Mit Bestürzung habe ich vom unerwarteten Tod Ihres Vaters gehört und bin extra aus den Staaten zu Ihnen gekommen, um Sie um etwas Wichtiges zu bitten. Bewahren Sie seinen geistigen Nachlass *unter allen Umständen* auf. Er ist seiner Zeit *dreihundert Jahre* voraus. Heute und morgen gilt er als verrückt, doch der Tag ist gewiss, an dem seine Ideen wissenschaftlich verstanden und belegt werden können. Do you understand? Verstehen Sie?«

Nein, ich verstand nicht. Die Kinder. Der Zeitdruck. Die Ehe. Der Haushalt. Die Prüfungen an der Uni. Nicht zuletzt die Trauer um meinen Vater, der endlich bereit gewesen wäre, mir ein klitzekleines bisschen Aufmerksamkeit zu schenken, unter dem Vorwand, mir jeden Monat zweihundert Franken für eine Putzfrau geben zu wollen. Bedingung: ein persönliches Treffen zwecks Geldübergabe. (Banküberweisung hatte er abgelehnt.) Es war einfach zu viel, um das Anliegen dieses Fremden gebührend zu würdigen. Das Einzige, das ich unternahm, war, Vaters Cousins, die im Kanton Uri Positionen als Journalist und Gymnasiallehrer inne hatten, anzurufen und um Rat zu fragen. Durch ihre Vermittlung gelangten die Schachteln und Papiersäcke vollgeschriebener Papierblöcke, Bücher und Artikel, die wir in Traugotts Büro im Institut und bei ihm zu Hause in Hinterendingen an der Flur gefunden hatten, schliesslich und endlich ins Staatsarchiv, wo sie 2022, nach fünfundzwanzig Jahren in Vergessenheit, *archiviert* wurden.

Zürich, Sommer 1970

Bei schönem Wetter gingen wir im Sommer am Sonntag mit der Familie ins Schwimmbad Grünholz. Drei hellblaue Rechtecke in grüner Fläche unterhalb vom Waldrand. Vier Umkleidekabinen: Männer, Jungen, Frauen, Mädchen. Zweimal WCs und Duschen, weiblich und männlich. Ein Kiosk, davor ein paar rote Tische und Gartenstühle. Feuerstellen zum Grillieren. Bademeister in weissen Shorts und T-Shirts mit Trillerpfeifen. In greifbarer Nähe bei jedem Pool ein weisser Rettungsring mit rotem Streifen. Mutter brachte Picknick mit: Birchermüesli, Kartoffelsalat, etwas zum Brätlen, Brot, Kirschen und Pfirsiche. Sie verteilte die Tupperware Boxen auf einem grossen Tuch auf dem Rasen, wir Mädchen legten unsere Tücher darum herum. Nach dem Essen legten sich die Eltern auf einen gemieteten Klappliegestuhl. Vater natürlich mit einem Buch vor der Nase. Das fröhliche Geschrei der Kinder, die im Wasser herumtobten oder die kopfvoran vom Dreimeterbrett sprangen, der Geruch von Chlor und Sonnenöl waren für mich jedoch alles andere als Spass. Nach dem Essen durften wir wenigstens eine Stunde lang warten, bevor wir ins Wasser mussten. Eine Schonfrist. Da ich schon in der vierten Klasse war, aber noch immer nicht schwimmen konnte, waren diese Sonntage eine Tortur für mich. Denn in diesem Punkt kannte Vater kein Pardon. Ich *musste* um jeden Preis schwimmen lernen, auch wenn ich ihm noch so lange klarzumachen versuchte, dass ich allein nicht nahe ans Becken herangehen würde. Wie schon alle Sommer zuvor nahm er mich unerbittlich bei der Hand, was mir sehr peinlich war, und zog mich ins Kinderbecken, dahin wo das Wasser höchstens zu meiner Brust reichte. Nachdem er mir in der Luft vorgemacht hatte, wie ich meine Arme und Beine bewegen sollte, legte er eine Hand unter mein Kinn und die andere unter meinen Bauch und hob mich auf die Wasseroberfläche. Doch schon spritzte mir Wasser ins Gesicht. Panik. Mit allen Vieren um mich schlagend versuchte ich, sofort wieder auf die Füsse zu kommen.

»So geht das nicht«, sagte Vater ungeduldig, »du musst oben bleiben und die Bewegungen machen, sonst lernst du es nie!«

»Ich will es nicht lernen«, trotzte ich.

»Du musst es aber lernen! Sonst gehst du unter! Verstanden?«, er schrie mich an, wie man jemanden anschreit, der taub ist.

Irgendwann verlor Vater die Nerven und übergab mich einer Schwimmlehrerin, mit der ich jeden Mittwochnachmittag im Hallenbad üben musste. *Never give up!* In der fünften Klasse schaffte ich es endlich zu schwimmen.

Doch sogar als ich sicher über Wasser blieb, beneidete ich die Kinder, die in die Tiefe tauchten und prustend wieder auftauchten wie die Seehunde im Zoo. Als ob es nichts Vergnüglicheres gäbe. In meinen Augen brannte das Poolwasser wie Säure, sodass ich nichts mehr sehen konnte. Besonders schlimm war es, wenn Wasser in die Nase geriet. Das Chlor ätzte bis in den Hals. Ich hustete, schluckte und meinte zu ersticken. Verlor mich in einem Rauschen von verschwommenen Tönen, Punkten und Tropfen, ruderte wie wild mit den Armen und japste verzweifelt nach Luft. Manchmal aber geschah es, dass ich unter Wasser geriet. Wilde Jungen aus meiner Klasse drückten meinen Kopf runter oder zogen mich am Bein hinab. Während dieser Schreckmomente wurde ein Traum wahr, der mich seit frühester Kindheit immer wieder heimsuchte: mein Hinabgleiten in tiefes Wasser. Mein Sinken mit offenen Augen. Mein Schlucken von Wasser. Meine Todesangst, wenn die Lungen sich mit Wasser füllten. Dann – oh Wunder – welch ein Staunen: Es tat nicht weh. Es ging ganz sanft. Ohne Schmerz. Ein liebliches Hineingleiten in unsäglich schönes, warmes Licht. Ein Leichter- und Leichterwerden. *Schweben.* Dann auf einmal abruptes Erwachen. Ich liege geborgen im warmen Bett im Kinderzimmer. Mein Herz pocht bis zum Hals. Gott sei Dank, ich lebe! Alles nur ein schlechter Traum. Ein Albtraum.

Es gab noch eine Situation, in der mein Vater regelmässig die Geduld mit mir verlor. Man könnte annehmen, dass ein Kind, dessen Vater in Physik und Mathematik nur mit Bestnoten brillierte, auf diesem Gebiet ebenfalls Talent zeigt. Doch weit gefehlt, bei mir war das Gegenteil der Fall. Egal ob Prozentrechnen, Dreisatz, Mengenlehre, Algebra oder Differentialrechnung, ich verstand nur Bahnhof. Höchst unmotiviert sass ich am Esstisch mit einem Block gehäuseltem Papier und gespitztem Bleistift vor dem aufgeschlagenen Rechenbuch.

»Lies die Aufgabe vor«, sagte Vater. Wie ein unnachgiebiger Lehrmeister sass er neben mir, sodass ich mich ganz klein und mies fühlte.

»Wenn ein Becken von so und so Volumen mit zwei Wasserhähnen von je so und so Volumen pro Minute gefüllt wird, wie lange dauert es A: bis das Becken voll ist? B: wenn der erste Hahnen nach 15 Minuten zugedreht wird?«

Ich starrte in das Buch. Die Buchstaben und Zahlen verschwammen vor meinen Augen. Irgendetwas in mir sträubte sich, die Frage auch nur annähernd zu begreifen.

»Und? Was weiss man?«, fragte er mit gespielter Geduld.

»Es gibt ein Becken.«

»Wie lauten seine Masse?«

»Ich weiss nicht.«

»Da steht es doch!«

»Die Kubikmeter?«

»Ja! Wie kommt man auf dieses Volumen?«

»Die Seitenlängen?«

»Ja! Also, was ist bekannt?«

In dieser Art ging es weiter, bis Vater irgendwann der Geduldsfaden riss und mich genervt anzuschreien begann. Woraufhin ich erst recht nichts mehr kapierte. Irgendetwas in mir stellte auf dumm. Blockade. War es ein Lehrer, eine Nachhilfelehrerin oder mein Vater, der oder die irgendwann schulterzuckend feststellte:

»Sie ist kein Kirchenlicht.«

Ich wusste zwar nicht, was damit gemeint war, nur dass es nicht schmeichelhaft war.

Mathematik x Kirchenlicht = Null.

Diese Gleichung wurde zu meiner zweiten Natur. Es tat mir leid, dass die wenigen Momente, in denen sich Vater meiner annahm, jedesmal so unerfreulich verliefen. Er ärgerte sich über meine Unfähigkeit, Aufgaben zu lösen, die für ihn super banal waren. Heute vermute ich, dass es mehr als Frustration war. Er muss tief enttäuscht gewesen sein, nochmals in einer Familie gelandet zu sein, wo niemand ihn und seine Denkart verstand oder verstehen konnte. Heute frage ich mich, wie es ist, ein ganzes Leben lang von *niemandem* verstanden zu werden. Mit niemandem, der einem lieb ist, seine Interessen teilen zu können.

Eines Tages, es muss an einem Sonntag gewesen sein, forderte er mich auf, auf dem Balkon auf einen Stuhl zu sitzen, dort sei das Licht gut. Mit einem Block Papier in der Hand setzte er sich mir gegenüber. Aber anstelle mich mit mathematischen Problemen zu plagen, begann er mich zu zeichnen. Ich habe meinen Vater weder vorher noch nachher jemals zeichnen sehen. Doch an diesem Nachmittag, als ich still zuschaute, wie seine Hand den Bleistift gekonnt über das Blatt führte und nach und nach das Porträt von mir entstand, wurde mir bewusst, dass mein Vater nicht nur ein guter Schwimmer und genial in Mathe, sondern auch ein talentierter Zeichner war. Letztes schien ihm selbst jedoch nichts zu bedeuten. Eine längere Zeit verblieben wir so. Ich versuchte, mich nicht zu bewegen, während er wortlos mich, dann wieder seine gezeichneten Linien anschaute und weitermachte. Als das Porträt fertig war, musste ich es in die Hand nehmen und vor mich hinhalten, damit er mich mit seinem Bild von mir fotografieren konnte. Diese schwarzweisse Fotografie endete im Familienalbum, das unsere Mutter gewissenhaft führte. Die Zeichnung selbst ging verloren. Was ging damals in dem jungen Vater vor, während er sein widerspenstiges Kind zeichnete?

Staatsarchiv Altdorf, April 2022

Der Unsichtbare hat mehr oder weniger ausgewütet. Wir sind geimpft, genesen oder gestorben. An seiner Stelle hat aber bereits der nächste Massenmörder die Weltbühne betreten. Diesmal wieder ein Mensch. Ein *Menschlein*. Natürlich mit grossen Waffen und grossen Ansprüchen. Ein *Hyänenhirn*. Neue Massen von Hyänenmenschen mit neuen Waffen aus Metall töten und lassen sich töten. *Es* hört nicht auf. Nie?

Albert Einstein sagte: »Zwei Dinge sind unendlich, das Universum und die menschliche Dummheit, aber bei dem Universum bin ich mir noch nicht ganz sicher.«

Unter den letzten Papieren, die auf dem Arbeitstisch liegen, stosse ich auf Briefe, die Wolfgang Paulis Verbleib während der *Hitlerei* in der Schweiz betreffen. Briefe und amtliche Dokumente, die zeigen, dass Pauli, obwohl als herausragender Wissenschaftler an der ETH berühmt, aufgrund seines jüdischen Vaters des Schweizer Passes nicht würdig war. 1938 annektierte Deutschland Österreich und alle Österreicher mussten ihren Pass in einen deutschen umwandeln. Der Österreicher Pauli, der in der Schweiz arbeitete und mit einer Schweizerin verheiratet war, ersuchte deshalb die Schweizer Einbürgerung. Er wollte keinen deutschen Pass. Als ihm diese verweigert wurde, flüchtete er in grosser Angst und unter schwierigen Bedingungen mit seiner Frau in die USA.

Jetzt liegen diese vergilbten Briefe mit Stempeln, die damals Panik verursachten, in meiner Hand. Einst lagen sie in Paulis Hand. Sie mussten in ihm neben der Angst auch Wut und Verzweiflung ausgelöst haben, denke ich. Nicht nur, weil sein Leben bedroht war, auch weil er sich plötzlich den Hyänenhirnen ausgeliefert sah. Solch lächerliche Papiere und der darauf geschriebene Beamtentext entscheiden über Leben und Tod. Über *ich bin nochmals davongekommen* oder *persönliche Apokalypse*. Das Papier hat Pauli überlebt. Es wird auch mich überleben. Hier im Archiv. Ein neuer Mensch wird es vermutlich eines Tages in der Zukunft in seiner Hand halten und sich vergegenwärtigen, wie langlebig Papier sein kann. Fast so langlebig wie die Motive, die dahinterstehen.

Ein letzter Zettel liegt vor mir. Eine von Traugotts zahllosen Traumnotizen. Eineinhalb Jahre vor seinem Tod:

Ich befinde mich im voll besetzten grossen Physikhörsaal der ETH. Die Leute scheine ich zu kennen. Doch wichtig ist mir nur Wolfgang Pauli, der an einem Experiment interessiert ist. Er ist schon älter und rundlich, so wie kurz vor seinem Tod 1958. Ich selbst scheine so etwas wie sein Leibassistent zu sein. Bin jugendlich, frisch und guter Dinge. Offensichtlich bin ich sehr gern mit Pauli zusammen. Auf eine seiner Fragen antworte ich: »Das ist wahrscheinlich eine Impedanzanpassung.« Nun sehe ich, wie Pauli einen Stecker mit Kabel in die Apparatur stösst. Dabei bemerke ich seinen rundlichen festen Daumen. »Mein Gott, der Pauli wirkt selber«, denke ich – offenbar fürchte ich um die Apparatur. Diese aber wankt nicht. Kurze Zeit später erhebt sich Pauli und geht, ohne noch etwas zu sagen, durch einen Gang weg. Mir scheint, er will zum Ausgang. Kurz darauf folge ich ihm und wünsche den Zurückbleibenden »einen geruhsamen Abend«. Es scheint, dass mir dabei etwas im Hals stecken bleibt. Ich verschlucke mich fast. Doch meine ich, die anderen hätten mich trotzdem gut verstanden. Ende. T. Z., September 1995

Ich schiebe die Papiere in das Dossier von Wolfgang Pauli, dessen universale Reise nun auch im Urnerland ein *Denkmal* bekommt.

Meine Arbeit im Archiv geht zu Ende. Zum letzten Mal werfe ich einen Blick aus dem Bürofenster. Es wird Frühling. Die japanischen Kirschen blühen. Wieder giesst das Sonnenlicht verschwenderisch Hoffnung über Berge, See und Land. Ich verabschiede mich von den Mitarbeiterinnen und Mitarbeitern. Wir wünschen uns alles Gute. *Dein Wort in Gottes Ohr.* In einer Bäckerei kaufe ich Urnerkrapfen, diese öligen Trapeze mit der rosa Füllung. Bevor ich in Flüelen in den Zug gehe, steige ich zur Kirche hoch. Über Kieswege gelange ich zum Familiengrab, wo meine Grossmütter Agnes und Josy sowie Erika, die letzte Frau meines Grossvaters Leonz, er selbst sowie mein Vater Traugott Z. beerdigt sind. Ihre Namen und Lebensdaten sind in goldenen Lettern in einen schwarz glänzenden Granitstein gemeisselt. In einem kleinen Gärtchen davor blühen Narzissen und Osterglocken. Vater, ich habe meine Mission erfüllt. Dein Werk ist aufgehoben. Warst du ein Naturwissenschaftler? Ein verkannter Prophet? Ein verhinderter Künstler? Ich weiss es nicht, aber ich bin dankbar. Für alles. Sogar für das, was fehlt. Denn, wo etwas fehlt, ist etwas anderes darum herum. Nach dem Besuch des Grabs betrete ich die Kirche. Sie ist menschenleer. Vorne flackert das Ewige Licht. Es riecht kühl nach Kerzenwachs und alten Holzbänken. Links unterhalb des Altars zünde ich für ein paar Münzen einundzwanzig rote Kerzen an. Licht für alle (auch für die Unbekannten). Einundzwanzig

Flammen für meine Urgrosseltern, Grosseltern und Eltern. Für alle meine Lebensbegleiter. Für alle, die sterben müssen, bevor sie leben dürfen, und für jene, die sie schmerzlich vermissen.

Nützt es nichts, flackert es wenigstens schön im Dunkeln.

Berchtesgaden, 25. Oktober 1992

Traugott Z. hatte in Salzburg an einem von einem deutschen Grafen organisierten Kongress über *Wissenschaft und Paraphänomene* seine Wechselwirkungskosmologie, sein allumfassendes Naturgesetz, vorgestellt. Die vielen Leute, die mit Fragen auf ihn eindrangen, das viele Essen, die Missverständnisse und der Schlafmangel waren der Grund, weshalb er sich am letzten Tag seines Aufenthalts, es war ein Montag, allein auf einen Ausflug nach Berchtesgaden begab. Er brauchte Ruhe. Oberhalb von Berchtesgaden, auf 1700 m über Meer lag der »Adlerhorst«, Hitlers ehemaliger Vergnügungsbunker, das Kehlsteinhaus. Traugott hatte darüber gelesen und wollte, da er nun in der Nähe war, die Gelegenheit nutzen, sich ein Bild vor Ort zu machen. Ein äusseres Bild und ein inneres Bild.

Es war ein grauer kalter Tag am Ende der Tourismussaison. Mit im roten Bus waren nur noch drei Amerikaner, die sich lebhaft über die bevorstehende Präsidentschaftswahl in ihrem Land unterhielten. Traugott sass hinter dem Busschauffeur. Er war erschöpft. Die nass glänzende Serpentine, auf der es nur Pendelverkehr gab, führte durch fünf Tunnels steil auf den Obersalzberg hinauf. Mal links, mal rechts furchterregende Abgründe. Traugott wurde übel. Einen Moment lang schloss er die Augen, um sich auszuklinken. Als der Bus auf dem oberen Busparkplatz ankam, stiegen die Passagiere aus. Es hatte angefangen, heftig zu regnen. Traugott, der keinen Schirm dabeihatte, hielt sich die Aktenmappe über den Kopf und bewegte sich vornüber gebeugt zum Eingang eines Tunnels, der über hundert Meter tief ins Berginnere zu einem Lift führte. Eine seltsame Schwerfälligkeit verlangsamte seine Schritte. Die Amerikaner überholten ihn und zogen voraus. Der Tunnel erschien ihm endlos. Er verspürte auf einmal stechende Kopfschmerzen. Als hätte er Blei in den Beinen, schleppte er sich zur Lifttür, neben der eine Skala anzeigte, auf welcher Höhe die Liftkabine im Innern des Berges sich gerade befand. An die Steinwand gelehnt wartete er, bis sie wieder unten war. Dann betrat er einen mit poliertem Messing ausgekleideten Raum. Allein in der grossen Kabine aus vorgespiegeltem Gold wurde er in einem Steinschacht in die Höhe gezogen. Schwindel erfasste ihn. Das Messing, das ihn umgab, schien zu glühen. Blitze stachen wie Nadeln in seine Augen. Wäre ich doch nach Hause gegangen, dachte er. Mit Schwung ging oben die Lifttür auf. Erneut musste er einen ewig langen Tunnel mit scheinbar unzerstörbaren Steinmauern durchqueren, bis er endlich in einem fast leeren Restaurant ankam. Panoramafenster gingen ringsum auf die umliegende Bergwelt und die Seen in den Tälern hinaus. Im Moment lag alles unter einem gräulichen Wasserschleier. Traugott war zwar zuoberst auf dem Berg, aber er fühlte sich auf eigenartige Weise ganz unten. Mit Mühe schleppte er sich zu einer Eckbank, wo er sich niederliess und benommen an die Wand lehnte. Eine Serviertochter legte eine Menukarte vor ihn hin, doch er beachtete sie nicht. Erst als er bemerkte, dass er Mühe hatte zu sprechen, zeigte er darin unterhalb »Heisse Getränke« auf »Milchkaffee«. Das Kehlsteinhaus drehte sich um ihn herum. Nicht schnell, langsam, auch der Boden schaukelte unter seinen Füssen. Als die Serviertochter die Tasse mit dem heissen Kaffee vor ihn auf den Tisch stellte, wollte er sich bedanken, doch es kam kein Ton aus seiner Kehle. Etwa zwei Stunden sass er reglos auf der Bank und starrte durch den Regen an die gegenüberliegenden Felswände. Hier also wirkte er, der Teufel, dachte er, genau hier, wo ich jetzt bin. Traugott konnte nicht mehr sprechen. »Es hat mir dort oben die Sprache verschlagen«, erzählte er Gloria später. Auch, dass er noch lange Mühe mit Schlucken gehabt hätte. Wenige Tage später schrieb er in sein Notizheft:

Die Realität ist ein Wechselwirkungskosmos, und als solche spiritueller und nur spiritueller Natur. Die physische Welt bildet bloss die unterste, d.h. materielle Stufe einer Vielschicht-Struktur. Die Menschheit macht seit dem 16. Jahrhundert eine material(istisch)-technologische Entwicklung durch. Dagegen ist nichts einzuwenden. Doch es ist fatal, dass sie den Vitalisierungsprozess der Vielschicht-Struktur nicht erkennt. Denn Physik und Metaphysik sind keine Gegensätze, sondern unterschiedlicher Ausdruck desselben. Das Beharren auf der materialen Ebene entspricht dem Verkennen oder dem Nichtakzeptierenkönnen dieses Faktums. Diese Haltung macht kosmologisch keinen Sinn. Wirtschaftliches Umdenken, Umweltschutz etc. sind zwar gut gemeint, aber sie verzögern bestenfalls den Niedergang. Ohne Verankerung der untersten Schicht im Ethos gesamtuniversaler Verantwortung hat die Menschheit vermutlich schon bald keine Chance mehr.

St. Moritz, 1. Januar 1997

Silvesternacht. Der Saal des Kasinos erstrahlte in festlicher Pracht. Auf den grossen ovalen, weiss gedeckten Tischen blitzten die Kristallgläser, das Porzellan und Hotelsilber. Auf jedem Tisch prangte ein üppiger Rosenstrauss. Livrierte Kellner eilten mit silbernen Tablets hin und her, servierten edle Weine und köstliches Essen. Traugott und Gloria sassen zusammen mit Gret, deren Mann und erwachsenen Kindern sowie mit Glorias Tochter Bea und ihrem inzwischen angetrauten Gatten Roland an einer der Tafeln. Auf einer Bühne spielte eine Band Dixieland. Einige Paare in eleganten Ballkleidern schwangen dazu ihre Hüften und verwarfen ihre Beine. Die Stimmung war ausgelassen. Alle waren heiter und vergassen für einige Stunden den Alltag. Traugott war glücklich. Verliebt legte er den Arm um Glorias Schultern, als ein Fotograf vorbeikam, um die Gäste abzulichten. Gloria schmiegte sich lächelnd an ihn. Alles war wieder gut. Vor ein paar Tagen hatten sie ihre erste Auseinandersetzung gehabt. Eigentlich eine Bagatelle. Trotzdem hatte sich Traugott danach sehr schlecht gefühlt. Düstere Gefühle hatten ihn überwältigt. Als er zum Blutspenden ging, hatte die assistierende Krankenschwester bei ihm einen zu hohen Blutdruck gemessen. Er solle sich sofort in Behandlung begeben, hatte sie ihm geraten, er sei in Lebensgefahr. Doch in der Verstimmung, in der er sich befand, war es ihm egal. Was solls? Wird schon nicht so schlimm sein. Und nachdem er sich mit Gloria wieder ausgesöhnt hatte, vergass er es. Wollte er es vergessen? Warum?

Heute Abend war das Leben wieder glitzernd schön. Er trug seinen Smoking, Gloria ein hellrosa Seidenkleid und Lackpumps mit hohen Bleistiftabsätzen. Auf dem langen Buffet wurden die wunderbarsten Speisen geboten. Sie assen und lachten viel, tranken Champagner und waren vergnügt und fröhlich. Natürlich konnte Traugott es auch an diesem Abend nicht lassen, über das Universum und die Bedrohung des Lebens auf der Erde zu sprechen, aber Gloria holte ihn zwischendurch wieder auf den Parkettboden des Kasinos herunter, indem sie ihn zur Tanzfläche zog. Als er nach kurzem Verschwinden, noch vor Eröffnung des Dessertbuffets mit einem grossen Teller Süssspeisen auftauchte, wunderten sich seine Tischgenossinnen. »Beziehungen!«, meinte er verschmitzt. Doch die Frauen begannen ihn zu schelten, er sei doch schon übergewichtig, das sei viel zu viel und ungesund. Aber Traugott lachte sie aus. Carpe diem! Besonders liebte er Meringue mit Vanilleeis und Schlagrahm, den Nachtisch, den sie damals sonntags in der Rose serviert hatten. Es schmeckte fast wie zu Hause.

Spät suchten sie das Hotelzimmer auf. Mit brummendem Schädel. Am anderen Morgen gab Traugott am Frühstückstisch bekannt, dass er lieber mit dem Zug nach Hause fahren wolle. Er wolle etwas lesen. Gloria protestierte. Er nahm sie in den Arm und drückte ihr einen Kuss auf die Stirn. »Gib mir die Weinflaschen, die wir gestern beim Los gewonnen haben, dann brauchst du sie nicht zu tragen«, sagte er tröstend. Nachdem sie an der Rezeption für das nächste Jahr wieder ein Zimmer gebucht hatten, umarmten sich alle zum Abschied und Traugott ging mit den Flaschen in einer Tüte zu Fuss Richtung Bahnhof. Die Luft war eisig und klar. Auf den umliegenden Bergspitzen glänzte Schnee. Die Strasse war glitschig. Beinahe strauchelte er, als er aus dem Gleichgewicht geriet. Eine seltsame Schwere bemächtigte sich seiner. Vielleicht vertrage ich diese Ausschweifungen nicht mehr so gut, ging ihm durch den Kopf. Im Bahnhofsgebäude, das voller Skitouristen war, deren Geräte und Stimmen lärmten, verlor er plötzlich sein Gehör. Verblüfft schaute er um sich und bemerkte, dass es still war. Die Welt wie in Watte gepackt. Im gleichen Moment begann er zu taumeln. Ein unerhörter Schmerz in der Brust raubte ihm Sicht und Atem. Er stürzte. Wie ein Koloss fiel er um. Wie ein gefällter Baum. Mit dem Kopf direkt auf die Metallstufe mit den Zacken, die extra für Menschen mit Skischuhen an den Füssen eingerichtet worden war, damit sie nicht ausglitten. Sein Frontschädel wurde gespalten. Ein paar anwesende Skifahrer stürzten herbei. Jemand lief zum Billettschalter und rief um Hilfe. Als die Ambulanz eintraf, stellte man gerade noch das letzte Flackern seines Herzens fest. Traugott war tot.

Zürich, 25. Januar 1997

Zwei Wochen zuvor hatten wir unseren Vater beerdigt. Erstaunlich viele Leute waren zu seiner Abdankung erschienen. Offenbar war er weniger verloren gewesen, als ich immer befürchtet hatte. Zumindest äusserlich. Der alte Pfarrer, der ihn und seine Familie ein Leben lang in schweren und in guten Zeiten betreut hatte, sagte am Schluss der Trauerfeier mit fester Stimme: »Auf Wiedersehen Traugott Z.«

Noch Wochen später erwischte ich mich dabei, wie ich mir Sorgen um ihn machte. Dieser *Sorgenblitz,* der mich, seitdem er damals in diese Dachwohnung nach Hinterendingen an der Flur zog, immer wieder wie aus heiterem Himmel traf: Lebt er noch? Ist er noch bei Verstand? Hat er es im Griff? Ich brauchte mir keine *Gedanken* mehr zu machen. Noch fühlte es sich unwirklich an. War dieses Kapitel *wirklich* zu Ende?

Betty, Corina und ich hatten die Aufforderung erhalten, bis Ende Monat im Institut sein Büro zu räumen. Wir trafen uns an einem Wochenende vor dem Haupteingang des Instituts. Ein Hausabwart führte uns durch einen langen Gang zu Traugotts Büro. Unsere Schritte hallten, da das Gebäude fast menschenleer war. Wir kamen an hellgrauen Türen vorbei, wo die Namen der Professoren und ihrer Mitarbeiter und deren Forschungsgebiet standen. Weit vorne, am anderen Ende des Korridors, schien Tageslicht durch ein grosses Fenster und warf einen Glanz auf den frisch geputzten Boden. Als wir schliesslich zu dritt in Vaters Büro standen, wussten wir im ersten Moment nicht, wo anfangen. Also schwiegen wir und stellten uns vor, wie er in den vergangenen siebenundzwanzig Jahren hier am Tisch oder nebenan an der raumfüllenden Maschine des Massenspektrometers gesessen und das Verhalten der kleinsten und grössten Dinge untersucht hatte. Wonach hatte er eigentlich gesucht? Was hatte ihn angetrieben? Geld konnte es nicht gewesen sein. Eine schwarze Wandtafel war vollgekritzelt mit

Berechnungen, Terminen, Namen und Begriffen aus seiner Kosmologie. Ein Chaos unverständlicher Zeichen aus Kreide. Auf dem Schreibtisch türmten sich vollgeschriebene Papierblöcke, Bücher und von Sekretärinnen abgetippte Manuskripte. In einem Büchergestell standen bunte Ordner. Einer war angeschrieben mit »Konflikt mit dem Institut« (wir schauten uns erstaunt an: »Wusstet ihr, dass er Probleme mit seinem Arbeitgeber hatte?«), ein anderer mit »Ergebnisse Massenspektrographie« und »Die Wechselwirkungskosmologie & Brahman«. Wir verstanden von alldem nichts. Betty hatte Papiersäcke und Kartonschachteln mitgebracht. Diese begannen wir nach und nach zu füllen. Ich warf einen Blick in den ersten Ordner. Zuoberst lag folgendes Schreiben:

Sehr geehrter Dr. T. Z.
Nach langen Debatten mit Ihren Gegnern und mit einigen für Sie eintretenden Kapazitäten, ist die Leitung des Instituts zum Entschluss gelangt, dass das Institut, gerade wegen seiner globalen Bedeutung, sich einen Wissenschaftler mit ungewöhnlichen Ideen leisten kann. Wir freuen uns, Ihnen mitteilen zu können, dass Sie wiedergewählt sind und Ihre Anstellung am Institut weiterhin gewährleistet ist. (2. Januar 1988)

An einem Haken hinter der Tür hingen eine Wolljacke und ein alter Regenmantel, in einer Ecke standen schmutzige Gummistiefel und eine Tasche mit Sportzeug. In seinem Schrank fanden wir ein Abteil mit zwei Dutzend Geburtstagsgeschenken der vergangenen Jahre, die wir ihm jeweils geschickt hatten. Sie waren noch immer im Geschenkpapier. Er hatte sie nie ausgepackt. Ab vierzig wollte er nicht mehr an seinen Geburtstag erinnert werden. Auch ans Telefon ging er an seinen Geburtstagen nicht mehr. Als wir die Schubladen des Schreibtischs aufzogen, kamen allerlei Kuriositäten zum Vorschein: Eine Büchse mit seinem abgeschnittenen Haar, alte Brillen, ein künstliches

Gebiss (wieder schauten wir uns erstaunt an: »Wusstet ihr, dass er künstliche Zähne hatte?«), Postkarten von Leuten, von denen wir nie gehört hatten, und eine angebrochene Schachtel Pralinen. Plötzlich zog Corina einen Briefumschlag hervor. »Anita« stand darauf. »Für dich«, sagte sie und reichte mir das Couvert. Ich öffnete es und fand darin zwei Hunderternoten. Tränen traten mir in die Augen. Er hatte also an mich gedacht und das Geld für die Putzfrau zu unserem zweiten Treffen, das kurz nach seinem Tod hätte stattfinden sollen, bereitgelegt. Jetzt lag das Papier in meiner Hand wie ein verspäteter Gruss von ihm. Als wollte es mir sagen: Hier hast du den Beweis: *Ich wollte dich sehen.*

Mit der Einwilligung meiner Schwestern steckte ich das Couvert ein. Gerührt. Wir packten weiter alles ein. Der folgende Text, der mir in die Finger geriet, las ich meinen Schwestern laut vor. »Passt mal auf«:

Die Wechselwirkungskosmologie vertritt im Gegensatz zu den heute gültigen Vorstellungen die Idee, dass der Kosmos physikalisch-gedankenfeldmässig vernetzt ist. Es existiert im Kosmos nichts, was nicht in irgendeiner Form alles andere beeinflusst und von ihm beeinflusst wird. Unser kognitiver Apparat kann Dinge nur isoliert betrachten. Ein Autounfall erscheint uns zufällig, wir bringen ihn mit nichts im Kosmos in Verbindung. Er geschieht aber nicht zufällig, sondern ist das Ergebnis von unendlich vielen physischen und psychischen Wechselwirkungen des Menschen mit dem Kosmos. Der Mensch steht über physikalisch beschreibbare Felder mit dem Kosmos in Verbindung. Er selbst ist ein solches Feld. Auch das Auto und der Treibstoff sind im Sinne der Wechselwirkungskosmologie solche Felder, denn sie bestehen aus belebten Atomen, wenngleich auf quantitativ anderer Stufe. Wenn ein Computer aus den eingegebenen Daten ein Resultat errechnet, so ist dieses Resultat nicht nur ein abstraktes Zahlenergebnis, sondern ein

psychisches Feld, das in Raum und Zeit gespeichert wird und somit den Kosmos beeinflusst, ein Momentum auf dem Spektrum des Bewusstseins.
Zusammenfassung: Was ist nun psychisch? Eigentlich alles, sogar Materie. Das Universum ist beschreibbar als dipolare Emanation aus einem monopolaren Urzustand. Aber Naturwissenschaften können bestenfalls Werte angeben, niemals das warum oder was. Gott hat die freie Wahl, sich zu manifestieren oder nicht. Aber wenn er sich manifestiert, dann in einer Welt, die den Naturgesetzen gehorcht, den bekannten und den noch unbekannten. Das Universum kann nicht durch naive Sicht verstanden werden. Freier Wille ist auf allen Stufen enthalten und ist mit dem Naturgesetz kompatibel. Es ist einfach zu sehen, dass das Universum unendlich komplex ist. Aber ein Universum, das all-kohärent, und deshalb all-bewusst ist, muss auch unendlich intelligent sein. Purer Zufall ist absolut undenkbar. Was das Individuum betrifft, so hat es nicht nur kosmische Grösse, sondern auch kosmische Verantwortung hinsichtlich der Erhaltung und Verwaltung seines Lebensraums. Es heisst, das ewig gültige Naturgesetz ersetze die Religionen, die Spiritualität. Nein, denn Naturgesetz und Spiritualität sind kein Widerspruch. Wir können den Zusammenhang nur noch nicht erklären. das heisst, es warten zahllose Probleme darauf, gelöst zu werden, davon seien nur drei erwähnt: die menschliche Psyche, das Sonnensystem und die Brahman Kosmographie.

Wir schauten uns fragend an. Betty hob die Augenbrauen und zuckte mit den Schultern. Corina rief begeistert:

»Seht ihr, ich habe es schon immer gewusst: Er war ein Genie.«

»Ich weiss, dass ich nicht weiss«, erwiderte ich und schob auch dieses Blatt in eine Tasche.

Mehrmals mussten wir schwere Säcke und Kisten zum Auto schleppen, bis wir das Büro vollständig geleert hatten.

Am Montag würde eine Putzequipe alles reinigen und ein neuer Forscher hier einziehen. Zum Glück warten noch zahllose Probleme auf Erlösung, dachte ich.

Zürich, 20. Dezember 1958

Traugott Z. fühlte, dass Pauli anwesend war und alles beobachtete. Dabei lag sein Körper vorne im Sarg, begraben unter Blumenkränzen mit weissen und goldenen Schleifen. Das Fraumünster gestossen voll. Alle in Schwarz. Ein Sonnenstrahl leuchtete durch das Chagall-Fenster, wo ein Engel einen fallenden Mann im Arm hält. Paulis Gesicht schien darin auf, nicht im fallenden Mann, nein, im Antlitz des Engels. Aus den Orgelpfeifen auf der Empore dröhnte Johann Sebastian Bach, Präludium und Fuge h-moll. Einige Trauergäste räusperten sich, hier und da ein Hüsteln, andere wischten sich Tränen aus den Augen. Alle standen stramm, alle dachten vermutlich dasselbe: Seltsam, dass wir verschwinden. Dabei ist es doch viel seltsamer, dass wir überhaupt da sind, dachte Traugott Z. Vor dem Altar lag ein Adventskranz aus Tannenreisig so gross wie das Rad eines Traktors, geschmückt mit roten Weihnachtskugeln und vier dicken Kerzen. Er stand hinten, in einer der letzten Reihen, wo er noch andere Studierende des Meisters entdeckte; sie nickten sich zu. Eine alte Dame und ihr kleiner runder Ehemann neben ihm schnieften in ihre Taschentücher. Da fischte die Dame aus ihrer Handtasche ein Bonbon heraus und steckte es in den Mund; ein urvertrautes Duftcocktail aus Honig, Medizinalkräutern vermischt mit Kerzenwachs, Weihrauch und Pflanzenduft stieg ihm in die Nase. Und von einem Moment auf den anderen wurde er in seine frühe Kindheit katapultiert; wie auf einer Zeitreise landete er an dem Ort seiner Vergangenheit, an den er sich bis anhin nie mehr erinnert hatte, der einfach ausgelöscht gewesen war. Auf einmal fand er sich mittendrin in dem Geschehen, das sein weiches Kindergehirn für den Rest seines Lebens geprägt, das Verbindungen geschaffen hatte, Täler, Nischen und Wölbungen, die auf geheimnisvolle Weise miteinander kommunizierten und ein Weltbild erschufen, das ihn ahnen liess, was oben und unten, was davor und dahinter war, so wie die Geraden zwischen den Himmelskörpern erst die Sternzeichen bilden.

Die Orgel verstummte, Räuspern und Rascheln brachen die Stille, bevor Professor Scherrer die Kanzel betrat. Links und rechts flankierten Fahnendelegationen der Studentenvereinigungen beider Universitäten die Gänge. Junge Männer mit roten Mützen hielten Stangen wie die Schweizer Garde Speere. Paulis Hinschied bedeute für die Physik einen unermesslichen Verlust, denn er sei nicht nur ein führender Wissenschaftler gewesen, sondern habe auch auf anderen Gebieten epochale Grosstaten vollbracht. Wie selten einer habe er sich von den Elementarteilchen bis in den Kosmos hinein ausgekannt. Wie Albert Einstein, Niels Bohr, Max Planck oder Ernest Rutherford sei er mit allen Gaben des Geistes ausgestattet und wie diese von einem grenzenlosen Forscherwillen beseelt gewesen. Nach Scherrer sprach einer von Paulis Schülern und hob ihn auf die Stufe von Galilei, Kepler und Newton. Alles, was in der Physik Rang und Namen hatte, war nach Zürich in die Kirche Fraumünster gekommen, um von Wolfgang Pauli, dem Nobelpreisträger und Lebemann, Abschied zu nehmen. Traugott erkannte Niels Bohr aus Kopenhagen, Weisskopf vom Massachusetts Institute of Technology, Trendelenburg von der Deutschen Physikalischen Gesellschaft, Occhiallini aus Mailand, Thirring und Lehmann aus München, Kronig aus Delft und Bopp von der Bayrischen Akademie. Heisenberg vom Max Planck-Institut fehlte, es hiess, Rivalitäten hätten die beiden entzweit. In der vordersten Reihe stand aufrecht zwischen all den klugen Köpfen Paulis zweite Frau Franca. Der schwarze Mantel und der auffällige Hut mit Netz, das ihr Gesicht oder vielmehr ihren Schmerz verdecken sollte, konnten nicht darüber hinwegtäuschen, dass auch sie weit mehr als einen Ehemann verloren hatte. Die Luft in der Kirche vibrierte. Der Tod eines Genies ist ein historischer Moment des Verlusts. Selbst jene, die ihn nicht persönlich gekannt haben, spüren die Tragweite seines Verschwindens. Es gibt Tote, die fehlen ihren Angehörigen, und es gibt Tote, die fehlen allen. Wolfgang Pauli gehört zu den letzteren.

Am Ende der Abdankung strömte die Trauergemeinde schrittweise ins Freie, nur zögernd liess sie vom Menschen Wolfgang Pauli ab. Zum Glück blieb der Welt sein wissenschaftliches Vermächtnis. Aber der Mann, der Professor, mit dem man sich so gut unterhalten konnte, mussten sie zurücklassen. Ehrfürchtig blieb Traugott Z. stehen, bis die Reihen sich leerten. Drei Jahre lang hatte er Paulis Vorlesungen an der ETH besucht. Lange genug, um von seinem Feuer ergriffen zu werden.

Vater unser im Himmel
geheiligt werde Dein Name
Dein Reich komme
Dein Wille geschehe
wie im Himmel so auf Erden
Unser tägliches Brot gib uns heute
Und vergib uns unsere Schuld
wie auch wir vergeben unsern Schuldigern
Und führe uns nicht in Versuchung
sondern erlöse uns von dem Bösen
Denn Dein ist das Reich und die Kraft
und die Herrlichkeit in Ewigkeit.

Gottvater im Himmel, ich bin es nicht würdig, dass Du eingehst unter mein Dach,
doch sprich nur ein Wort, so wird meine Seele gesund.
Amen.

Flüelen, 16. August 1939

Die kleinen Hände des Jungen verschwinden in Vaters Pranken. An einem seiner dicken Finger steckt der Siegelring aus Gold mit dem eingravierten Familienwappen, den der Junge so gerne berührt, wenn er in der Wirtschaft auf Vaters Knien sitzt.

»Chum Buebeli, chum«, sagt Vater, seine Stimme ist so schleppend wie sein Schritt.

Sie steigen die knarrende Holztreppe hinauf. Der Vater hievt das Kind über die Stufen. Es kreischt. Unten stösst der Briefträger die Haustür auf und ruft laut »Post!« hinein. Regen und der Duft von Schmierseife spritzen ins Treppenhaus. Marili hat draussen das dampfende Abwasser vom Spültrog in den Rinnstein geschüttet. Die Glühbirne an der Decke verströmt mageres Licht; die Luft es ist feucht.

Vor dem Elternschlafzimmer legt Vater einen Moment lang die Stirn an die Wange seines Buben und fühlt seine seidige, weiche Haut; ein Schluchzer entweicht seiner Brust. Dann drückt er die Messingklinke. Die Tür springt auf. Durch die gezogenen Vorhänge schimmert Licht. Es riecht nach Honig, Medizinalkräutern und nach den Rosen in der Vase auf dem Waschtisch. Wie stickig es hier drin ist, obwohl das Fenster einen Spalt weit offen steht. Auf einem Stuhl neben dem Bett sitzt Tante Josy und betet den Rosenkranz. Unter dem Häkelschal, den sie um sich geschlungen hat, trägt sie das hochgeschlossene Kirchenkleid mit den Glasknöpfen, in denen sich die Flamme der Kerze spiegelt, die auf dem Nachtisch brennt. Vom Holzkreuz, das oberhalb des Bettes an der Wand hängt, blickt der Holzheiland auf eine bewusstlose Frau hinab. Ihr Name ist Agnes, sie ist vierunddreissig Jahre alt und trotz ihrer Blässe berückend schön.

Als sie vor drei Monaten ins Koma fiel, fing Vater mit dem Schnitzen an. Täglich stahl er sich aus der Wirtschaft, um in seinem Schuppen, auf dem Grünplatz hinter dem Haus daran zu arbeiten. Stumm schaute Traugott zu, wie das Messer in Vaters

Hand aus einem Baumklotz nach und nach einen geschundenen Menschenkörper hervorbrachte. Um die Lenden trug er ein Tuch, im Kopf hölzerne Strahlen. Am Ende schlug Vater die Figur mit grossen Eisennägeln auf das Kreuz, das er gezimmert hatte. Anno domini 15. August 1939. Unten in der Wirtschaft klebten die Gäste und Marili, die Serviertochter, bang und aufgeregt am Radio, aus dem eine Stimme krähte: »Heil! Heil! Heil!« Doch das war eine Lüge – es war Unheil, das mit Rauch und Asche den Himmel zu verdunkeln begann und die Menschen in Qualen und Grauen versinken liess.

Der Junge verbirgt sein Gesicht in Vaters Schulter. Dieser benetzt einen Finger in der Schale mit Weihwasser, hebt sanft das Kinn seines Kindes und zeichnet ihm ein Kreuz auf die Stirn: »Chum Buebeli, chum.«

Im Namen des Vaters, des Sohnes und des Heiligen Geistes. Amen, murmeln alle.

Gegenüber steht eine Kommode, darauf ein Waschbecken aus Porzellan, ein nasses Handtuch, ein Krug mit Wasser. Getrunken hat sie, du lieber Himmel! Ganze Krüge voll. Mitten in der Nacht erwachte sie mit dieser unheimlichen Gier nach Wasser. Ein Brand in der Kehle. Jetzt löffelt Tante Josy ihrer Schwester kleine Schlücke zwischen die trockenen Lippen, die sich nicht mehr öffnen. Agnes Durst ist erloschen. Ihr Atem geht unregelmässig. Ihr durchscheinendes Gesicht ruht bewegungslos im Vlies zerzauster blonder Haare. Nur die blaue Ader an ihrem Hals zuckt auf und ab.

»Mutti«, ungestüm beugt der Knabe sich ihr entgegen, »Mutti!« Doch Vater hält ihn zurück. Tante Josy springt auf: »Um Himmels Willen, Traugott, sei still«, flüstert sie und legt ihre Hand auf den kleinen Mund.

»Mutti«, schreit der Junge jetzt umso lauter und will sich tretend und schlagend entwinden.

»Buebeli«, erwidert der Vater matt, »säg Adieu, säg Adieu, Buebeli.« Seine Stimme versagt.

Er setzt sich mit dem Kind auf die Bettkante, nimmt die Hand seiner Frau und legt sie auf den blonden Lockenkopf des Jungen. Er hält sie fest, denn sie rutscht sonst ab, sie ist schwer und reglos wie der Hecht, den er im vergangenen Sommer vom Urnersee heimgebracht hat.

Tante Josy schluchzt auf: »Säg Adieu, Buebeli.«

Aber Traugott schüttelt sie ab. Einen Moment lang verloren in Vaters glasigem Blick springt er von dessen Schoss und rennt aus dem Zimmer mit den gespenstigen Schatten. Schon rutscht er Füsse voran, bäuchlings die Treppe hinunter und stürmt in den Hinterhof neben der Restaurantküche. Eine Reihe Metallkübel für die Abfälle und Harassen mit Flaschen stapeln sich unter dem Vordach aus Wellblech. Auf den Granitplatten fliesst Wasserglanz.

»Traugott!«, ruft die Mutter, »Traugottli, ich bin da, suche mich!« Triumphal blickt er der Stimme nach, wusste er es doch. Drinnen im Restaurant brüten die Gäste über dem Stammtisch. Das Jassen macht keine Freude heute. Wortkarg saugt man an den Stumpen und hält sich am Glas fest. Marili streicht über ihre Rüschenschürze über dem prall gefüllten Portemonnaie: »Eine schlimme Zeit. Bhiet is Gott.«

»Traugottli, ich bin da, chum Buebeli, chum!«, Mutters Stimme klingt durch das Rauschen des Regens.

Er sucht sie hinter den Abfallkübeln, hinter den Blumentöpfen. Da liegt sein Ball. Traugott kickt ihn über den Hof.

»Chum, Buebeli, chum!«

Der Ball landet direkt vor Rex' Pfoten, dessen feuchte Nase aus der Hundehütte lugt. Der Schäferhund stellt die Ohren auf. Traugott läuft zu ihm und zerrt an seiner Kette, aber das Tier mag nicht. Bei dem Wetter geht kein Hund hinaus.

Am nächsten Tag liegt Agnes in einem weiss ausgekleideten Boot, mitten in der Stube, an der Stelle, wo gestern der Esstisch stand. Ihr Gesicht mit den hohen Wangenknochen ist auf ein geklöppeltes Kissen gebettet. Sie trägt ihr Taftkleid, das im fahlen

Winterlicht, das durchs Fenster fällt, einmal violett, einmal grün schimmert. Über ihrer Stirn wellt sich jetzt eine golden glänzende Haarrolle. In den zum Gebet gefalteten Händen auf ihrem Bauch hält sie eine Rose und ihren Rosenkranz aus Koralle. Ihr Ehering fehlt, er steckt jetzt an Vaters kleinem Finger. Das Boot ist umgeben von Weihnachtssternen, Gummibäumen und allerlei Zierpflanzen. Ein Blumengesteck, wie es jeweils in der Gaststube auf festlichen Tafeln steht, liegt auf ihren Knien. Vati, Tante Josy, Marili, Gret, Ursina und der Junge stehen zu Mutters Füssen, die in den weissen Lackschuhen stecken, die sie an ihrem Hochzeitstag getragen hat. Die grossen Schwestern drücken den kleinen Traugott so fest am Arm, dass es wehtut. Er will sie beissen, doch ihr Griff wird nur noch stärker. Er wimmert auf.

»Scht!«, machen alle im Chor, »scht!«

Neben Vater steht Vikar Baumann in schwarzer Robe, ein junger Mann mit dicken Brillengläsern und aus der Stirn gekämmtem, öligem Haar. Verwandte, Nachbarn, ja, das ganze Dorf, strömt herein: Sogar Goggoli der Dienstmann, der Tschäni Beppi, Resek der Strahler, die Annä-Seppä, die Niedermayerin und Res der Läufer. Sie schlagen alle das Kreuz über der Brust und drücken ihnen die Hand. Traugott streichen sie über den Kopf: »Bhüet di Gott, arms Buebeli.«

Viele schluchzen.

»Die, die Ihm am liebsten sind, nimmt der Allmächtige früh zu sich«, murmelt die Metzger-Griti, die dem Kleinen immer eine Scheibe Wurst schenkt, wenn er mit den Schwestern das Fleisch für die Gäste abholt.

»Eine Heilige, sie ist jetzt im Himmel«, flüstert Max. Der Planzer-Knecht, dem Agnes zu Vaters Ärger stets gratis einen Teller Suppe hingestellt hat, weint.

Traugott schaut erwartungsvoll auf die schlafende Frau im Boot. Mutter! Mutter? Endlich schlägt sie die Augen auf: »Sei ein Braver, Traugott, sei tapfer, mein Goldstück, ich verlasse dich nicht, hab keine Angst.« Hat sie die Lippen bewegt?

»Mutti, meine Mutti!« Er stürzt sich auf das Boot, wirft sich über sie und klammert sich an ihren Rock, so dass das Blumengesteck hinunterfällt und einen Gummibaum im Topf umhaut, wobei die Erde auf dem Perserteppich verschüttet wird.

»Oh, Kind!«, ein Zischen im Chor, jedoch verhalten, kaum hörbar, »oh, Kind!«

Da ertönen die Kirchenglocken vom Hügel herab, donnernd dröhnen sie über dem Dorf. Traugotts Bewegung bricht ab. Erstaunt schaut er zu, wie das Boot mit der Mutter drin abhebt und zum Fenster hinaus in den Flüeler Hafen hinabschwebt. Er läuft zum Fenster, alle laufen zum Fenster und sehen, wie das Boot in die Tiefen des Blaugrüns auf den Urnersee hinaus schwimmt und ihren Blicken entgleitet. Hoch über dem See geht der Mond wie ein ferner Ballon im Aschehimmel. »Mutti!«, möchte Traugott schreien, aber er steht jetzt still und bringt keinen Ton heraus. Wie einer Katze streichen ihm die Grossen übers lockige Haar. »Armer Kleiner, bhüet di Gott.«

Wie ist das Scheiden, ach, so schwer,
Wie ist das Haus so öd und leer,
Wie weint sich Herz und Aug' so wund,
bei einer Mutters Sterbestund.
Der Gatte, der sie sein genannt,
Drückt traurig noch die kalte Hand,
Die Kinder fühlen tiefbetrübt,
Dass keine Mutter mehr sie liebt!
Doch eins ist, was den Mut beseelt,
Die Kraft der Kinder neu belebt:
Die Hoffnung nach der Pilgerreise
Auf ein selig Wiederseh'n.
Ich sterbe, aber meine Liebe zu euch erstirbt nicht. Ich werde euch im Himmel lieben, wie ich euch auf Erden liebte!

(Verfasser unbekannt)

Zürich, 28. Februar 1997

Ich räumte gerade das Frühstück der Kinder ab, nachdem sie zur Schule aufgebrochen waren, als das Telefon klingelte. Dorothea, meine Schwiegermutter, die ich sehr schätzte, war am Apparat. Dorothea war eine starke kluge Frau, die nebst einer Textilmanufaktur fünf Kinder grossgezogen hatte. Ich bewunderte ihre Tatkraft und Bodenständigkeit, die jeglicher Weltfremdheit entbehrten. Umso mehr erstaunte mich ihr Anruf so früh am Morgen. Ohne viel Worte zu verlieren, kam sie sofort auf den Punkt:

»Hör zu, eben hat mich Tante Vlasti angerufen. Ich soll dir etwas geben.«

Tante Vlasti war eine einst angeheiratete Verwandte, später geschiedene Frau eines von Dorotheas Cousins. Damals aus Jugoslawien in die Schweiz gekommen, war sie nach wenigen Jahren unglücklicher Ehe allein hier geblieben. Dorothea, die ein Herz für einsame Menschen hatte, kümmerte sich auch um sie. Ich hatte Tante Vlasti, alle nannten sie so, an verschiedenen Familienanlässen getroffen, aber nie besonders viel mit ihr gesprochen. Alles, was ich von ihr wusste, war, dass sie ein Flair für Übersinnliches hatte. Sie studierte Träume und paranormale Phänomene und wurde deswegen von allen liebevoll belächelt. So war sie halt, Tante Vlasti. Eine Eso-Tante.

»Du sollst mir etwas geben?«, fragte ich verwundert zurück.

»Ja. Tante Vlasti hat mir gesagt, dein Vater sei ihr letzte Nacht im Traum erschienen und habe ihr mitgeteilt, sie müsse dir zweihundert Franken geben.«

»Wie bitte?«

»Mehr weiss ich auch nicht.«

»Bist du sicher? Hat ihr jemand etwas zugeflüstert?«

»Was meinst du?«

»Ich meine, hat ihr jemand von dem Putzfrauengeld erzählt?«

»Welches Putzfrauengeld? Ich verstehe nicht.«

»Du willst nicht sagen, dass du nichts davon gewusst hast?«
»Wovon redest du?«
»Glaubst du ihr das?«
»Den Traum? Na, Tante Vlasti war schon immer ein bisschen komisch. Das weisst du doch.«
»Aber jemand muss es ihr gesagt haben!«
»Egal, ich wollte dir nur rasch mitteilen, dass ich dir heute das Geld in einem Umschlag auf die Post bringe. Morgen solltest du es haben.«

Ich hängte auf. Setzte mich auf einen Küchenstuhl und war sprachlos. Das gibt es doch nicht. Es war Ende Monat. Zum dritten Mal erhielt ich die zweihundert Franken, die Vater mir zugesprochen hatte. Doch diesmal ging es nicht ums Geld.

Zürich, Juli 2022

Heute Abend schaut überraschend Michael herein. Er kommt von der Arbeit und bringt Begeisterung mit.

»Hast du die Aufnahmen des James-Webb-Weltraum-Teleskops schon gesehen?«, ruft er, während er seine Schuhe im Korridor auszieht. »Ich zeige sie dir. Sie sind a-t-e-m-beraubend!«

Er tritt an meinen Schreibtisch heran, wo ich gerade an einem Roman über meinen Vater arbeite. Ungeduldig packt Michael seinen Laptop aus: »Die NASA hat diese Riesenkamera entwickelt, die in die Vergangenheit sieht. Stell dir vor, sie macht Bilder von der tiefsten Vergangenheit. Millionen Lichtjahre treffen auf heutige Sensoren gigantischer Spiegel, die durchs All reisen und uns Aufschluss darüber vermitteln, wie die Himmelskörper aussehen, woraus sie bestehen und wie sie entstanden sind.«

Fasziniert betrachten wir die Bilder der Galaxien, Sterne und Planeten. Blitzende Diamanten in geheimnisvollen farbigen Nebeln und märchenhaften Landschaften. Überall da draussen. Um die Erde herum. Endlos. Myriaden von schillernden Lichtern und Formen treffen auf unsere Augen.

»OMG! Wie nichtig wir sind!«, entfährt es mir.

»Immerhin vermag unsere Nichtigkeit Gigantisches zu erkennen. Ist das nicht gigantisch?«, entgegnet Michael.

Was wohl Vater zu diesen Aufnahmen sagen würde?

Neugierig beuge ich mich zum Screen und zoome die Bilder heran. Je tiefer wir in eine Fotografie eintauchen, je mehr wir erkennen möchten, desto mehr löst sie sich auf. Die Himmelsgebilde verwandeln sich in Pixel und die Pixel in winzige geometrische Formen. Bis am Ende nur noch kleinste, scheinbar zusammenhangslose Punkte in einem leeren Raum zu sehen sind.

»Einfach Wahnsinn«, murmelt Michael.

»Du musst hungrig sein. Soll ich etwas zum Essen machen?«, frage ich ihn und berühre seinen Arm. Umgehend legt er seine Hand auf die meine. »Ruf doch deinen Mann und Esther an, sie sollen auch rüberkommen. Ja, und vielleicht sollten wir auch Tina fragen, ob sie kommen möchte, sie hat es gerade ein bisschen schwer.«

»Gute Idee, Mama, mache ich gleich«, antwortet er, ohne seinen Blick vom Bildschirm zu lösen.

Unverhofft durchströmt mich ein tiefes Glücksgefühl. »Okay«, sage ich und gehe in die Küche, »ich brauche etwa eine halbe Stunde bis vierzig Minuten.«

Bin ich ein Biopartikel?
im Universum
in Schranken gesetzt
weiss nicht viel

ein Biopartikel
geblendet von Lichtern
verloren in der Dunkelheit?

Schubladen
so oder so
oder so
ein Dazwischen oder ein Alleszusammen
oder nichts?

bin
ein Biopartikel
reflektierend
fühlend
schaffend
suchend
weiss nicht viel

im Universum
aufschimmernd, verschwindend
vielleicht
ohne Bedeutung
ohne Zweck
ohne Urteil?

*ein Biopartikel
aus Liebe
für
Liebe
Demut
Dankbarkeit?*

*geworfen
ins Bewusstsein
um einen halben Tag lang
masslos
zu staunen
???*

Dank

Dieses Buch wäre nicht möglich geworden ohne viele Gespräche, Hinweise, Texte und Erläuterungen, die ich folgenden Personen und Institutionen verdanke:

Leza Aschwanden. Daniel Dylan Böhmer. Prof. Dr. Günther Dissertori. Bernadette Heimann-Aschwanden. Karl Iten. Dr. Hans Jörg Kuhn und Team, Staatsarchiv Uri. Margrit Hummel-Muheim. Prof. Dr. Franz Muheim. Josef Karl Muheim. Roland Muheim. Josef Müller. Neue Zürcher Zeitung. Eduard Renner. Dr. Hans Stadler-Planzer. Zentralbibliothek Zürich. Dr. Anselm Zurfluh. Kurt Zurfluh. Dr. Paul Zurfluh.

Für die finanzielle Unterstützung danke ich der Fachstelle Kultur des Kantons Zürich und der Dätwyler Stiftung.

Die Wechselwirkungskosmologie entwickelte der Physiker Dr. Jules Traugott Muheim (1934 bis 1997). Sie dient als Ausgangsmaterial für den vorliegenden Roman. Die Originaldokumente können im Staatsarchiv Uri eingesehen werden.

Zürich, Juli 2024

**DÄTWYLER
STIFTUNG**

Die Autorin

Amsél pendelt als Autorin, Fotografin und Psychologin zwischen der Schweiz und Marokko.
»Die Erfindung meines Vaters« ist ihr zweiter Roman, der im verlag die brotsuppe erscheint.
Ihr Debüt »Wiedersehen in Tanger« wurde von der Kulturkommission der Stadt Zürich mit der Anerkennungsgabe ausgezeichnet und in die ch-reihe aufgenommen.

Mehr: www.amsel.zone

Der Verlag dankt der Stadt Zürich für die Unterstützung bei der Herstellung des Buches.

Der verlag die brotsuppe wird vom Bundesamt für Kultur mit einer Förderprämie für die Jahre 2016 – 2024 unterstützt.

www.diebrotsuppe.ch
ISBN 978-3-03867-097-1

Alle Rechte vorbehalten.
©2024, verlag die brotsuppe, Biel/Bienne
Umschlag, Layout, Lektorat: Ursi Anna Aeschbacher
Druck: www.cpi-print.de